現在も営業しているサン・ジェルマン街区の「キャフェ・プロコプ」で夕食をとるヴォルテール（中央で帽子をかぶった人物）、ダランベール、ディドロ、コンドルセらの啓蒙思想家たち。ヴォルテールの友人で画家のジャン・ユベールが描いた

後期バロックの建築家ヨゼフ・ヒューバーにより1776年に改築されたベネディクト派のアドモント修道院（オーストリア）図書室。天井のフレスコ画はバルトロメオ・アルトモンテが描いた

中公新書 2567

佐藤彰一著

歴史探究のヨーロッパ

修道制を駆逐する啓蒙主義

中央公論新社刊

はじめに

「登って行ってください。扉は開いています」

ルネサンス初期の人文学者で『デカメロン』の作者でもあったジョヴァンニ・ボッカチオが、イタリア南部のモンテカッシーノ修道院へ写本調査のために訪れたときのことを次のように述べたと伝えられている。モンテカッシーノ修道院に到着して、修道士に図書室を開けてくれるよう依頼すると、その修道士は梯子《はしご》状の階段を指さして、「これを登って行ってください。扉は開いています」と素っ気ない口ぶりで、付け加えた。実際には、南京錠《なんきんじょう》も掛かっておらず、扉さえなかった。ボッカチオが何点かの写本を詳しく調べると、ある写本は余白がすっかり切り取られ、また別の写本はいたるところが毀損《きそん》されていた。彼は悔しさにほとんど涙を流さんばかりになって降りて来て、通りかかった修道士たちに、なぜこれほどの素晴らしい写本の宝庫を、かくも杜撰《ずさん》に管理しているのかを尋ねた……。ボッカチオはこの図書室でタキトゥスの著作『年代記』と『同時代史』の写本を見つけている。

それからしばらくして一四一六年夏のこと、これまたイタリアの人文主義者であったポッジオ・ブラッチョリーニは仲間の学者バルトロメオ・ダ・モンテプルチアーノ、チェンチオ・ルスティチ、ゾミノ・ダ・ピストイアの三人を伴って、スイスの名刹《めいさつ》ザンクト・ガレン修道院を

ボッカチオ

訪問し、この修道院長をはじめ修道士たちが、写本研究にはまったく無関心で、豊かな蔵書が修道院の薄暗い塔のなかで、埃《ほこり》にまみれ、湿気にさらされ、鼠《ねずみ》の住処《すみか》になっているのを見て驚いた。ポッジオに言わせれば「埃と湿気と鼠こそ」、「恐ろしい獄に繋《つな》がれた写本を毀損し腐らせる三つの条件」であった。

一四世紀後半から一五世紀初頭にかけての、イタリアとアルプス以北の写本作製活動と豊富な蔵書で知られる代表的な修道院が、当時陥っていた知的衰退の悲惨な状況を、この二つの事例が如実に示している。ポッジオ一行のザンクト・ガレン訪問は、古代ローマにおける修辞学の巨匠クインティリアヌスの完全な写本や、一世紀のラテン語詩人ウァレリウス・フラックスの作品『アルゴナウティカ』の写本を、忘却と散逸の淵《ふち》から救い出したのであった。

人文主義者たちの衣鉢を継いで、中世に筆写され修道院図書室の奥深くに眠る古典作品の写本や文書を体系的に掘り起こし、それらを歴史研究に生かす努力を行ったのは、サン・モール会と呼ばれた修道院会（修族）であった。

「歴史がなければ法学は盲目である」

この言葉は一六世紀後半の法学者フランソワ・ボードワンが、『世界史の本性とそれが法学と一体であることについて』というタイトルの書物のなかで述べた言葉である。ボードワンは北フランス、アラス生まれの法学者で新設のブールジュ大学で法学を講じたが、同僚と仲違《なかたが》いしてハイデルベルク大学に移った。そのポストを襲ったのが、人文主義法学者として名高いジャック・キュジャスであった。キュジャスもまた法学論争はただ「歴史という黄金の鉤針《かぎばり》」でこじ開けられるのだと述べ、法の現実の力の源は歴史のみであると力説している。

ジャック・キュジャス

一四六三年にルイ一一世の命でフランス中部のブールジュに創設されたブールジュ大学は、やがてフランス王国のローマ法学の研究拠点となった。時代は中世から近世への転換期を迎えようとしていて、王政国家の構築にとって、法学の発展はその基盤を固めるのに不可欠の知的道具であった。ブールジュ大学の法学研究と教育の特徴は、「モス・ガリクス **mos gallicus**（フランス学派）」と称される。簡単に言ってしまえば、法を時代の反映、つまり法を生み出した時代の人間と精神の産物とみなす歴史法学派の先駆的な思想であった。のちにサヴィニーによって代表される、一八世紀後半からドイツ・ロマン主義の気風のなかで生まれた歴史法学派の存在が有名であるが、ブールジュ学派とドイツ歴史法学派との大きなちがいは、前者がローマ法を批判的に検討し、その知的達成の上に国家の建設を展望したことにあった。法の根源的な力は、その法がいかなる歴史的環境から生まれたかを見極めることによって初めて、真の法としてその力を発揮できるのだとする思想である。そのためには法が誕生した歴史的経緯をつぶさに知る必要がある。

先のボードワンの言葉も、キュジャスの揚言もそのことを述べている。国家建設という大仕事は、法が生み出された世界を正確に理解するための、歴史の真摯《しんし》な探究と不可分な関係にあるとの認識が醸成され、伝播《でんぱ》することになった。

サン・モール会とボランディスト（イエズス会）

中世末期に萌《きざ》した修道院改革の波は、フランスでは国王の直接的、間接的な干渉のもとで改革修道院会（コングレガシオン）を一六一八年に誕生させた。この新たな組織は「サン・モール会」と命名された。この名前はベネディクト戒律の創始者聖ベネディクトの高弟聖マウルスに因《ちな》んでいた。伝承によればベネディクトはマウルスをガリアに派遣して、自らの戒律を普及させたとされている。

一六七〇年頃にはフランスのベネディクト戒律を奉ずる修道院は、クリュニー修道院を除いて、ほとんどがサン・モール修道院会に結集した。その拠点となったのがパリのサン・ジェルマン・デ・プレ修道院であった。初期の会長であったグレゴワール・タリスは、会士に各人の能力に見合った知的な活動に専心するよう督励し、わけても教父たちの著作やベネディクト派の聖人の研究と史料探索は、信仰に堅固な歴史的基盤を与える点でことのほか推奨された。こうしたなかからジャン・マビヨンや、ベルナール・ド・モンフォコンのような、ラテン文書学やギリシア書体学研究の草分けとなる逸材を輩出したのであった。

新生のイエズス会もまた、史料調査に基づいた聖人伝の編集計画を通じて、歴史探究に力を注いだ。オランダ人イエズス会士ヘリベルト・ロスウィドが、一六〇七年に『聖人祝日暦 ***Fasti Sanctorum***』をアントウェルペンで出版し、この事業を継承したベルギー人イエズス会士ジャン・ボランドが一六三〇年に、カトリックの聖人約一三〇〇人の伝承と祝日確定を主な課題として、『アクタ・サンクトールム ***Acta Sanctorum***』の刊行を開始した。その活動はボランドの名前を冠した「ボランディスト」の研究出版活動として続けられた。

サン・モール会長ドニ・ド・サント・マルト

デカルトからライプニッツか

一七世紀は思想史において、ルネ・デカルトの方法的懐疑の時代として特徴づけられる。デカルトの懐疑とは、疑うことが不可能な明証性をそなえていない限り一切を疑問に付すという普遍的・根源的な懐疑である。そうした精神にとって、少なくとも「考える私がいる」ことの明証性は疑う余地はない。そこからあの有名な認識のミニマリスト宣言とも言うべき「我思うゆえに我あり cogito ergo sum」の命題が出てくる。つまり思考する自分は存在している、その明証性は疑うことはできない。換言すれば、そのこと以外は一切が疑わしいとする態度が、デカルトの懐疑哲学の真髄であった。

こうした思惟《しい》の構造が、数学をはじめとする自然科学との親和性が強いことは言うまでもない。デカルトは科学と、理性による論証をそなえていない単なる知識とを区別し、前者の厳密性と後者の近似的性格、前者の統御された判断力と後者における無意味な好奇心とを対比させた。言語学、歴史学、地理学などが後者であった。とくに彼は歴史学を無用の長物として斥《しりぞ》けた。

デカルトにちょうど半世紀遅れて誕生したライプニッツは、力学と微積分学の創始者として名高いが、法学の研究からそのキャリアを開始した。デカルトとは対照的に、彼は存在論的リアリズムを復権させ、デカルトが人間精神は「白紙状態」から開始するとするのに対して、ライプニッツは「モナド(単子)」の概念を用いて、魂に類比される実在者の存在を前提した。

彼は法学を推論の科学として賞揚する。ブラウンシュヴァイク家に勤め、その家史編纂《へんさん》のためにオーストリア、ドイツ、イタリアを旅し、サン・モール会士たちと定期的に交流し、またボランディストが批判にさらされたときこれを擁護した。自らカロリング朝時代に作成された『プリュム修道院所領明細帳』の史料学的考察を行ったことも有名である。

ライプニッツはマビヨンの史料学的認識論、すなわち真なるものは、デカルト風に疑う余地のないものではなく、文書形式学の規範に即した分析と広範で深い知識たる「考証学（エリュデシオン）」による批判に耐えたものであるという認識論を共有していた。ここでは絶対的な明証性は、「真なるもの」の条件ではないのである。

「考証学」の挫折《ざせつ》

デカルト主義は一七世紀末にいっときその機械論的側面を無神論と非難され、多くの大学でデカルト派哲学者が追放の憂き目に遭ったが、アルノー、マルブランシュ、フォントネルらの知識人に大きな影響を与えた。啓蒙《けいもう》思想家ヴォルテールが『カンディード』のなかで、ライプニッツを底抜けの楽観主義者として戯画化することによって、ライプニッツその人だけでなく、彼の主義主張、そして何よりも「考証学」の方法を信条とする歴史研究の地位も低下させた。

フランスの歴史家バレ＝クリージェルによれば、啓蒙思想の展開にともなって、ますます重みを増したデカルト主義の力は、マビヨンやボランディストのパーペブロークが志向した近代的な宗教科学の構築を頓挫《とんざ》させ、歴史と法を結びつける古典的博識の活力を長期にわたって殺《そ》ぎ、こうしてジャン・ボダン、ライプニッツらの省察は長い眠りに入った。

「事実の森」（キケロ）が繁茂し、無限に連なると思われる歴史を対象にして、簡潔な明証性を原理とする方法的懐疑の精神は、なすすべを知らなかった。

だが時はデカルト的合理主義が啓蒙という政治思想と手を携え、力強く行進を始めた時代である。増殖する知識の海に代わって、古代ギリシアの詩人アルキロコスが喩《たと》える単一の「ハリネズミ」（単純であるがゆえに衝迫力のある原理を信奉する人々を象徴的に示す）の原理が席巻《せっけん》することになる。

外圧による修道制の衰退と構造変化

一七世紀から顕著となった功利主義思想の普及とともに、修道士を非生産人口として、その存在を批判する論調が出はじめた。中世以来、在俗聖職者が修道制を非難するとき、この組織が司教の管理に服さない点が挙げられたが、それに加えて修道制それ自体の存在意義を疑問視させ、活力のなさが多くの人々に露《あらわ》になったことで、批判が加速された。

これに政治的要因も加わった。イエズス会士は厳密な意味では修道士ではなかったものの、管区司教の統治に服さないという点で、修道士と同類とみなされた。また国王をはじめとする権力者の「弑逆論《しいぎゃくろん》」に肯定的であったところから、王権はイエズス会を廃止するために、教皇庁に圧力をかけた。スペインとフランスのブルボン王朝の圧力のもと、フランチェスコ会出身の教皇クレメンス一四世は一七七三年七月二一日、小勅令『主にしてむしろ贖《あがな》い人』を発布し、イエズス会を廃止した。カトリック教国ではないプロイセンのフリードリヒ二世と、ロシアの女帝エカテリーナ二世だけが国内での教皇小勅令の公布を禁止して、イエズス会士を保護した。

追いかけるように、ハプスブルク家の皇帝ヨーゼフ二世が一七八一年一一月二九日に法令によって、社会扶助や教育・研究に従事しない修道院を廃止するよう定めた。この結果神聖ローマ帝国領内で七〇〇以上の修道院と、三万八〇〇〇人の修道士が減少した。フランスでは一七六八年に修道士の数が約二万七〇〇〇人に減り、その約二〇年後には一万七〇〇〇人となった。イタリアでの状況も似たり寄ったりであった。

教皇クレメンス14世

この同じ時期に、修道制は新たな指向のもとに、再生する傾向があったことも指摘しておかなければならない。フランスでは創設年が知られているアンシアン・レジーム期に作られた一七七一の修道院のうち、三分の二が一八世紀に創設された。修道士、修道女の出身階層が一七世紀には貴族や官職者であったのに対して、一八世紀には商人、職人、富裕な農民出身者が多くを占めるようになった。これを修道精神のより広範な社会への浸透とみなすべきかどうかは判断が難しいが、伝統的な修道制が構造変化を遂げたことは確実である。

目　次

はじめに　i

「登って行ってください。扉は開いています」　「歴史がなければ法学は盲目である」　サン・モール会とボランディスト（イエズス会）　デカルトかライプニッツか　「考証学」の挫折　外圧による修道制の衰退と構造変化

第一章　人文主義と宗教論争　I

1　イタリアの人文主義者たち　I

半島の一四世紀　政治地理構造の変化　パドヴァの人文主義者たち　古典探究の動機　若きペトラルカ　卓越した文献学者　ポッジオ・ブラッチョリーニの天稟　コンスタンツ公会議と写本渉猟

2　古典文献学と聖書　16

古典文献学とは何か　ロレンツォ・ヴァッラによる公定新約聖書批判　印刷本聖書の普及　人文主義の宗教的性格

3　古典文献学と宗教論争　22

プロテスタントの歴史へのアプローチ　プロテスタント陣営の大学　カトリック陣営の歴史への応答　ドグマ志向のカトリック

第二章　ブールジュ学派の射程——歴史と法学——29

1　国民意識の萌芽　29
法学と歴史　フランスのなかのブールジュ王国　ゆきとどいた統治と堅固な財政基盤　だが弱い指導力　愛国心の賞揚　ブールジュの国事詔書（一四三八年）

2　ローマ法を解釈すること　37
大学の創設　新設大学をめぐる争い　アンドレア・アルチアトの登場　『学説彙纂』写本の発見　アルチアトの註釈派・註解派批判　フランソワ・ボードワンと「ローマ法」

3　モス・ガリクス（mos gallicus）の展望　46
一六世紀の歴史法学派　ギヨーム・ビュデのローマ経済史への着目　ローマとフランス王政の比較　フランソワ・オトマンとローマ法の「流刑」

第三章　サン・モール会の誕生と発展――――53
1　修道院会（コングレガシオン）の形成　53
修道院改革への動き　サン・ヴァンヌ修道院会からサン・モール修道院会へ
クリュニー派修道院の抵抗　修道院会の運営　フランスの修道院と国王権力
サン・モール会の庇護者リシュリュー
2　サン・モール会の律動　61
サン・ジェルマン・デ・プレでの修道生活　組織の拡大と発展　教会史およびフランス国史・地方史の編纂作業　最も豊饒な時代　情熱と勇猛の知識人モンフォコン　バイエルン地方とスペインの博識ベネディクト会士
3　修道院とバロック建築　73
修道院の改築　バロック様式の修道院　信仰の形象化としてのバロック
第四章　ジャン・マビヨンとその時代――――79
1　サン・ジェルマン・デ・プレ修道院以前のマビヨン　79
故郷と家族　マビヨンの幼少年期　ランスからノジャンへ　コルビィ

からサン・ドニへ
2 碩学たちとの交流 90
サン・ジェルマン・デ・プレ修道院の風景　サン・ジェルマンでの修行生活
庇護者たち　ジャンセニスム論争の文脈　サン・ジェルマン以外の碩学との交流
3 『文書の形式について *De re diplomatica*』の成立 100
発端　ひとつの「科学」の誕生　改竄はどのようにしてなされるか
マビヨンの認識論　パーペブロークの応答
4 史料探索の旅 110
文書を求めて　ブルゴーニュ地方の巡歴　ドイツへの探索旅行　イタリアへの旅

第五章 修史事業の展開 121

1 『アクタ・サンクトールム（聖人伝）』 121
歴史史料の編纂事業　イエズス会士ヘリベルト・ロスウィド　後継者ボラ

ンド　新星パーペブローク　異端審問による断罪　イエズス会の解散
イエズス会の復興と編纂事業の再開　第一次世界大戦とイポリット・ドレイエ
2　イタリアの歴史家とフランス・モデル　131
学問的沈滞のイタリア　ベネデット・バッキーニとの交流　若きムラトーリ　ライプニッツとの出会い　『イタリア叙述史料集』
3　フランスでの史料集成　140
マルタン・ブーケ師の『ガリアおよびフランスの歴史家集成』　ゲルマニストかロマニストか　ロマニストからの反駁

第六章　デカルトかライプニッツか――145

1　危機としての一七世紀　145
「一七世紀危機論争」　ヨーロッパ思想史における一七世紀　フランスにおける建築のバロック　古典主義という精神　作劇における古典主義
2　デカルトの革命　154
デカルトはハリネズミか　デカルトの生い立ち　オランダでの隠棲と哲学

の体系化　デカルトの勝利　歴史の言説への見方
3　ライプニッツの夢　163
「事物の森」へ　神童ライプニッツ　ハノーファー大公家図書館司書と宮廷顧問　人文学・法学の擁護　モナドロジーとデカルト批判　逆風

第七章　考証学（エリュデシオン）の挫折――173

1　「文書形式学」論争　173
スピノザの破壊力　『神学・政治論』の射程　マビヨンとランセの論争
ボランディストと考証派への攻撃　考証学論争の帰結
2　新旧論争の展開　182
新旧論争とは　論争の社会学的背景　ペローのインパクト　「古代派」の反撃と休戦　ラ・モット事件　フォントネルの自然法観念　科学と歴史の分離
3　啓蒙思想家（フィロゾーフ）たちの「歴史」　190
文学的歴史の出現　啓蒙史学の台頭　ヴォルテールの進歩史観　ヴォ

ルテールと考証学　文明の理念

第八章　啓蒙と功利思想の展開と修道制 199

1　啓蒙の諸相 199
啓蒙期の年代区分　摂政フィリップ・ドルレアンの時代　人口の増加
ディドロ＝ダランベール版『百科全書』の契機　方針の転換と成功

2　イエズス会解散の歴史的コンテクスト 207
ポルトガルの契機　フランスのイエズス会　ラヴァレット事件　パリ
高等法院の判決　イエズス会の動揺　イエズス会教育に代えて　教育
改革のうねりとその限界

3　修道制への疑問 213
ディドロ作『修道女』　「大鉈委員会」　ハプスブルク帝国の事情　修
道精神の衰退は見られたか　イタリアの修道院では　修道制の変容
新たな女子修道院会の誕生　霊性の革新か

終章　ヨーロッパ修道制の歴史的意義——225
我が国西洋史学の目的論的志向　西洋中世初期経済史研究にとっての修道院
『禁欲のヨーロッパ』へ　『贖罪のヨーロッパ』の世界　『剣と清貧のヨーロッパ』への転換　『宣教のヨーロッパ』への移行　『歴史探究のヨーロッパ』への旋回

あとがき　242

参考文献　250
事項索引　260
人名索引　266

第一章　人文主義と宗教論争

1　イタリアの人文主義者たち

半島の一四世紀

ドイツは一〇世紀のザクセン朝オットー諸帝以来、常にイタリアに覇権をおよぼしていた。北イタリア諸都市を神聖ローマ皇帝派と教皇を支持する教皇派とに分断し、とくに半島北部の政治的な不安定要因の元凶となってきた皇帝権力は、一三世紀末から明らかに衰退の様相を見せていた。一四世紀前半のドイツ勢力のイタリアへの進軍、すなわちハインリヒ七世のローマでの皇帝戴冠《たいかん》（一三一二年。翌年死去）、二重選挙に端を発するバイエルン大公ルートヴィヒの皇帝戴冠のためのイタリア遠征（一三二八年）は、皇帝権力の最後のデモンストレーションであった。

図1—1　14世紀のイタリア半島

他方、教皇庁側は一四世紀初めにアヴィニョンに拠点を移し、この世紀の後半にようやくローマに戻るが、その直後の教皇選挙をめぐる「教会大分裂」と称される事態は、教皇権の霊的権威をさらに失墜させ、世俗面の活動をも停滞させた。

さらに第三の要素として挙げられるのが、ナポリのアンジュー帝国の動向である。アンジュー帝国は伝統的に教皇の味方であったが、一二八二年のシチリア反乱以後、内部的な混乱で対外的に影響力を行使する余裕がなかった。

こうして一四世紀半ばのイタリア半島は、既存の諸勢力が退潮し、伝統的な教皇派（ゲルフ）と皇帝派（ギベリン）との分裂図式も急速に色褪《いろあ》せて、この世紀の後半にはこの図式は実質的には消滅するにいたる。

政治地理構造の変化

右に述べた伝統的、あるいは既存の大きな勢力の角逐を大舞台とすれば、無数と言ってもよいほどの多くの小規模な紛争が小さな舞台で戦わされた。それは都市間の戦争と、自ら固有の武力を動員できた傭兵《ようへい》隊長が指揮する戦争であった。いずれもが領土的野心を内に秘めての争いであった。

冒険者たちの徒党とも言うべき騎兵は、一四世紀中頃には外国人が多数派であった。ドイツ人やハンガリー人騎兵は、ドイツ人皇帝がイタリアに遠征に赴いた折に従軍し、君主がアルプスの北に戻ってもイタリアに留《とど》まった。英仏百年戦争の一段階を画するブレティニー・カレー条約の締結（一三六〇年）でお払い箱となったフランス人、イギリス人の傭兵が新たな雇主を求めて、イタリアに到来したりしたものの、一五世紀には傭兵もその隊長ももっぱらイタリア人で編成されるようになる。そして彼らは政治的抗争に深く入り込み、様々な陣営を渡り歩き、自らの支配領域を構築し、あるいは拡大した。

こうした紛争と政治的動乱のなかで、イタリアの重心は次第に南から北に移動し、半島の政治地理は根底的に変容した。教皇国家とシチリア王国が数世紀にわたってイタリア南部に根を張り半島内外の政治に大きな影響を与えてきたのが、今や教皇権は分裂し、シチリア王国はフランスのアンジュー・ヴァロワ家やアラゴン王など外国勢力の野心の餌食《えじき》になりつつあった。北ではミラノ、フィレンツェ、ヴェネツィアの三都市が、それぞれこれらの都市を中心とする領邦的結集に成功した。都市を領主とする領邦へと発展するベクトルを生み出した政治体制の変容と、コムーネ（都市国家）に対して独裁的な権力を振るうことを可能にした領主の存在、この二つの要因が大きく寄与した。

パドヴァの人文主義者たち

イタリアの人文主義「ウマネージモ」の最初の動きが確認されるのは、北イタリアの都市パドヴァにおいてである。人文主義とはギリシア・ローマの古典を研究することで、普遍的な教養を身につけ、神中心の教会の権威を脱し、人間性の再興を目指した知的・精神的運動である。この都市は古代からの由緒ある都市であるが、一四世紀初頭から先に述べたヴェネツィアの拡張主義的な領邦形成の動きにさらされ、近隣のトレヴィゾ、ヴィチェンツァ、ヴェローナの三都市とともに、一四〇五年にヴェネツィアの支配下に繰りこまれた。

この都市で人文主義の兆候が現れるのは一三世紀中頃のことであるから、ヴェネツィアの政治的拡張の触手が伸びる以前のことである。一〇世紀から一三世紀にかけてのパドヴァとその周辺の社会との権力関係について、決定版とも言うべき浩瀚《こうかん》な研究を著したフランスの中世史家ジェラール・リップの『パドヴァとその周辺地域（一〇世紀から一三世紀）』（二〇〇三年）は、当時の人口を二万七〇〇〇人から三万人であったと推定している。

パドヴァの人文主義者の先駆となったのはロヴァト・ロヴァティ（一二四一～一三〇九）であった。彼は公証人の一族に生まれ、パドヴァの裁判官も務めた。だが彼が歴史にその名を刻んでいるのは詩人として、また人文主義の先駆者としてである。

彼の詩作品が古代ローマの著作や詩作品から影響を受けているのは周知のことであるが、レイノルズ／ウィルソンの素晴らしい研究『古典の継承者たち』によれば、ロヴァトの特徴は、その作品が反映している詩想の多様性であり、それは作り手が多様な古典作品を渉猟したことの証《あかし》である。ロヴァトはそれらの古典写本を、既知の写本の場合は借り出して書写し、さらに近隣のポンポーサ修道院やヴェローナ聖堂参事会の図書室などを探索し、セネカの『悲劇集』

図1—2　トロイの賢者で後にパドヴァを建設したとされるアンテノールの墓と向かいあうロヴァト・ロヴァティの石棺墓

のような稀覯本《きこうぼん》も、おそらく忘却から救い出した。古典テクストへの貪欲《どんよく》な志向、テクストを正し、意味を探究するという文献学的関心、そしてこれを模倣したいという強い欲求、こうしたイタリア人文主義の特徴を、ロヴァトは体現していた。

ロヴァトの弟子アルベルティーノ・ムッサート（一二六一〜一三二九）はラテン語散文の革新の面で、師を遥《はる》かに凌駕《りょうが》する貢献を果たした。ロヴァトの詩作品はともかく、その散文は中世ラテン語の古い文法と修辞から一歩も出ていなかったのに対して、ムッサートが一三一五年に、かつてパドヴァの僭主《せんしゅ》であったエッツェリーノ三世を主題にした『エケリニス *Ecerinis*』は、古代以来初めて古典語——それも革新された清新なラテン語——で書かれた悲劇として大きな成功を収めた。

古典探究の動機

ロヴァトやムッサートのような古典への関心と情熱はいったい何に由来するのであろうか。

このイタリア人文主義の起源に関する問題について、興味深い考察を行ったのはアメリカ合衆国の文献学者ロン・ウィットである。彼は一二世紀からのイタリアの文化的状況に触れて、フランスの騎士道文学やトゥルバドール文学（中世南フランスの言葉であるオック語抒情詩《じょじょうし》の詩人、作曲家、歌手の作品）がイタリア、わけても北部の各地で大流行していた事実を指摘する。筆者自身も『剣と清貧のヨーロッパ』のなかで、聖フランチェスコを取り上げ、彼が青春期にフランスから普及した騎士道文学に深く心を動かされ、自らも騎士になることを目指したこと、また旅路をたどるなかで人気のない場所に行き、大声でフランス語の詩を朗唱することが稀《まれ》ではなかった事実を指摘したが、これは紛れもないフランス文化のイタリアにおける普及の実態であり、イタリア人にとって異国文化の席巻と感じられた。

こうした風潮に対して、ロヴァトは古代ラテン文学の美的卓越性を発見し、自らの作品に古代の雄弁を再現しようと努力し、語彙《ごい》、文法、文体的技法を徹底的に研究した。古代文学の美質をあますところなく吸収し、自らのラテン語、あるいは俗語表現を精錬すること、そのためには埋もれたままの未知のラテン語作品を発掘し、絶えず学ぶべき事柄を豊富にしていくことが求められる。

これがイタリアの初期人文学者たちを、写本発見に向かわせた動機であったとウィットは主張するのである。

若きペトラルカ

続く世紀のイタリアは人文主義者の巨人フランチェスコ・ペトラルカ（一三〇四～七四）の精力的な文献学的、文学的活動によって輝かしい精彩を放っている。ペトラルカは先の世紀に展開されたロヴァトの活動をある種のプログラム、綱領にまで仕上げたのである。

ペトラルカは、フィレンツェ市民で公証人であった父ペトラッコがある事件でフィレンツェを追われ一家で身を寄せていたアレッツォで生まれた。その後フランスのアヴィニョン教皇庁に教皇庁役人として出仕するために、ペトラッコは家族を引き連れてアヴィニョンに移り、近くのカルパントラに居を構えることになった。こうして一三一二年からペトラルカは、重要な精神形成期を南フランスの地で送ることになる。四年後の一三一六年にローマ法を勉強するために、モンプリエ大学に入学するが、明らかに代々の職業である公証人を継がせることが親の意向であった。

その四年後には弟ジェラルドとともに、イタリアで法学のさらなる勉強を続けるために、ボローニャ大学に送り込まれた。その折に、彼は古代ラテン文学の魅力にすっかり魅了されてしまった。彼は『後世への書簡』のなかで当時の心境を次のように述べている。

ところが私は、親の監督から解放されるやいなや、法律研究を完全に放棄しました。法の権威たるローマ法が気に入らなかったからではありません。それは疑いもなく偉大なもので、私の好きな古代ローマを豊かに宿しています。私の法律研究放棄のわけは、じつは人びとの悪意によって法律の運用がゆがめられているからなのです。（後略）（近藤恒一訳）

卓越した文献学者

俗語（イタリア語）による詩作とラテン語による雄弁の才をそなえたペトラルカは、すでに獲得した法学の素養と修辞の能力によってアヴィニョン教皇庁の官僚組織に地歩を築き、教皇の豊かな蔵書にもアクセス可能な絶好の地位を得たのである。

彼は教皇庁の要務で頻繁に旅し、晩年の数年間をパドヴァの近くで過ごしたことを除けば、絶えず旅する人生を送ったと言ってよい。教皇庁の要務で訪れる各地の教会や修道院は、絶えず彼に新たな写本探索の機会を与えた。一三三三年にはベルギーのリエージュで、キケロの忘れられた演説『アルキアス弁護』の写本を発見し、パリでは前一世紀の詩人プロペルティウスの「哀歌エレギア」形式の恋愛詩の写本を手に入れた。ペトラルカはこの二作品の綿密な校訂を行い、註釈《ちゅうしゃく》を施した。

また古代ローマ末期の文法学者セルウィウスによる『ウェルギリウス三作品講解』の校訂と註解《ちゅうかい》を行い、セルウィウスの誤りを正す作業も行っている。さらに重要なのはリウィウスの全一四二巻からなる浩瀚な『ローマ建国以来の歴史』は、全体の約四分の一しか現存していないが、ペトラルカはこのローマ文学史上最大の現存作品三〇巻を一冊にまとめ上げていること

図1―3　フランチェスコ・ペトラルカ

である。この作業の過程で、手がかりが皆無の箇所は、あえて推論的な校訂も行っている。

ペトラルカのローマ史に関する豊富な知識が、古銭、碑文、記念物など古物研究を内容豊かなものとした。彼にとって古代の事柄は古写本の研究と等価であった。彼は友人でもあった枢機卿《すうききょう》ジョヴァンニ・コロンナとともに、しばしばローマを彷徨《ほうこう》し、廃墟《はいきょ》を見分したが、この行路はいつもディオクレティアヌス帝の大浴場が終点となった。「我々の会話は、しばしば歴史についての会話となった」と彼は想起している。

ペトラルカは一三七四年に晩年を過ごしたパドヴァ近くのアルクアの邸宅で歿《ぼっ》した。彼は同時代の誰よりも数多くのローマ文学の写本を所有していた。そのうちの一定数は、彼自身が発見したものであった。彼はその後の人文主義者のモデルとなったのである。その活動は以下の三点にまとめられる。（一）同時代の文学作品・活動の純化、（二）古代の著作家のテクストの発見、編集、賞揚、（三）歴史的・尚古的研究の推進、である。

ポッジオ・ブラッチョリーニの天稟《てんぴん》

ロヴァト・ロヴァティに始まり、ペトラルカを経て滔々《とうとう》たる流れとなった人文主義の運動は、コルッチョ・サルターティを経てポッジオ・ブラッチョリーニにいたり、ユマニスト書体という審美的次元も加えて、その頂点を迎えることになる。

ポッジオ・ブラッチョリーニ（一三八〇〜一四五九）は、ペトラルカの死歿《しぼつ》と踵《きびす》を接するようにアレッツォ近くのテッラヌオヴァに薬屋の息子として生まれた。フィレンツェの役人で人文主義者のサルターティの弟子になる。彼は筆写の能力に天性の素質をそなえていた。正確でしかも筆記速度が速いだけでなく、彼が書く文字は均整が取れ、何よりも読みやすかった。

イタリアの人文主義者たちは、概して中世後期のゴシック書体に嫌悪の念を抱いており、原本で残された古代ローマの著作のキャピタル書体やアンシアル書体などのいわゆる「古代書体」の美しさに酔いしれた。ペトラルカは古代書体に類似の書体を創造する努力を行ったが、後続の世代がそれを手本にするまでにはいたらなかったという意味では、完成形を作ったとは言えない。

ポッジオは一七歳から二〇歳の頃に、カロリング小文字を基本にして作られたいわゆるユマニスト書体を用いて筆写・書字を行っている。ちなみにポッジオの友人であったニッコロ・ニッコリ（一四三七年歿）はユマニスト草書体を完成させたが、ヴェネツィアの有名な印刷業者アルド・マヌチオが一五〇一年に、印刷本用のユマニスト草書体の活字を作った際に手本にし

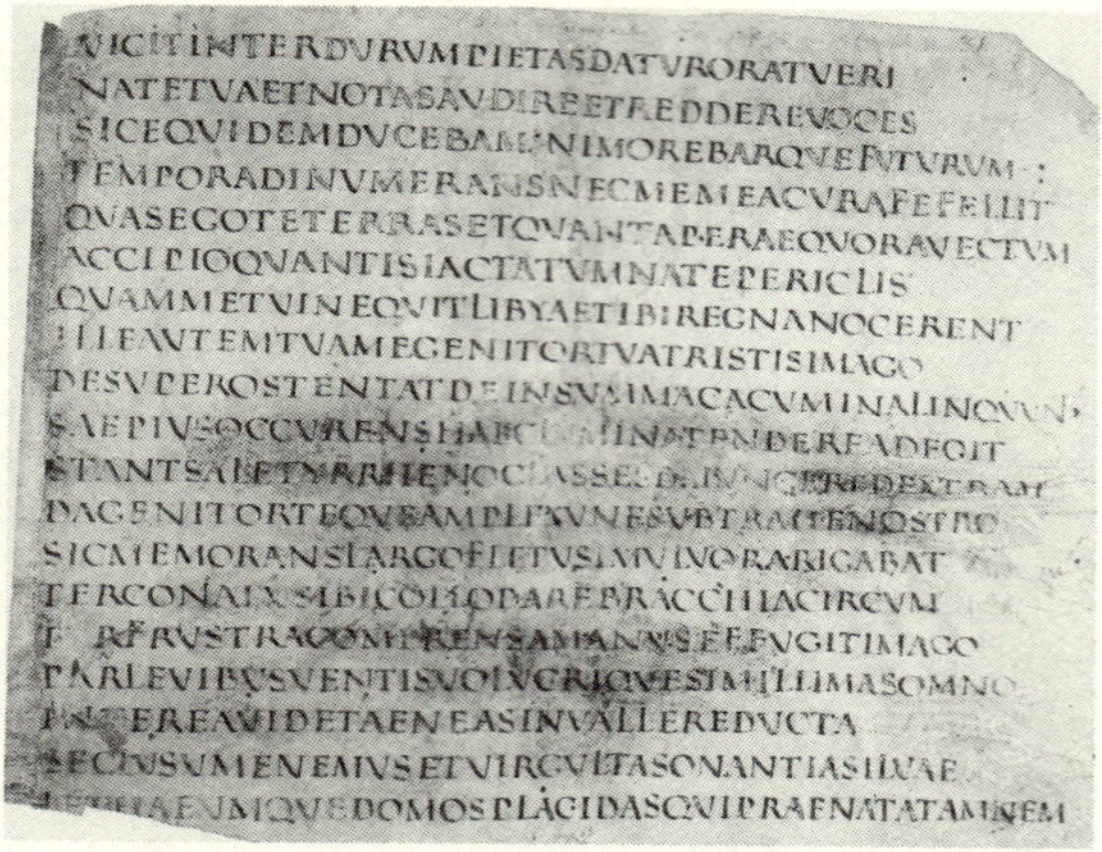

図１－４　（上）古代キャピタル書体・（下）アンシアル書体

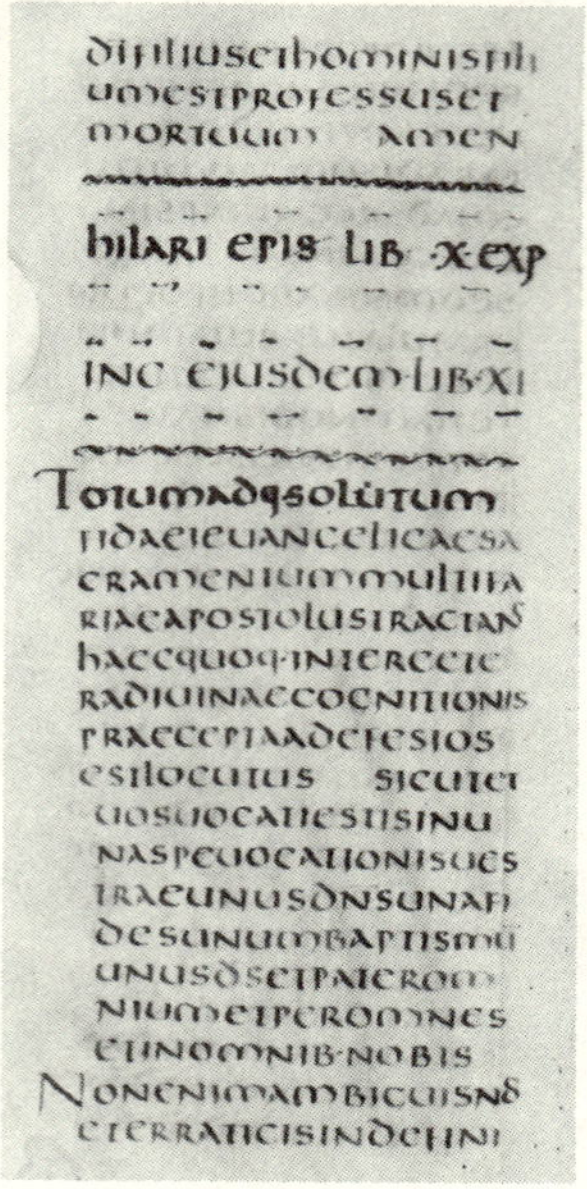

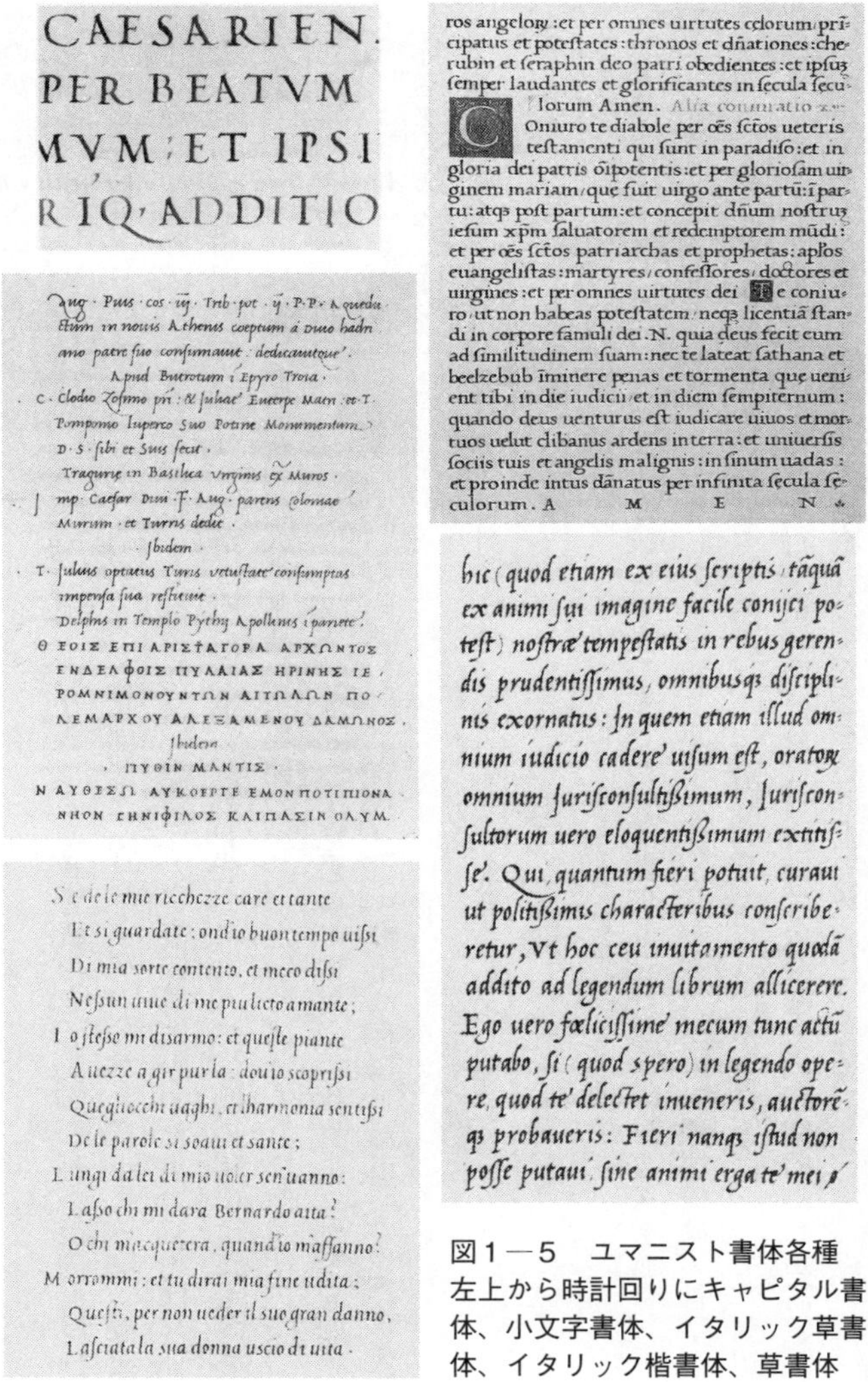

図1―5　ユマニスト書体各種
左上から時計回りにキャピタル書体、小文字書体、イタリック草書体、イタリック楷書体、草書体

たのが、この書体であった。

ところでポッジオはフィレンツェで公証人になるための教育費用を、書字の高い能力を駆使して捻出《ねんしゅつ》することができた。フィレンツェ共和国の書記官長となったサルターティは、彼をローマ教皇庁の役人として採用するよう推薦した。教皇庁の官僚機構に入ったポッジオは、一〇〇人を超える書記の一人となったが、その頭抜けた書記能力によって、次の年にはたちまち、ボニファティウス九世の教皇座の六人の主要な書記団の一員になった。こうして教皇庁内での自らの地歩を着々と固めるかたわら、人文主義者として念願のローマで古代ローマ研究を始めたポッジオは、建築資材に刻まれている碑文から、古代ローマ都市に存在した市門の建設年代を特定する試みを行っている。

だが彼の最大の功績はイタリア以外の土地での古典写本の探索にあった。

コンスタンツ公会議と写本渉猟

教皇ヨハンネス二三世が教会大分裂に終止符を打つべく開催したコンスタンツ公会議は、一四一四年から一八年まで足かけ五年におよんだ。ポッジオを含む教皇庁の官僚機構は、神聖ローマ皇帝ジギスムントの領土であるコンスタンツに移動した。これはポッジオにとって、周辺諸国にある有力修道院で写本探索を行う絶好の機会となった。公会議では断続的にしか討議が行われなかったので、この間長距離旅行をすることが可能であったのである。

手はじめは一四一五年のブルゴーニュ地方にあるクリュニー修道院であった。彼はここでキケロの弁論集の古い写本を発見した。この写本には、それまで知られていなかった二つの弁論が含まれていたという点で大きな意義があった。

続いての遠征は一四一六年夏のザンクト・ガレン修道院探訪であった。これについては「はじめに」で触れているので繰り返すことはしない。翌一七年の初めには、ポッジオはバルトロメオとともに教皇庁の正式なお墨付きを得て、再びザンクト・ガレンおよび近隣の修道院を訪ねた。そしてルクレティウスの『事物の本性について』、シリウス・イタリクスの詩作品や、マニリウスの『占星術』などの写本を、またフルダ修道院ではアンミアヌス・マルケリヌスの『歴史』を発見し、イタリアに持ち出した。

コンスタンツ公会議が一八年の四月に終わると、引き続きアルプスの北に留まり、夏にはフランスとドイツの教会機関をさらに広範に探索した。この探訪旅行で、ラングルやケルンの司教座聖堂図書室などで、未知のキケロの弁論を合わせて八点蒐集《しゅうしゅう》している。そして一四一九年には、イングランド人枢機卿ヘンリー・ボウフォートの秘書となってウィンチェスターに渡った。それは言うまでもなく、イングランドの修道院や司教座聖堂の図書室で古典作品の写本を渉猟するためであった。

彼はほぼ四年間をイングランドでの写本蒐集に費やしたが、期待したほどの成果を上げることができなかった。それでもペトロニウスの『俗話集』を発見した。この作品の以後の写本は

図1―6　ポッジオ・ブラッチョリーニ

すべてポッジオの発見した写本を元にしているという点では文学史上絶大な意義がある。加えて、一四二三年にイングランドを離れてイタリアに帰る途次、ケルンでペトロニウスの最高傑作『サテュリコン』の一部をなす「トリマルキオの饗《きょう》宴《えん》」を含む写本を発見した。これは紀元一世紀のローマの退廃しきった悪夢的世界を描いた作品として、古代文学史に燦然《さんぜん》と輝いている。現存する唯一完全な「トリマルキオの饗宴」もまた、ポッジオが発見した写本が元になっている。幾多の人文主義者のなかでも、古代写本の発見という点でポッジオが残した足跡は他を圧倒している。

2　古典文献学と聖書

古典文献学とは何か

「古典」の二文字は、古典古代、つまり古代ギリシア、古代ローマのことであるから、この時代に書かれた作品を対象にする文献学の意味とさしあたり理解した上で、そもそも「文献学」

とはどのような学問を指すのであろうか。

　この言葉は古代ギリシア語の「フィロロギア Φιλολογια」に由来し、プラトンの対話的著作『テアイテトス』では「議論、推論を愛する者」の意味で使われている。しかし日本語の用法では、たとえば『大辞林』（三省堂）では、①「文献資料によって過去の言語を歴史的に研究する学問」、②「文献の性質や利用上の問題を研究する学問。作品の成立・作者の考証や誤写・誤伝過程の推測・復元などを中心とするが、訓詁《くんこ》・註釈や伝本の書誌的調査も含めることがある」と説明されている。②の説明は、①の大枠の語義を、学問の実践に即して具体的に説明した内容になっている。前節「イタリアの人文主義者たち」で紹介したロヴァト・ロヴァティに始まり、ペトラルカを経てポッジオ・ブラッチョリーニにいたるイタリアの人文主義者たちの活動は、やや初期の段階ではあったが②の定義で説明しているような事柄であった。

ロレンツォ・ヴァッラによる公定新約聖書批判

　初期ルネサンスの文献学者たちが明らかにしたことは、つきつめて言えば言語は時間の流れとともに変化するということであった。ローマ時代に書かれた写本とカロリング王朝時代に生み出された古典の写本が、同じ作品であるにもかかわらず語彙や語順、文法の点でちがいが見られるという事実に彼らは気がついた。そして古典著作家の原初のテクストは、どのような状態であったかを復元する作業に情熱を注いだ。時間の経過のなかで改変されたり、削除されたり、古註《こちゅう》を加えられるなどして「混濁」してしまったテクストから汚れを拭《ぬぐ》い去り、純化する夢に取り憑《つ》かれた人々、それがイタリア人文主義草創期の文献学者たちであった。

こうした文化的潮流のなかで、「書物のなかの書物」とも言える聖書に文献学的探究の矛先が向かうのは、避けられないことであった。新約聖書研究の先鞭《せんべん》をつけたのはロレンツォ・ヴァッラ（一四〇七〜五七）であった。ヴァッラの名前は古代ローマ皇帝コンスタンティヌス帝が、ローマ司教（教皇）に教皇領を寄進した事実を証明しているとされるいわゆる「コンスタンティヌス帝寄進状」が、偽書であることを証明したことで有名である。この文書が偽書ではないのかという疑念は、一〇世紀にオットー三世、一二世紀にアルナルド・ダ・ブレシア、一三世紀にはシチリア王マンフレートがそれぞれ疑念を呈していたが、それが偽書であることをヴァッラは文献学的に論証してみせた。この寄進状のラテン語がコンスタンティヌス帝が生きた四世紀のラテン語ではなく、八世紀のラテン語の痕跡《こんせき》を濃厚に宿している事実を指摘して、後代の偽書であると指摘したのであった。

ヴァッラはかねがね五世紀初めに聖ヒエロニュムスがギリシア語から翻訳し、その後カトリック教会の公定本、いわゆるウルガタ本とされる新約聖書の翻訳の正確さに疑問をもっていた。そして持ち前の明敏な言語感覚と莫大《ばくだい》な文献的知識を総動員してなったのが『新約聖書付註 *In Novum Testamentum Annotationes Apprime*』であった。だがヴァッラはおそらくこの著作が公にされたときに予想される反響の大きさにたじろいだのであろう、生前には発表されることはなかった。

印刷本聖書の普及

これを公にしたのはロッテルダムのエラスムスであり、約半世紀を経た一六世紀初めのことであった。エラスムス自身がこの時期に、自身の翻訳になる『新約聖書』（一五一六年）を新しい清新な文体で刊行し、またフランスの人文主義者ルフェーヴル・デタープルがローマ典礼版、ガリカ（フランス）版、ヘブライ語版など五種類の旧約聖書「詩篇《しへん》」を校訂した『詩篇五折*Psalterium Quintuplex*』を刊行するなど人文主義的思潮が強まるなかで、ウルガタ聖書批判をタブー視する雰囲気は薄れつつあった。デタープルは引き続き『パウロ書簡』（一五一二年）の註釈を、そして四福音書の註釈と『新約聖書』の新版を刊行した。一四八七年にアウクスブルクの医師アドルフ・オッコは次のように書いている。「全能の神の慈悲により、印刷術はこの世紀に光輝いた。この発明は教会に自らの伴侶《はんりょ》（聖書）に出会う機会を豊かに与えることになった」。

ある統計によれば、一四四五年から一五二〇年の間に出版された印刷本のなかで占めた宗教書の割合は少なくとも四分の三であったとされる。トマス・ア・ケンピスの『キリストに倣いて*De Imitatione Christi*』、版画集『貧者の聖書*Biblia Pauperum*』、逸名作者の『人間救済の鏡*Speculum Humanae Salvationis*』、『往生術*Ars Moriendi*』など、すでに手書き写本で普及していた作品が、印刷本の形で文字通り爆発的に広まった。トマス・ア・ケンピスの著作は一五〇〇年以前に、様々の言語で六〇刷りを重ねた。識字層の間で聖書はルター「革命」以前に、印刷術のおかげで急速に浸透していた。フランスの歴史家ドリュモーによれば一四七五年と一五一七年の間に、パリではウルガタ聖書は一六刷りを数えた。またスペインでは一五一四年にアルカラでラテン語・ギリシア語（新約）・ヘブライ語（旧約）を併記した多言語聖書が出版された。

俗語に翻訳された聖書の普及はさらに著しかった。一四六六年から一五二〇年の間に、二六のドイツ語版聖書が作られ、イタリア語訳は一四七一年に最初の版が、オランダ語訳は一四七七年に生まれた。フランスでは国王が自らの聴罪司祭にフランス語訳を作るように要請し、一四八七年のシャルル八世の時代に完全版ができあがった。スペインでは最初のカスティーリャ語訳聖書が、一四八五年にサラゴサで印刷された。

個人の所有物となった聖書は、信仰の個人化を進める方向で作用した。印刷本聖書の普及は司祭の必要性を薄れさせ、個人の信仰心の深化と黙想を促し、それぞれが神からの語りかけを聞き、そのメッセージを自己流に解釈することができるようになった。むろんそこには危険も潜んでいる。だが確実に言えることは、ルターの登場以前に宗教書、聖書の印刷本形式での広範な流布が、信仰心の転換を実現しつつあったのである。

人文主義の宗教的性格

神の言葉は、それを表現するための言葉が正確さを欠き、不十分であれば、人はこれを歪《わい》曲《きょく》することができる。人文主義者たちは「永遠の言葉」を伝える言語を純化し、聖書から夾《きょう》雑物《ざつぶつ》を取り除いて聖書に新しい光をあてようと望んだ。公定のウルガタ聖書の権威を疑問視し、文献学を教会機関の権威と言説の上位に置いたのである。キリスト教信仰の「知」に批判的方法を導入したのであった。先に述べたようにロレンツォ・ヴァッラが一五世紀に、聖ヒエロニュムスの翻訳作業にいくつもの誤訳と矛盾を指摘していたが、その成果は一六世紀になってエラスムスが公刊して世に知られることになった。

人文主義思潮の高まりはギリシア語やヘブライ語への情熱を促進することになった。ジョヴァンニ・ピコ・デラ・ミランドラ（一四六三～九四）は自分の同時代に信徒が手にしている聖書は不完全なものであり、そこには神の啓示の一部が欠落していて、教会はそのことを知らないと主張した。彼はユダヤ人の口頭伝承のカバラについて、旧約聖書の「エズラ記」から読み取った内容をもとに語っている。

ドイツの人文学者ヨハンネス・ロイヒリン（一四五五～一五二二）はピコの弟子であるが、師の影響のもとにヘブライ語を学び、やがて『ヘブライ語初歩 *De Rudimentis Hebraicis*』（一五〇六年）を著し、旧約聖書を原典に遡《さかのぼ》って研究するための重要な手段を提供した。ルターはエラスムスやロイヒリンの方法や指摘に学びながら、聖書をドイツ語に翻訳するために自らのギリシア語やヘブライ語の知識を深めたのであった。

人文主義は全体として見ると、しばしば言われるよりも遥かに宗教的側面を豊かに内包した思潮であった。

3　古典文献学と宗教論争

プロテスタントの歴史へのアプローチ

ローマ教会をプロテスタントが攻撃するための最も堅固で確実な枠組は、歴史の「哲学」、ひとつの歴史観によって構成されている。すなわち宗教改革論者たちは、教皇権がその不当な活動を展開させるにつれて、キリスト教を少しずつ毒し、それにつれて福音と原始教会の正しい姿から離れ、堕落していくのだという主張である。この主張の正しさを論証するのは、過去の歴史を詳細に調査することによって初めて可能である。カルヴァンの『キリスト教綱要 *Institutio Christianae Religionis*』や、ロイヒリンを大伯父にもつメランヒトンの著作『神学総覧 *Loci Communes Theologici*』のような宗教改革の先駆的作品は、ローマ教会への攻撃の言説には事欠かないが、歴史の一般理論をそれとして展開してはいない。だが教会当局への非難から、二つの理念が透けて見える。ひとつは、教皇庁の歴史に要約される教会の漸次的堕落である。もうひとつは宗教改革の先駆者たちがそなえていた純粋な福音を保持することの重視である。

プロテスタント陣営の大学

ルターは人文主義者に対して好意的ではなかったとされる。しかし歴史研究には前向きで、教会の歴史的研究がバーゼルやストラスブールのようなプロテスタント陣営の大きな大学で発展するのを認めた。

なんども取り上げるが、ロレンツォ・ヴァッラの『コンスタンティヌス帝寄進状を論ず』は、宗教改革運動以前の著作であるが、これがローマ教会批判を念頭に置いていなかったと考えるのは難しい。実際、この著作は当時教皇庁と領土問題で対立していたアラゴン国王でナポリ王を兼ねていたアルフォンソ五世の依頼によって書かれたと言われている。教会領がローマ教会の物的基盤をなす限り、その所有の正当性への疑問は、ローマ教会への手痛い打撃であることに変わりはない。長らく埋もれていたこの著作を掘り起こしたのがルター陣営の思想家ウルリヒ・フォン・フッテンであり、これを一五三七年にラテン語からドイツ語に翻訳して普及させたのが、ほかならぬ

図１—７　ロレンツォ・ヴァッラ

ルターであった事実は、その政治的な意味合いをよく示している。

教会史や教会制度の歴史が、次第に神学とは別の独立した分野として認知されるようになり、一五五八年に文献学の方法をともなった教会史の教育がハイデルベルク大学で独立の教科として認められた。メランヒトンがこの大学に講座を開設し、一五六一年までフランソワ・ボードワン——彼はプロテスタント陣営とカトリック陣営の間を行きつ戻りつした——が講義した。

こうした動きはカルヴァン派のジュネーヴ大学、南フランスのモンプリエ大学、モントーバン大学、ソミュール大学などでも展開したが、これらの大学では文献学と合体した形で教育が行われた。しかしながら専攻科目として教会史が確立したのは、バーゼル大学とストラスブール大学だけであり、あとは授業科目として設定されるにとどまったのである。

ストラスブール大学ではガスパール・メディオが三部構成の教会史を著し、近代までを叙述した。その後やはりストラスブール大学のヨハンネス・パップスが『教会史提要』を、バーゼル大学ではパウルス・フリギオが『有史年代記』を著している。

ルターの弟子であり、その分身とも言われたマルティン・ケムニッツはヴィッテンベルクでルターの教えを受け、メランヒトンに学び神学を修めた人物であるが、その著作『トレント公会議検証 *Examen Concilii Tridentini*』は一世紀半の間に二五刷りを数え、大いに読まれた。その内容はプロテスタンティズムの基本問題を体系的に、しかも遺漏なく提示することが狙《ねら》いであった。この書物はトレント公会議終了の二年前の一五六一年に第一巻が公刊された。カトリック側の著者たちが、以前には教皇や教会の権威を持ち出すところで、使徒の伝統や聖書を引き合いに出すというように、その護教論の方法を転換する動きが顕著になったのに対応して、半世紀にわたるプロテスタント側の議論を整理するのがケムニッツの目的であった。

カトリック陣営の歴史への応答

一方カトリック側は、教会史よりも教義の歴史的変遷により大きな関心を寄せた。プロテスタント陣営の聖書のみを拠《よ》り所《どころ》とし、また聖書の無謬《むびゅう》性を信ずるだけで事足れりとする態度に対して、カトリック陣営はトレント公会議で「啓示の源泉」について教令を発布し、これに応酬した。すなわち聖書とは別に、神の啓示としての「伝統」の存在を主張したのである。伝統はキリストに由来するのであれ、聖霊に由来するのであれ、教父たちがこれを受け入れたものであり、神に由来する。これは聖書に書かれた福音と並んで、教会が守護者である生きた福音なのである。

カトリック側の著作家は、こうした伝統を証拠立てる史料を蒐集し、それをもとに一般的なドグマを作り出そうとした。これら著作家たちには以下の二つの流れがあった。すなわち①教条主義者、②聖書主義・協調主義(イレニスト)の人々である。

①ではバイエルン地方インゴルシュタット大学の神学者たち、スコラ学・教父学研究者ヨハンネス・エック、ルーヴェン大学のヤコブス・ラトムス、英国ではロチェスター司教ジョン・

フィシャーなどが有名である。教条主義者たちは、聖書に基礎を置かない権威に優越的な役割を認め、そもそも聖書そのものの権威の根拠が説明されるべきであると主張した。②は①と対照的な立場を取り、宗教論争において唯一の権威となるべきは聖書であると主張する。その代表的な論客はエラスムスであった。この陣営に加わった多くがベネディクト会士、フランチェスコ会士、ドミニコ会士など、修道士身分の者だったのは、在俗教会の伝統・典礼重視の体質とは意識の面で隔たりがあったからであろう。

ドグマ志向のカトリック

カトリック側の輻輳《ふくそう》した立場は、教義（ドグマ）の歴史についての素材を蒐集する上ではむしろプラスに作用した。幅広く史料を探索し集めることができたからである。まさしく一七世紀は古代教父の重要性を新たに認識させた時代になった。聖バシレイオス、ニュッサのグレゴリオス、ナジアンゾスのグレゴリオス、ヨハネス・クリュソストモスら古代東方教会の主軸をなした思想家の著作を掘り起こし、聖ベルナール、聖キュプリアヌス、聖アウグスティヌスの著作を翻訳し普及させた。

論争に直接関わる点で重要であったのは、二世紀末から三世紀に活躍したテルトゥリアヌスの著作であった。それは「教義」が、広い妥当性をそなえた普遍的なものであり、時代を越えて一貫して変わらない不変性があり、そして何よりも古来のものである点である。カトリックの論者たちは特定の問題に議論を集中させた。それは主にミサ論、聖餐式論《せいさんしきろん》、聖餐にキリストが現に実在したかという高度に神学的な問題であった。プロテスタント陣営が教会史そのものの研究に努力したのに対して、カトリック陣営が力を注いだのは教会法の防御、ローマ司教（教皇）の歴史的連続性、ローマ教会首位の理念などの古来のドグマ的な問題であった。彼らは主にその証明のために史料を探索したのであった。

第二章　ブールジュ学派の射程――歴史と法学

1　国民意識の萌芽

法学と歴史

ルネサンスの人文主義の高まりのなか、ラテン語とその文法の時代的変化を歴史のなかでたどることにより、書かれた記録の年代を確定したり、後の時代の言葉の挿入・削除などを発見したり、またその記録の真贋《しんがん》を判定したりする学問として誕生した文献学が、宗教テクストに関する論争で果たした重要な役割と、そのことで覚醒《かくせい》された歴史感覚について、とくに前章の後半で考察した。

これに続いて本章では法学の分野、すなわちローマ法研究のなかから発展した歴史への問いかけが、どのような形で歴史学の学問的推進の動きの原動力となっていったかを考えてみたい。

フランスのなかのブールジュ王国

ブールジュはフランス中部にあるシェール県の県都でオルレアンの南南東約一〇〇キロのところに位置し、ローマ人の支配が始まる前から、ケルト・ガリア人のひとつビトゥリゲス族に遡る歴史をもつ由緒ある古都である。現在の人口は約六万八〇〇〇を数え、フランスでは中規模の都市である。

マルティン・ルターが歴史に登場する約五〇年前の一四五三年に、久しく攻勢を強めてきたヴァロワ家の「王太子」シャルル七世軍の前に、ランカスター家率いる英軍がボルドーを明け渡し、北仏のカレーを残して撤退し、英仏百年戦争は幕を下ろした。シャルル七世は、パリで前王シャルル六世が一四二二年に歿したあとを受けてこのブールジュで国王に即位して以来、この都市を拠点に支配を行っていた。シャルル七世は英軍と連携したブルゴーニュ大公の勢力が残るパリには入らず、一四六一年にブールジュ近くの城で歿した。息子ルイ一一世に毒殺されることを恐れての極度の小食が原因であったのか、あるいは胃病と顎《がく》部の膿瘍《のうよう》による栄養補給の障害であったのか、いずれにしても餓死に近い最期であった。

「ブールジュ王国」と言うと、都市ブールジュを中心にした小国という印象を与えるが、決してそうではなかった。大まかに言えば、ボルドーを拠点とするギュイエンヌ地方を除外したロワール川以南の南フランス全体が、このブールジュ王国に帰属していたと言ってもよい。トゥ

イングランド
カレー
ブーローニュ
フランドル伯領
トゥルネ
ブラバント大公領
アザンクール
英仏海峡
カンブレー
アウトワ伯領
ルアン
ソワソン
ランス
セーヌ川
ノルマンディ大公領
パリ
シャンパーニュ伯領
ロレーヌ大公領
モン・サン・ミシェル
アランソン
シャルトル
ドムレミィ
ブルターニュ大公領
レンヌ
メーヌ伯領
シャトーダン
オルレアン
オーセール
リュクスーユ
トゥール
ブルゴーニュ大公領
ソーヌ川
ナント
ロワール川
トゥレーヌ大公領
ディジョン
ヌヴェール
ブザンソン
アンジュー大公領
シノン
ブールジュ
ポワティエ伯領
ブールジュ大公領
ブルボン大公領
ブルゴーニュ伯領
ポワティエ
マコン
レマン湖
大西洋
ラ・マルシュ伯領
リヨン
ローヌ川
アングレーム伯領
ヴィエンヌ川
リモージュ
サヴォワ大公領
アングレーム
オーヴェルニュ大公領
ドルドーニュ川
ヴィエンヌ
ブレ
ボルドー
アリエ川
ル・ピュイ
カオール
カスティヨン
ヴァランス
ギュイエンヌ大公領
ロデス
アジャン
ジェヴォーダン伯領
プロヴァンス伯領
アルマニャック伯領
トゥルーズ
ニーム
ベヨンヌ
ベアルン副伯領
エクサン・プロヴァンス
トゥルーズ伯領
ガロンヌ川
フォワ
ナルボンヌ
ナヴァール王国
地中海
ブールジュ王権支配領域
フランス王国内ブルゴーニュ派支配領域
ブルターニュ大公領
イングランド勢力支配領域
フランス王国境界線

図2—1　ブールジュ王国

レーヌ（トゥール地方）と、グルノーブルを中心にした南東フランスのドーフィネ地方は、王家の次子に与えられる親王領としてもともとシャルルに属していた。アンジュー、オルレアネ、ブルボネはシャルルの側についた君侯の支配領国として、南西フランスはフォワ伯とアルマニャック伯がシャルルのもとに馳《は》せ参じ、大都市リヨンとトゥルーズでは大ブルジョワがヴァロワ家の正統な嫡出子として彼を支援した。

ゆきとどいた統治と堅固な財政基盤

この王国の行政機構は整備され、国王の恒常的な滞在地となったブールジュには国王顧問会議や大法官庁、会計院が置かれた。ポワティエには高等法院と租税法院が設置された。これらの諸官庁では有能で忠実な役人が勤務した。彼らの多くは、英軍と結託したブルゴーニュ派が勝利し、パリが占領された際に、以前からの官職から追放され、シャルル七世のもとに亡命した人々であった。

そうしたなかのひとり、ジャン・ジュヴネル・デジュルサンは、かつてパリ商人会頭を務め、ブールジュ王国では租税法院長を務めた。また以前アンジュー大公の役人であったジャン・ルーヴェは財務行政を統括した。その広大な管轄領域と、これを各地で管理する役人たちの優れた能力のおかげもあって、諸々《もろもろ》の間接税収入、タイユ税と呼ばれる国王の軍事支出を支える直接税、貨幣を改鋳し新貨幣との差額から生まれる税収入などを合わせると、この王国の収入はランカスター家のヘンリー六世が支配する領域からもたらされる税の三倍から四倍の額に達した。

だが弱い指導力

こうした堅固な財政的基盤に助けられ、一四〇三年生まれのシャルル七世が数えで二〇歳のときにフランス王としてブールジュで即位した頃、その勢力は決して弱体ではなかった。問題なのはシャルルその人の性格と気質であった。細身で虚弱と表現しても的外れとは言えないこの人物は、積極的な意志に欠け、病的とも言える猜疑心《さいぎしん》の強さもあって、奉仕する王国の役人や武人の間に、情熱的な奉仕や戦闘心を育《はぐく》む支配者としての共感を掻《か》き立てる能力が不足していた。

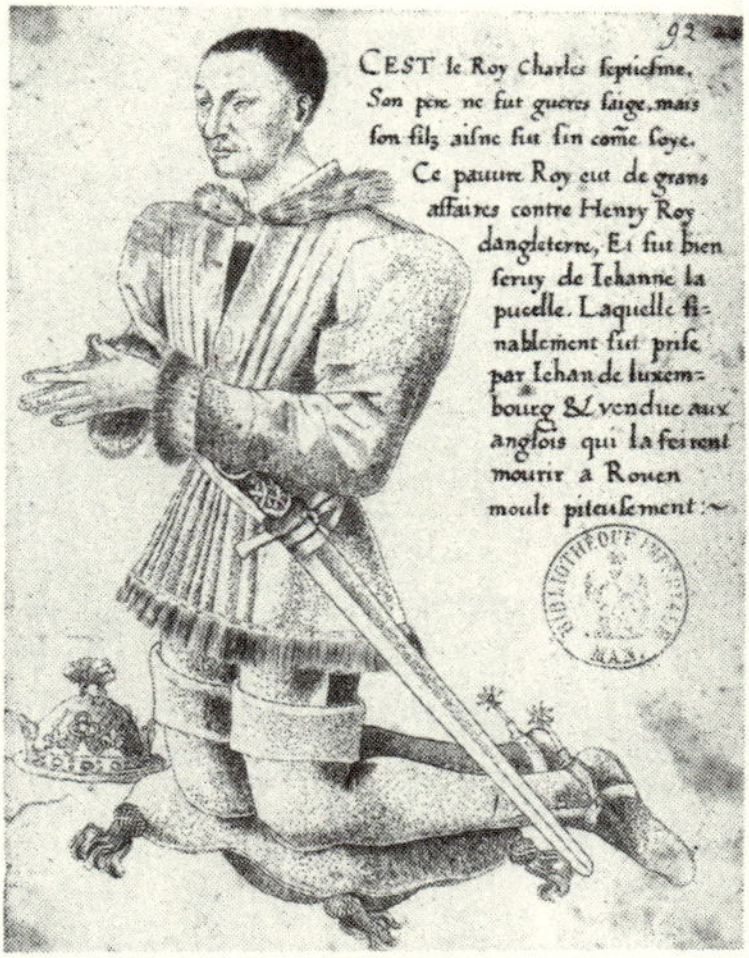

図2―2　騎士の装束姿のシャルル7世

父シャルル六世の狂気、事実上の摂政役をになったシャルル六世の妻で、自らの母イザボー・ド・バヴィエールがトロワ条約を締結し、自らを廃嫡し、娘婿であるイングランド国王ヘンリー五世を国王に推戴したことによる心の傷が、シャルル七世が自らの力に確信をもてない理由のひとつでもあった。こうした弱気な心はフランス王としてのシャルルへの、ジャンヌ・ダルクの身を賭《と》しての奉仕によって幾ばくかの自信を与えられたものの、根本からの解決にはならなかった。加えて絶えず病に苦しめられていた。最近シャルル七世の詳しい伝記を著したフィリップ・コンタミーヌによれば、シャルルの宿痾《しゅくあ》は、第一に脚部の静脈瘤《りゅう》であり、このため特別仕様の靴が必要であった。ついで胃病があった。そして最後に歯肉と顎部の膿瘍である。彼は常時食事を日に二回しか摂《と》らず、酒を嗜《たしな》むことがほとんどなかったが、それには咀嚼《そしゃく》機能の障害という要素が大きかったことは容易に推測される。

愛国心の賞揚

百年戦争の経過のなかで、国民意識の萌芽《ほうが》とでも呼べるような心性が国民のなかに萌した。一四二〇年のトロワ条約によってイングランドのランカスター家のヘンリー五世がフランス王位へ登極したことは、フランス国民の国民意識をより先鋭化することになった。これは領邦君主の支配が鼓吹する地方的な愛郷心と重なって、「郷土」の結集としての「愛国心」への統合へと緩やかに展開していたのである。フランス近世史の大家ロラン・ムニエによれば、この非常に古い郷土愛の精神は、共通の利益意識や国王役人の働きかけ、新たな経済関係、さらには宮廷人や大ブルジョワへの人文主義の影響などがひとつの基調となったのであった。

フランスの人文主義者たちはフランス優越主義を掲げた。一五世紀後半にパリの人文主義者のリーダー役ロベール・ガガンは祖国愛に駆られて、フランスの美徳として騎士道に見られる勇敢さ、労働への愛、節約精神、平穏な生活、人間愛などを挙げている。またラテン語で詩作を行った同時代の詩人ヴァレラン・ド・ヴァレランヌは、フランスを諸国の首長であるとして、古代ガリア人がギリシア、イオニア、マケドニアを征服し、ローマを占領し、アルプス以北を文明化し、その子孫はゲルマニアを屈服させ、教皇座を開放し、不信心者のオリエントを解放したと謳《うた》った。彼はこれらフランスの征服行の理念は、常に無私と理想主義の精神で貫かれていたと高吟するのである。

ブールジュの国事詔書（一四三八年）

国民意識の緩やかな高まりを、教会政策の面でさらに強化することになったのは、「プラグマティック・サンクシオン *Pragmatique sanction*」と呼ばれる政策である。これは一般に「国事詔書」と訳される。それは簡単に言ってしまえば、フランス王国の高位聖職者、たとえば司教の任命を教皇ではなく国王自身が行うという、旧来のカトリック教会の伝統を否定することの宣言と考えればよい。

この宣言は王国にとって何よりも経済的・財政的利益をもたらすものと期待された。つまり教皇の意向によってフランス王国内の司教の任命や聖職禄《ろく》が決定されたり、フランス国王の臣民がローマの教皇庁法廷で裁かれ、課金されたりする事態を終わらせようという目的であった。むろん政治的・軍事的な観点から、フランス優先主義を前面に押し出す意味合いもあった。

一四三二年にポワティエに置かれたブールジュ王国の高等法院の首席検事は、歴代のフランス国王は、「常に王国生まれの貴顕の士、貴族、聖職者および功績がある者たちが禄を得て、教会に帰属するポストが忠誠なる者によって占められるよう、不都合な輩《やから》、すなわち忠誠の疑わしい異国の者の手に渡さないよう予防すべきである」と主張した。プラグマティック・サンクシオンは幅広い世論の支持を受けたようである。半世紀後に詩人マルシアル・ドーヴェルニュは、この措置がフランス王国の再建に大きく寄与したとまで断言するのである。それは正義と衡平と公共善にかなった政策であると考えられた。その点で、この政策は国王へ服属する空間的枠組の一体性をあらわす要素であった。

その効果のほどを示す例を挙げよう。一四五三年一一月一〇日にラングル司教ジャン・ドクシーが他界した。シャルル七世はラングルの聖堂参事会に、自らの顧問であり、宮内請願審査官であったギィ・ベルナールを推薦した。これに対して教皇ニコラウス五世はアンブロワーズ・ド・カンブレーの名前を挙げたが、無駄であった。聖堂参事会は教皇の意見を斥け、国王の腹心を新しいラングル司教に選出した。教皇はこの事態に怒りを露にし、聖堂参事会を破門にし、聖務停止処分にした。しかし数ヶ月を経た一四五四年九月一六日に、破門と聖務停止を撤回せざるをえなくなった。

こうしてフランス教会は歴史上「ガリカニスム」と称される、独自の姿勢を教皇庁に対して取ることになり、王権がその先導役を果たすことになった。

2　ローマ法を解釈すること

大学の創設

ブールジュの大学は中世最後の創設大学として一四六三年に設立された。一般にその創建は国王ルイ一一世が、ベリー大公であった弟シャルルの意向を受けて創設したと考えられてきた。一四六三年一二月の国王による創設文書には、ルイ一一世、王弟シャルル、そして都市ブールジュの聖職者と市民挙げての意向として作られたことが謳われている。そして一年後の一四六四年一二月一二日に教皇パウルス二世の教皇勅書によって承認され、一四六七年三月九日に公式に授業が開始された。学部の構成は人文学、神学、法学、医学の四学部である。

図2―3　ルイ11世

新設大学をめぐる争い

こうした創設期の経緯について、最近フランスの中世大学史の権威であるジャック・ヴェルジェが異論を唱える研究を発表した。それによればこの大学を新たに設ける着想はルイ一一世が単独で考え出したプランであり、教皇庁への予《あらかじ》めの打診もしていない事業であった。近隣のオルレアン大学やパリ大学が直ちに反対の狼煙《のろし》を上げる。新たな競争相手の出現により、学生の獲得、教師の引き抜きなどで自らの威信が揺らぎかねない危機感をもったのである。現実にブールジュ大学は授業の開始にあたって、十数人の教師を近隣の大学から引き抜きを行って教授陣を整えたから、近隣大学の懸念は裏付けられる形になった。

パリ大学側は大胆な手段に打って出た。パリ高等法院に訴えて、国王ルイ一一世のブールジュ大学創建状の登録を見合わせるよう働きかけたのである。登録をしなければ法として効力をもたず、大学の創設は法的には認められないことになるからである。だがルイはあらためて大学設立の強い意向を示し、先に述べたように一四六七年に開講の運びとなったのだが、二度目の反対が今度は正式の訴訟という形で提起された。国王側の代弁人は国王の強い願望と、自分が生まれた都市への愛着心、そしてブールジュに大学が設立されることから生まれるプラス効果を訴えた。パリ大学の側は、大学の数が増加することの懸念と大学が異端の巣窟《そうくつ》になることの危険を主張した。パリの代弁人は国王が出生の地に愛着をもっているから大学を作るというなら、サン・トゥアン、ジァンティリィ、ヴァンヴ、モンテリィなどヴァロワ朝の王たちの出生地を挙げて、みなそうなると、皮肉ってみせたりした。

こうした引き延ばし策に激怒したルイ一一世は、パリ高等法院に創建状を登録するよう厳命し、それは一四七〇年三月三〇日に実行されたのであった。

ブールジュ大学事件は王権による断固たる政策の新しい事例を示している。高等法院という王国の官僚団は、王権の意向を阻止することはかなわず、ただ遅らせただけであった。四年後にパリ大学とオルレアン大学が提携して最後の抵抗を試みたが、成功しなかった。

アンドレア・アルチアトの登場

こうしたいわば鳴り物入りで、かつ国王の並々ならぬ肩入れで誕生したブールジュ大学であったが、初期の教育の成果は必ずしも満足すべきものとは言えなかった。その大きな要因が、既存の大学から引き抜いた教授陣の凡庸な才能のせいであった。そこで、フランソワ一世の妹であったマルグリット・ダングレームが新大学に関心を寄せ、続いてフランソワ一世の娘で、アンリ二世の妹のマルグリットが人文主義の新思想に関心をもち、国璽尚書《こくじしょうしょ》を務めていた法学者のミシェル・ドピタルの助言を得、またブールジュの名望家たちの協力のもとに、イタリア人の法学者として令名高かったミラノ出身のアンドレア・アルチアト（一四九二〜一五五〇）を最初は一五二九年から三三年までブールジュ大学に招聘《しょうへい》した。

アルチアトは卓越した文献学や碑文学の知識をそなえた法学者で、文献学的方法が出現する

図2—4　アンドレア・アルチアト

以前の極めてスコラ学的色合いの濃厚な、アックルシウスやバルトルスの名前で代表される「註釈学派」や「註解学派」のローマ法の教育と研究に非常に批判的であった。註釈学派とは一一世紀末から一二世紀にかけて、ボローニャでローマ法研究に携わったグループであり、彼らはローマ法大全が法真理の表現たる権威をもつテクストとして、その研究は法文の配列順に分析的な註釈を施すことであると捉《とら》えていた。註解学派とは、註釈学派の後をうけて一三世紀中頃から、イタリアの各地に興った学派で、ローマ法大全の法文配列の順序を尊重しつつ解説を加えながらも、法の文言よりもそこで述べられている法の命題に解説の重点を置いたのが特徴である。アルチアトがブールジュ大学で実践したローマ法教育は、彼の古典ラテン語とギリシア語の知識と人文主義的センスが調和した、この分野のこれまでの研究と教育を根底から覆す革新的なものであった。

『学説彙纂』写本の発見

古代ローマ人の法であった「ローマ法」が、中世ヨーロッパでどのような運命をたどったかについては大きく二つの流れが区別できるように思う。ひとつはイタリア半島の外でローマ帝国時代に適用された法が、帝国の崩壊の後にもあるていど機能した痕跡が史料的に確認できる流れ、もうひとつがイタリア内部でゲルマン人の一派ランゴバルド人が持ち込んだランゴバルド法の影響を受けながらも、か細い水流となって命脈を保ち、実生活のなかで継承され教育されてきたイタリア半島のローマ法の流れである。前者は七世紀までのポスト・ローマ時代のガリア（現在のフランスにあたる）の史料に、ローマ系住民に適用された法として登場する「テオドシウス法典」で代表される。この痕跡はカロリング朝期になるとプロヴァンス地方など地中海沿岸地方を除いて途絶える。後者は一一世紀頃から「法学の復活」（ヴィノグラドフ『中世ヨーロッパにおけるローマ法』）と称される歴史上の重要な現象として、イタリア各地で見られるようになる。ことに北イタリアのロンバルド諸都市やラヴェンナ、ボローニャの法学校が有名である。

この復活現象にはユスティニアヌス大帝が編纂を命じた『市民法大全 *Corpus Iuris Civilis*——略称ＣＩＣ』の一部で、法学研究にとって最も重要な『学説彙纂《いさん》 *Digesta, Pandectae*』（以後ディゲスタと表記）が、一二世紀に南イタリアのアマルフィで発見され、法学者の間でその内容が知れわたったことによる。この写本はこの世紀の中頃にピサで市民の「宝物」として厳重に管理されていたが、一四〇六年にフィレンツェとの戦いに敗れ、戦利品として九〇五葉からなる大部のこの貴重な写本はフィレンツェに持ち去られ、一八世紀末に現在のラウレンツィ

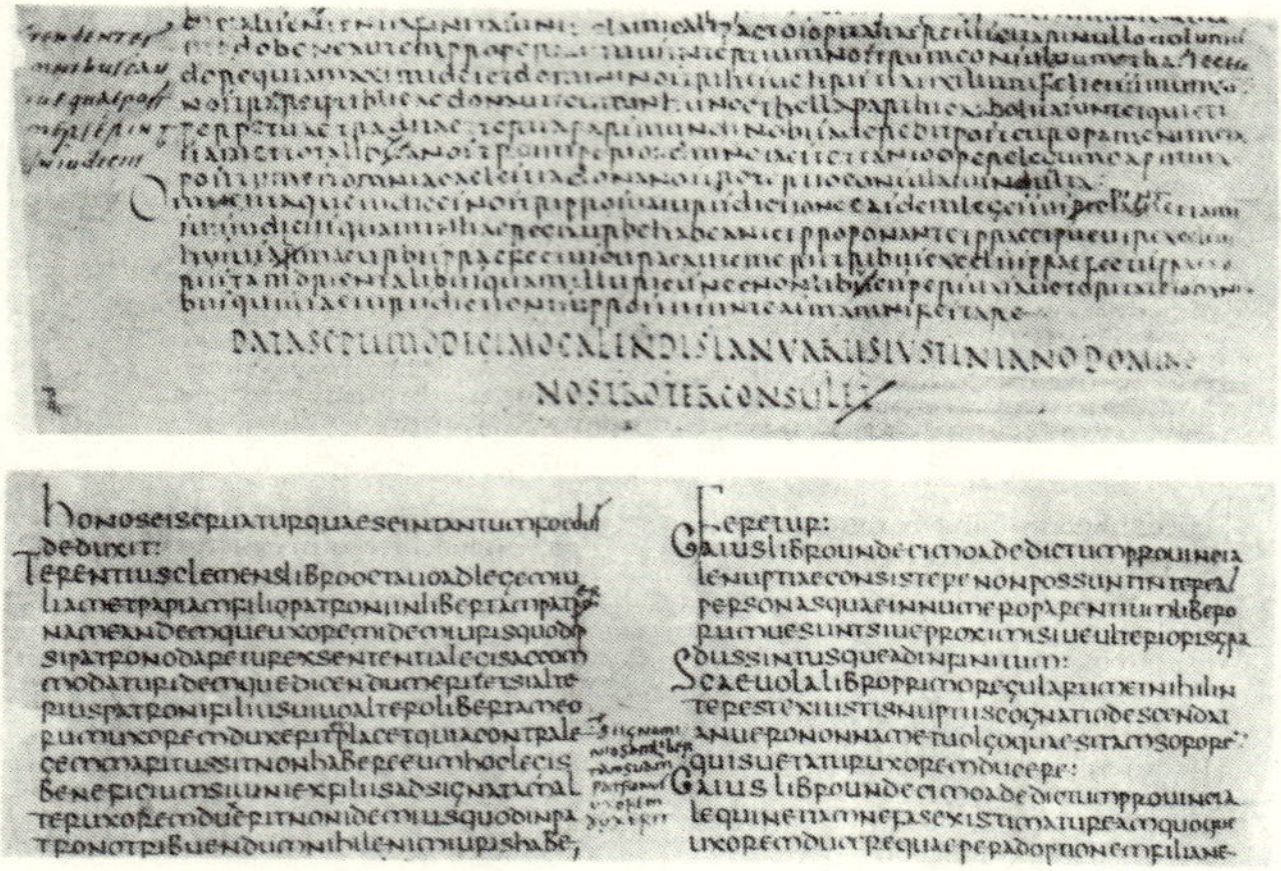

図2―5　「コーデクス・ピサヌス」の一部

アーナ図書館に収蔵された。

その後、この巨大な写本は二冊に造本し直され現在にいたっている。レイアウトは一葉（ページ）の左右の二欄で構成される形式で、一葉あたり四四～四五行が標準的な行数である。アメリカ合衆国の書体学者A・E・ローウィによれば、この写本はアンシアルおよび半アンシアルで書写されているところから、六世紀頃に作製されたと推測される。もともと『市民法大全』は、ユスティニアヌス大帝が古代ローマの初期から自分が生きる時代までの約一〇〇〇年間のローマ法を蒐集し、それを現実の法として機能させようという意図のもとに、法制長官トリボニアヌスに命じて編纂させたものである。ディゲスタは蒐集された二〇〇〇巻、三〇〇万行の過去の法学者たちの学説を、五〇巻、一五万行に編集し直した内容で、西暦五三三年一二月三〇日に施行された。「コーデクス・ピサヌス」と称されるラウレンツィアーナ写本はその書体から推測して、施行からまもない時期に作製されたと推定される。

アルチアトの註釈派・註解派批判

そもそもローマ法とは何か。これはアックルシウスやバルトルスなどの中世のローマ法学者たちが絶えて発したことのない問いであった。そしてこれを行ったのがアルチアトをはじめとするブールジュ大学の法学者たちであった。

ミラノからやって来たこの学者は、まずローマ法の解釈でバルトルストと称される註解学派との論争に力を注いだ。この学派は慣習法的色彩が濃厚な封建法と教会法をローマ法と関連させ、その時代の課題に適合するような形でローマ法の解釈を実践していた。このやり方にアルチアトは「ノー」を突きつけ、そうしたスコラ的法解釈からローマ法解釈を純化しようと努力した。彼はニッコロ・ニッコリ、フラヴィオ・ビオンドなどイタリアの文献学者たちの驥尾《きび》に付して、歴史に最も大きな比重を置き、そのためには文献学的考察によって、ローマ法の歴史を正しく理解しなければならないと主張した。彼はミラノの君主ヴィスコンティに宛てた手紙のなかで次のように述べている。

古人のもとで歴史は常に第一の地位を占めていました。様々な学問分野において、最高の栄誉をかちえていたのは歴史でした。医学は身体にとって有益です。公益にとって多くの法律家を必要とします。哲学者は自分たちのことを最高の存在とみなしています。軍人の栄光はそのこと自体が誇りです。しかしこれらすべてが歴史家の前で頭を垂れるのです。

フランソワ・ボードワンと「ローマ法」

アルチアトの最初のブールジュ大学教授職は足かけ五年の短い期間であった。だがその文献学的手法の新鮮な息吹は、多くの優秀な学徒をこの大学に呼び寄せることになった。

そうしたひとりに本書の冒頭「はじめに」で取り上げたフランソワ・ボードワン（一五二〇〜七三）がいる。彼は一五四八年から七年間をブールジュで過ごしたが、この間はカルヴィニストとして勉学に勤《いそ》しんだ。その後六三年にカトリックに復帰したが、これも長くは続かなかった。彼はこのように生涯に七度プロテスタント陣営とカトリック陣営との間を往還した。これを宗教的信念の弱さと見ることもできようが、後に述べるライプニッツと同じく新旧の間の和解を望むイレニストと称される人文主義者の極端な例と見ることもできよう。

ところでローマ法学者としてのボードワンは『ユスティニアヌスまたは新法に関する註釈四書』（一五四六年）のなかで次のように書いている。

我々の課題は何が完全なのか、何が断片なのか、何が古い部分で、何が新しい部分、付加された部分なのかを知ることである。しばしば特定の提題がウルピアヌス（三世紀ローマの法学者でディゲスタの三分の一が彼の著作から構成されていると言われている——筆者註）に帰せられるが……実はユスティニアヌスやトリボニアヌスの手になるものもある。

ボードワンはここで、古代ローマ法を知るための材料としてのディゲスタが孕《はら》む根本的問題を指摘しているのである。それは端的に言えば、ディゲスタが極めて長期にわたるローマの歴史の経過のなかで、折に触れて発布された多様かつ膨大な量の法を、時代的な位相を無視して、あたかもワンセットの法であるかのように取り扱ってきたということである。註釈派も註解派もこれが時代相をもった編纂物であることを認識はしていたが、それを各時代に腑《ふわ》分けしてそれぞれのコンテクストのなかに置き直して、その立法趣旨を解釈するなり、意味を理解するなりするだけの素養を欠いていた。それは、法を記録するラテン語が時代的に変化している事実を客観的にあとづける知識を彼らが十分にそなえていなかったからである。

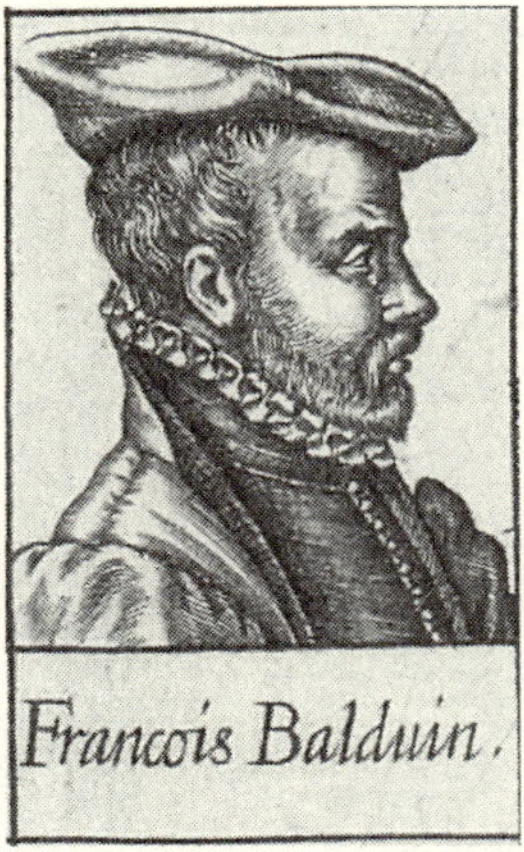

図2―6　フランソワ・ボードワン

それは古典古代の様々な時代の詩文や著作物を愛読し、愛誦《あいしょう》した「ロゴスを愛する者」すなわちフィロロゴスを実践する「文献学者」でなければかなわぬ事業であった。ロレンツォ・ヴァッラ、あるいはロヴァト・ロヴァティに発する彼ら人文主義者は、詩文への愛からする自然のあるいは努力の賜物《たまもの》である、様々な時代の様々な類型の著作家の文章に慣れ親しんだ、その成果である膨大なラテン語データを駆使して、それに取り組んだのである。

ボードワンはこれら人文主義者の偉大な先達に倣って、ディゲスタに収録されている法文の年代的な位相の確定に熱中した。ペトラルカはかつて「歴史とは、挙げてローマを賞揚するためのものなのであろうか」と問うた。このひそみに倣って、ボードワンは「ローマの帝政と共和政の歴史を説明するのに、ユスティニアヌスの法以上のものがあろうか」と問うのである。答えは言うまでもなくノーである。法と歴史が本質的に切り離せないものであることを、彼はある著作のなかで次のように述べている。「私は気がついた。法書は歴史の産物であり、歴史の所産は法の書物に進化するのである」。こうした認識のもとに研究を有意義に進めるためには、百科全書的な博学多識の頭脳が求められることを説いた。

3　モス・ガリクス（mos gallicus）の展望

一六世紀の歴史法学派

「モス・ガリクス」、すなわち「フランス学派」とは、すでに述べたように一六世紀にブールジュに集まったローマ法をはじめとする古代ローマの研究者たちの運動を指している。右に挙げたフランソワ・ボードワンもこれに属する。

アメリカ合衆国の歴史家ドナルド・ケリィやフランスの歴史家ブランディーヌ・バレ＝クリージェルなど、何人かの専門家は彼らを「歴史法学派」と呼んでいる。歴史法学派という呼称は通例ドイツのフリードリヒ・フォン・サヴィニーの名前と結びついて、一九世紀ドイツの法学とみなされがちであるが、単純化して言えば法を歴史と時代の人間精神の所産とみなす一六世紀のフランス学派もまたこのように呼ばれるのにふさわしい。

だが三世紀間を隔てるこの同名の学派の間には、性格の上で大きなちがいが見られる。一六世紀の「フランス学派」の場合は、基本的にローマ法の研究は、これを批判・克服し近世の王政国家のあるべき法を模索するための手段であった。これに対して一九世紀ドイツの歴史法学派が目的にしたのは、自らの祖先とみなしたゲルマン人の古法を賞揚し、民族の建設を目指す極めてロマン主義の色合いが濃厚な運動であった。

ギヨーム・ビュデのローマ経済史への着目

フランス王政による近世国家の樹立を理念的な目標としたフランス学派の草分けとも言うべき存在は、フランソワ・ボードワンに先立つこと約半世紀前に生まれた文献学者ギヨーム・ビュデ（一四六八〜一五四〇）である。彼は大官僚で貴族でもあった名門の出身で、父ジャン・

図2―7　ギヨーム・ビュデ

ビュデはシャルル六世のもとで国王顧問の要職にあった。

ブールジュ大学とライバル関係にあったオルレアン大学でローマ法を学ぶが、自らの知的体質は文献学にふさわしいと考えるようになる。ローマ法学で得た知識を忘れるわけではないが、文献学的ローマ研究にのめり込んでいった。そしてそれは豊かな歴史への想像力を育み、この時代には比類のない古代ローマの社会経済史への端緒を開くことになる。

彼の死後に出版された『君主論 *De l'institution du prince*』は、明らかにマキアヴェッリやエラスムスの同名の著作を念頭に置いたものであった。彼はこのなかで、あたかもアレクサンドロス大王に対するアリストテレス気取りで、フランソワ一世に対して他の学問の師をさしおいて歴史の教師に学ぶよう助言をする。そうして、こう付け加える。「賢明な君主はヤヌスのようになりうる。ひとつの顔は前（未来）に向け、もうひとつを後ろ（過去）に向けるのである」。

ビュデが取り組んだ過去の再現の努力の一環として、最も知られているのが古代ローマ貨幣の研究である。これはフラヴィオ・ビオンドやポリツィアーノのような名だたるイタリアの人文主義者が試みて、挫折したことのある難しい課題であった。ビュデは『古代貨幣について *De Asse*』を著し、ローマの貨幣や度量衡について考察し、貨幣の始まりや、利息さらには様々な職業の収入なども調べ、学者の実入りの良さなども指摘した。その論はローマ帝国の経済的基盤にまでおよび、ローマの栄光はその富によるところ大きく、その政治的、文化的没落は経済的衰退と深く結びついており、それは貨幣価値の低下に如実に示されていると言うのである。文明の経済的基礎を問うこのような発想は、イタリアの人文主義者にはない独創的なものであった。

ローマとフランス王政の比較

古代ローマの社会・経済への驚異的と言ってもよい深い洞察を果たしたビュデにとって、それはあくまで来るべきフランス王政国家を構築するための鑑《かがみ》としてであった。彼がイタリア文献学の伝統から離れることになったのは、ローマ帝国とフランス王政との制度的比較の考察を通してであった。

ローマのプラエトール（法務官）とフランス王政における国璽尚書（シャンスリエ）の対応関係に興味を引かれ、国璽尚書の制度を一二世紀の起源まで遡ってあとづける作業を促し、ディゲスタに見える「リベッルス嘆願書」の意味をめぐっては、アルチアトなどの同時代のローマ法学者・文献学者と論争したが、彼はこの言葉をフランス王政の arrêt（判決）および「請願審査官」になぞらえた。ちなみにビュデ自身がこの請願審査官という重職に任命された。ローマの「スクリニウム scrinium 文書匣《ばこ》」は、フランスの国王文書庫と比較された。

こうした、どちらかと言えば散漫な考察を通じて、ビュデは文献学という新しい学問の方法を、古代だけでなく俗語で書かれている中世史の問題を解明するために利用した。その結果彼は歴史の研究と史料の調査の範囲を拡大し、深化させただけでなく、文献学を通じて歴史の方法をさらに向上させた。そして重要なことは、これらの作業を通じて彼は「たとえ古典研究からどのような助力を得られようとも、近代社会はそれ自体として解釈されねばならない」という認識を得たことであった。

フランソワ・オトマンとローマ法の「流刑」

ビュデによって代表される歴史法学派の最大の特徴は、中世の教会制度や、いわゆる「封建制度」に次第に注目していったことである。それはボードワンの仕事に見て取れるし、またブールジュ学派に属するブルトン人ル・ドゥアラン（一五〇九〜五九）の教会法や封建法についての研究にも顕著に表れている。彼は封建法がゲルマン人に起源をもつと考えた。いわば後のゲルマニストの先駆けであった。

宗教改革とトレント公会議という歴史的な大転換のなかで、イデオロギーの変化とも言うべき事態が進行していた。フランスのローマ法学者たちは古典文献学の理念に依拠しながらも、世俗文化をも取り込みながら視野を広げることで、古典主義者の前提を放棄した。すなわち制度とそれを表現する用語の理解は、史料の調査、経験的研究から導き出すべきであり、古典の類推的解釈からではないという認識をもつにいたったのである。

ユグノー戦争（一五六二～九八年）の間に、ローマ的遺産を重視する論者とゲルマン人のそれを重視する論者との激しい論争があった。これは一九世紀の歴史主義における論争に類似したパターンで、歴史の行路の玄妙さに驚かされる。それはさておき、これを契機に平凡な人文主義法学者から激越なゲルマニストに転向した人物がいた。それがフランソワ・オトマンである。彼もまたパリ高等法院判事を父にもつエリートであった。オルレアン大学でローマ法を学び、やがてパリ大学でローマ法の教師に任命された。一五六七年には『反トリボニアヌス論』を著して、ローマ法がいかにフランス王政とは相容《あいい》れないかを力説している。このとき彼はシャルル九世の修史官であり、同時にブールジュ大学の教授であった。ローマ法はその厳格な定式化と訴権中心の傾向から、フランスの法学のな

図2―8　フランソワ・オトマン

かで居場所を得ることはできないし、フランス社会においてはなおのことそうである。ひとつの法システムをある社会環境から切り離して、別の環境に移植することは不可能である、というのが彼の認識であった。そして結論として、ローマの自然法に代えてモーゼの律法を、訴権中心の法からより倫理性の強い法をフランスの基本法にすべきであるとした。

ブールジュの法学者たちはローマ法の研究にあたって、一九世紀ドイツの場合にそうであったように、膨大な語義解釈の努力を通じて、この法を法観念のうちに定着させ、かくしてそれを受容すべく実践したのではなかった。彼らはローマ法を追放し隔離するために行ったのである。「モス・ガリクス」の目指したところはローマ法の「流刑」であった。

だが、この「流刑」は、公法の分野と私法の分野でその影響と「刑期」が同一ではなかった。中世ローマ法学への批判は、公法の分野では王権による法の革新を容易にし、根本的に近代指向の法を準備することを可能にする一方、「フランス固有の法」への関心の高まりは、封建法を私法として温存する領域たらしめた。一世紀の時を経てそれがフランス革命を介して、ローマ法を骨格とするナポレオン法典によって代替されるというのは、なんたる歴史の皮肉であろうか。

第三章　サン・モール会の誕生と発展

1　修道院会（コングレガシオン）の形成

修道院改革への動き

中世末期のヨーロッパ各地の修道院は修道規律の緩みと、修道士の不品行に悩まされた。これを改革するためにシトー派修道士出身の教皇ベネディクトゥス一二世（在位一三三四〜四二）が行った試みも、ベネディクト派修道院や律修聖堂参事会ばかりでなく、自分の出身母体であるシトー派修道院でさえ長続きしなかった。参事会に関しては、地域ごとにまとまって正常化するように指導したものの、十分に規律をただすことができなかった。そもそも教皇庁それ自体の権威が「教会大分裂」で傷つき、それが修道院の無規律状態を深刻化させた側面もあった。

こうしたなかで規律回復の動きは、修道院のなかから自発的な運動として現れた。その動きは修道士によってになわれ、拡大していったのである。ヨーロッパの各所で完徳の実現に強い意欲を示す人たちは、かつて真価を発揮していた修道制の伝統的な価値を再び見出《みいだ》した。スペインではバリャドリードのサン・ベニト修道院が、イタリアではシエナ近くのモンテ・オリヴェート・マッジョーレ修道院、スビアコ修道院、パドヴァのサンタ・ジュスティーナ修道院が、またドイツではトリーアのザンクト・マティアス修道院などが、修道規律再建の拠点修道院となった。

だがこうした改革が本格化し、新たな潮流を生み出したのはトレント公会議以後のことであった。フランチェスコ会では「最原始会則派」の結成を促し、ドミニコ会では枢機卿ベリュルによるイエス・オラトリオ会(一六一一年)が生まれ、とりわけ若者の教育に力を注いだ。

清新な息吹を注ぎ込まれた改革修道院は優れた資質の新修士を受け入れ、その改革の姿勢を他の修道院にも伝えた。手助けの要請があれば、修道士を派遣し、改革を指導した。改革修道院はこうした再建・改革事業を定着させるためには、これに参加した修道院をすべてひとつに結集して、堅固な構造をそなえた修道院の団体組織を形成する必要があると考えた。こうして修道院会(修族。コングレガシオン)が誕生した。

こうした改革修道院は戒律ごとに組織され、地域や国単位で結集した。伝統的な修道会とは設立意図も原理も異なる新たな組織原理のもとに編成され、個々の修道院長の上に組織全体を統括する総会長を据えて、傘下にある修道院の改革を指導した。

サン・ヴァンヌ修道院会からサン・モール修道院会へ

フランス領域ではロレーヌ地方の古都ヴェルダンにあるサン・ヴァンヌ修道院が、ディディエ・ド・ラ・クール師の主導のもとに、一六〇四年に修道院会を組織した。この修道院はベネディクト戒律を奉ずる修道院で、一〇世紀中頃に創建された。この修道院はパドヴァのサンタ・ジュスティーナが中心となっているコングレガシオンの規約を採用した。トレント公会議の合意として、修道院はなるべくグループを組織すべきという事項があった。その結集は当初三司教管区を枠組としたが、数年後には四〇の修道院を糾合し、最大の規模になったときは五〇の修道院が、ロレーヌ地方ばかりでなく、シャンパーニュ、フランシュ・コンテ地方にも分布するほどの勢力となった。さらに一六一三年にはリモージュのサン・トーギュスタン修道院を核としてサン・モール会と称する修道院会も作った。

図３―１　1870年頃のサン・ヴァンヌ修道院

サン・ヴァンヌの改革の精神は「ユダヤ教が最も賞揚したすべて、賢者を育てるべく哲学が編み出した最高の思想が、その身分にそなわる義務を実践する忠実な修道士の生活の形をとるのである。こうした理由から古人はしばしば宗教生活を聖なる哲学と称したのである」と述べるオーギュスタン・カルメ師の言葉に表れている。

だがアンリ四世の暗殺をうけて王位に就いたルイ一三世は、フランス王国の修道院が神聖ローマ帝国領内のヴェルダンにある修道院を盟主と仰ぐ修道院会に所属しているのを疎ましく思っていた。

クリュニー派修道院の抵抗

サン・モール会には活発に活動する改革修道院が参加した。その数は最盛期に一九〇に達し、イル・ド・フランス、ノルマンディ、ブルターニュ、ガスコーニュ、ベリー、ブルゴーニュなど六州に分布していた。例外はクリュニー派修道院である。クリュニー修道院もまたベネディクト戒律を採用したが、サン・モール会に加わることを頑《かたく》なに拒否し続けた。これには背景がある。

それはサン・モール修道院会の創設にあたって中心的な役割を果たしたのが、クリュニー派の修道士たちであったことによる。クリュニー派のコレージュの学寮長であった修道士ロラン・ベルナール師は、ロレーヌ地方で一時期修行を行った後に、ロレーヌ地方の修道士を何人かクリュニーのパリ学寮に招聘し、サン・ヴァンヌの改革をリモージュ地方での改革に導入するために、彼らを派遣した。そしてこの地方へのコングレガシオンの創設の必要を説いた。この結果、当初のこの地へのサン・モール会の創設が決まったのであった。一六一八年八月の開封特許状によってこれが承認された。

フランス最初のベネディクト系コングレガシオンの拠点が、この地のクリュニー修道院の参事会室に置かれたという経緯もあり、同じベネディクト戒律を奉ずるクリュニーには、コングレガシオン編成の主導権をめぐってサン・モール会との軋轢《あつれき》が生まれることになった。こうした因縁からクリュニーは結局サン・モール会に加わることをせず、独自の道を行くことになったのである。

こうした事情もあって、パリのサン・ジェルマン・デ・プレ修道院を拠点としてのサン・モール会の正式の発足は一六三一年にずれ込んだ。

一六三二年五月二六日に、前年に発給された開封特許状がパリの高等法院に登録され、法的に完全な権利主体となったのであった。

修道院会の運営

修道院会の総会は三年に一度開催された。役職者はここで指名された。コングレガシオン全体を取り仕切る総会長を除いて、同一役職の任期は三年で、再任までは可能だが、六年を越えて同一の職にとどまることはできなかった。総会はまた各州に一人の監察使、参事会総長とこれを補佐する補佐役を選任した。『剣と清貧のヨーロッパ』を読んだ慧眼《けいがん》な読者であれば、このような役職者の選出の仕方はどこかで見たような気がするかもしれない。修道院組織というカテゴリーで考えたとき、それは托鉢《たくはつ》修道会の役職者の選定の仕方に酷似しているのである。おそらく修道院会という新組織の発足にあたって、托鉢修道会の組織運営に学ぼうとした意識の表れであろう。

「コングレガシオン」という、一七世紀に生まれ、その活動によって一八世紀に最盛期を迎えた修道組織が、歴史のなかで重要な位置を占めている大きな理由は、この組織がほかならぬ歴史研究のセンターとしてヨーロッパにおいて果たした卓越した役割にあるであろう。だが翻って、この体制下にあった修道士たちが、学問の探究に力を注いだからといって、修道士の本来の規律をおろそかにしたり、祈禱《きとう》や聖務を軽んじたりしたと考えるとすれば、それは誤りである。フランス大革命によって、一七九〇年に修道院会が廃止されるまで、ここでは本来の修道士の務めと規律を守ったのであった。

フランスの修道院と国王権力

修道院の役職を任期制にするというラジカルな措置は、修道院の管理・統制の面で広まっていた恣意《しい》的差配を除去するのが目的であった。中世末期から修道院は当該地方の君主の裁量のもとに入り、新たに修道院長に任命された場合は教皇がこれを承認したのである。先にフランス国王ルイ一三世の命令で、サン・モール会がサン・ヴァンヌを盟主とするコングレガシオンから脱けて、独立のサン・モール修道院会を立ち上げたことを紹介したが、王権がこのような容喙《ようかい》を行いえたのも、中世末期における修道院と王権とのこうした関係が基盤になっている。

君主も教皇も修道院全体の収入を自らの手に握ろうとした。教皇はアヴィニョン「幽閉」の間に、修道院長職を兼併《けんぺい》し、それを実入りの良いポストとして利用した。自分は修道院の資産を生み出す「用益権」収入を手にし、実際の管理運営は信頼できる自らの腹心に委《ゆだ》ねた。この方式はバーゼル公会議（一四三一～四九年）でも、トレント公会議（一五四五～六三年）でも断罪された。だがフランス国王は地方聖職者の後押しもあって、渋る教皇に同意を求め、修道院長を任命する権利を保持した。

図3―2　ルイ13世

修道院長に任命された人物は「空位聖職禄管理者（コマンダテール）」と呼ばれる。彼らは政治的な思惑で選ばれ、個人的な資質などは考慮されなかったから、修道生活を実践することがないのが一般的で、収入も修道生活とは無縁の事柄に充当するのが普通であった。反面、院長が修道院の管理・運営に口出しをすることは禁じられた。院長はともかく、実際に修道院の管理を行った上層の役職者は、改革の意気に燃え厳格な律修生活を実践することが多かったので、修道院内部の規律向上には大きな効果があったとされる。

図3―3　枢機卿リシュリュー

サン・モール会の庇護者リシュリュー

一五八五年に下級貴族の三男としてパリで生まれたリシュリューは、パリ大学で学んだ後、家庭の事情で聖職者の道を進み若くして司教となり、一六二二年には枢機卿の地位に就き、その二年後にはルイ一三世の宰相の地位に就いた。ロラン・ムニエの詳細な評伝によれば、彼はフランスの名だたる修道院のコマンダテールを兼併した。中世初期以来の修道院だけでも、レンヌ近郊のルドン、オルレアンの東にあるサン・ブノワ・シュル・ロワール、アミアン近くのサン・リキエ、トゥールのマールムティエなどまさに壮観というほかない。こうした収入だけでも一六二七年には六万リーヴルを超えている。

一六三一年にサン・ジェルマン・デ・プレ修道院を盟主としてサン・モール会が発足するにあたって、これを推進したのはリシュリューであった。サン・モール会実現にあたって、彼が一六二七年にコマンダテールとしてクリュニー修道院の院長に就任し、院内の反対者に睨《にら》みを利かせたことが大きかったであろう。

彼がサン・モール会を潜在的な学術団体と評価して後押ししたのは、修道士たちの学術活動によって国家は利益を引き出すことができ、フランス王政の偉大さと名声に寄与することができると信じたからである。「彼は世論を政治力として組織するのを望んでいて、タキトゥスやマキアヴェッリらに学び著作家や政論家をリクルートすることで、学識によってキリスト教古代と宗教的規律と風儀とをそなえたガリア教会に回帰し、キリスト教フランスを世界教会に模範として示すことができるという考えに魅了されたのであった」（バレ＝クリージェル）。

2　サン・モール会の律動

サン・ジェルマン・デ・プレでの修道生活

パリ観光の名所のひとつにセーヌ川左岸にあるサン・ジェルマン・デ・プレ教会がある。同名の地下鉄駅を出るとすぐのところにあり、またこの界隈《かいわい》はファッション界の有名なブティックもあることから、足を向けられた人も多いにちがいない。この教会はメロヴィング朝期に創

図３―４　パリ、サン・ジェルマン・デ・プレ修道院界隈（上）、地下鉄駅マビヨンの向かいは「モンフォコン通り」（下）

建されたサン・ヴァンサン修道院、後に守護聖人をサン・ジェルマンに代えた由緒ある修道院の教会堂で、広大な規模の敷地――北の端はセーヌ川にまで達していた――の一部である。

　サン・モール会の会則は一六四五年の総会で承認されたが、それは二つの部分からなっている。ひとつは修道士の生活がベネディクト戒律で定められている聖務日課に従って厳格になされるべきことが謳われていて、この部分は「デクララシオン」と名付けられている。修道士としての決意表明のようなパートである。あくまで簡素な生活を心がけ、食事も質素で、病者以外は肉食の摂取が禁じられた。断食、沈黙、徹夜勤行などの実践が厳しく求められ、庵室の備品は寝台、木製の卓と椅子が一脚、水差し、錫《すず》製か陶器の聖水盤、鉄製の燭台《しょくだい》、銅製のランプ、数枚の宗教画が許されただけであった。修道士ひとりあたりの費用は年額四三七リーヴルで、これは他の修道院に比べて質素な部類に入る。

会則のもうひとつの部分は、サン・モール修道院会の統治の細部を定めた部分で、すでに五七ページの「修道院会の運営」で述べたような組織運営の約束事が定められている。この部分は一七七〇年に激しい議論の結果修正されたが、それまで一三〇年間にわたって、サン・モール会が鉄の結束を誇った大きな要因であった。

組織の拡大と発展

パリのサン・ジェルマン・デ・プレを拠点にして一六三〇年にサン・モール会が発足した時点の総会長はグレゴワール・タリスであった。それから修道院会が一七九二年に廃止されるまでの一六二年間に、総会長は合計二〇人を数えた。

一六六八年にはフランスの全土に、サン・モール会が拡大した。一六七七年には傘下の修道院数は一七七を数えた。フランス革命の少し前の一七六三年には一九三に増加している。もっともこの間の九〇年間の増加数はそれほど目覚ましくはない。その理由は後に触れるように、功利主義思想の影響によって、修道院という「生産」活動とは無縁な組織への、世間の冷ややかな眼差《まなざ》しが強まり、修道院廃止の動きがあったことも関係していよう。

サン・モール会の最盛期として二つの時期が挙げられる。ひとつは一六八一年であり、傘下修道院の数は一七九を数え、総数三〇〇〇人の修道士を抱え、毎年七〇人の新たな修道誓願希望者が現れた。この年はサン・モール会士（以後「モーリスト」と呼ぶ）ジャン・マビヨンが文書研究の方法論を確立した『文書の形式について *De re diplomatica*』を出版し大きな注目を浴びた年でもある。

いまひとつの時期は、創立一〇〇〇年を迎えた一七一八年で、この年に傘下修道院は一九〇を数え、創立以来の修道士の総数は延べ数にして五二〇〇人に達した。

サン・ジェルマン・デ・プレ修道院の建物は創建以来、その長い歴史のなかで幾度か建て直されてきた。一五八〇年からもブルボン枢機卿の手で、僧院の主棟、教会、院長公邸などの大規模な拡幅がなされたが、それより前に、当時同修道院の院長でフランスの教会改革を主導したひとりであるモー司教ギヨーム・ブリソネが、盟友の神学者で人文主義者のルフェーヴル・デタープルにこの修道院に入ることを勧めた。デタープルはここで『詩篇五折』（一五〇九年）と『パウロ書簡講解』（一五一二年）を相次いで完成して好評を博し、この修道院の知的盛名を大いに高めたのであった。デタープルがあえてこの修道院をいわば仕事場にしたのは、中世初期にまで遡る立派な図書室に蔵された数多くの蔵書があったからである。残念ながらデータは大革命開始期のものしか手元にないが、それによれば一七八九年時点で印刷本四万九三八七冊、写本が七〇七二冊という堂々たる内容であった。

スペインを敵手とした三十年戦争で、アミアン近くのコルビィを占領したスペイン軍の略奪・破壊を恐れたコルビィ修道院は、選《え》りすぐりの四〇〇冊の貴重な写本をサン・ジェルマン・デ・プレ修道院に移管した。

余談であるが、大革命の折にこの修道院も革命派の焼き討ちにあった。その場に居合わせたピョートル・ドブロウスキーという名前の写本愛好家で、ロシア大使館付外交官が、火災から守ろうと修道士たちが必死で窓から放り抛《な》げた多くの貴重な写本を密《ひそ》かに集め、帰国した後にエカテリーナ二世に献上し年金を授けられたとされている。そうした事情もあって、コルビィ修道院旧蔵の写本はパリのフランス国立図書館やコルビィ近傍のアミアン市立図書館だけでなく、サンクト・ペテルブルグにあるサルティコフ・シェドリン公立図書館にも貴重な写本が所蔵されている。ラテン古書体学者デヴィッド・ガンツの調査によれば、メロヴィング朝期に作製されたコルビィ旧蔵写本一一点のうち、六点がサルティコフ・シェドリン公立図書館の所蔵になっている。

図3—5　コルビィ修道院教会

教会史およびフランス国史・地方史の編纂作業

歴史史料の編纂について「ベネディクト派のような仕事」という表現がある。これはモーリスト（サン・モール会士）のような膨大な成果を上げることを意味している。それはまさしく神話でいう「ヘラクレス」級の業績である。

モーリストの歴史は大きく三つの時期に分けられる。それぞれが約半世紀の活動期間に区分される。①主にリュック・ダシュリ師（一六〇九～八五）とジャン・マビヨン師（一六五〇～一七一〇）が活躍した時期、②モール・オドラン師（一六五一～一七二五）やベルナール・ド・モンフォコン師（一六八〇～一七四一）の時代、③サン・モール会が終幕を迎えた時期である。

最初の時代はベネディクト派修道院の歴史を著すことと、教会関連の聖書、教父著作、神学、教会法、禁欲・修道文献、教会史、典礼文献、聖人伝などの調査と編纂事業に力を注いだ。これを実行するにあたって念頭に置いたのは、言うまでもなく、一六世紀に始まったプロテスタントとの論争のなかで焦点となった、教会の堕落の問題である。この指摘に有効に反駁《はんばく》するには、古代からの教会のありようを、歴史を含めて全体的に具体的に明らかにしなければならない。まさにヘラクレス的力業が求められた。

リュック・ダシュリ師は調査の組織化に努め、いくつものチームを編成した。フランス全土の教会・修道院の図書室や文書庫を調査させ、必要な写本や文書を紙に筆写させ、これをセンターであるパリのサン・ジェルマン・デ・プレ修道院に次々と送らせるのである。パリではこうして各地から送られてきた書写史料を整理・分類し、これをもとに書物にまとめるための作業を行った。

こうした調査と書写に携わる修道士向けにマビヨンが書いた『修道院研究要項』には、良質の紙を使用し、かつ節約してはならないこと、字は大きく、明瞭《めいりょう》に書き写すことなどが指示されている。また名著『文書の形式について』が出版される数年前の一六七七年に、自身が執筆した『サン・モール会傘下修道院の歴史に携わる者への意見』には、偽文書と真正文書との区別の必要を説いている。

こうしてマビヨン自身は『聖ベネディクト教団聖人伝 *Acta Sanctorum Ordinis Sancti Benedicti*』を一七〇一年まで九巻を出版し、また『聖ベネディクト教団年代記 *Annales Ordinis Sancti Benedicti*』全六巻を刊行した。とりわけ『古記録拾遺 *Veterum Analectum*』全四巻は、いまだに研究者にとって史料探索への興奮を掻き立てる書物である。年上の同僚であったリュック・ダシュリは一六五五年から七七年にかけて『ガリア図書館収蔵古記集成ならびに拾遺 *Spicilegium sive Collectio veterum aliquot scriptorum qui in Galliae bibliothecis delituerant*』一三巻を出版した。

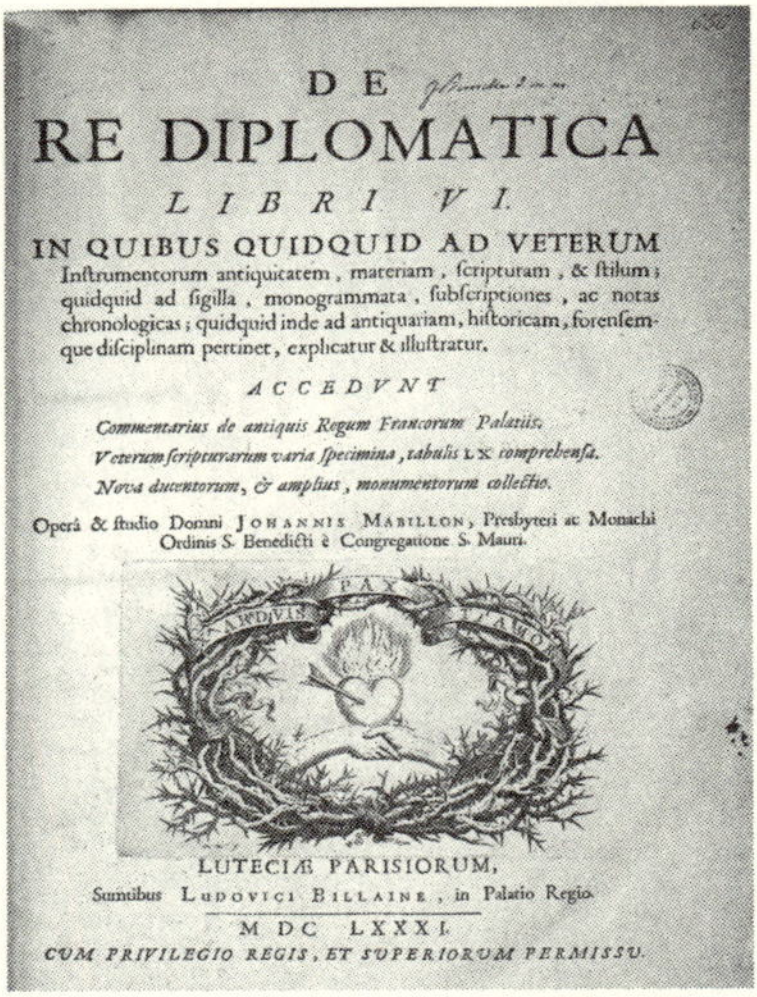
DE
RE DIPLOMATICA
LIBRI VI.
IN QUIBUS QUIDQUID AD VETERUM
Instrumentorum antiquitatem, materiam, scripturam, & stilum; quidquid ad sigilla, monogrammata, subscriptiones, ac notas chronologicas; quidquid inde ad antiquariam, historicam, forensemque disciplinam pertinet, explicatur & illustratur.
ACCEDUNT
Commentarius de antiquis Regum Francorum Palatiis.
Veterum scripturarum varia specimina, tabulis LX comprehensa.
Nova ducentorum, & amplius, monumentorum collectio.
Operâ & studio Domni JOHANNIS MABILLON, Presbyteri ac Monachi Ordinis S. Benedicti è Congregatione S. Mauri.
LUTECIÆ PARISIORUM,
Sumtibus LUDOVICI BILLAINE, in Palatio Regio.
M DC LXXXI.
CUM PRIVILEGIO REGIS, ET SUPERIORUM PERMISSU.

図３—６　マビヨン著『文書の形式について』初版本（1681年）

最も豊饒《ほうじょう》な時代

第二段階の一八世紀に開始する時代を代表するのはベルナール・ド・モンフォコン師とモール・オドラン師である。博識を誇る修道士がもたらした成果はこの時代に最も豊かな果実を実らせ、それを実現させた人としてギリシア古書体学と考古学のモンフォコン、『フランス文学史 *Histoire littéraire de France*』全一二巻（一七六三年）を刊行したリヴェ師、タイヤンディエ、クレマンスらがいる。

最も名高いのがドニ・ド・サント・マルト、マルテーヌ師、タシュローら三名が主導してなった『キリスト教ガリア *Gallia Christiana*』である。このための準備作業は、すでにマビヨンの時代から開始され、一七〇八年からフランスの一七大司教管区、一〇〇を超える数の司教管区の聖堂教会文書室や八〇〇の修道院図書室にモーリストを派遣して調査・蒐集し、書写させた記録をもとに、フォリオ版一六冊からなる教会および世俗の歴史についての記録を一七一六年に出版した。モーリストによるフランス教会史関連の史料集の精華である。

主に世俗の歴史を対象にして、フランク人がガリアに到来してからの歴史史料を編んだ『ガリア・フランス歴史家集成 *Recueil des historiens des Gaules et de la France*』は第一巻が一七三八年に刊行され、一七八六年の第一三巻でサン・モール会の手を離れ、フランス碑文・美文アカデミーが編纂を引き継ぎ一八六五年に第二二巻をもって完了した。

そしてギリシア古書体学の体系を作ったベルナール・ド・モンフォコンの『ギリシア古書体

学『*Palaeographia graeca*』（一七〇八年）がある。古典ギリシア語書体の歴史的変遷を体系的に記述したこの書物は、西洋の図書館やコレクションではあまり一般的ではなかったギリシア語碑文やパピルス書体についての記述は限定的であったが、小文字ギリシア語で書かれた写本に関しては比類のない研究である。彼は一万一六三六点のギリシア語写本のカタログを作成し、書体変遷の見本を提示する印影本も出版した。

図3−7　ベルナール・ド・モンフォコン

情熱と勇猛の知識人モンフォコン

ベルナール・ド・モンフォコンは次章で詳しく紹介するジャン・マビヨンとは対照的な人柄であった。マビヨンは北のシャンパーニュ地方の出身で、痩《や》せぎすの体格、性格は控え目でよそよそしく、仕事において完璧《かんぺき》主義者であった。これに対してモンフォコンは南フランス貴族の出で、肉付きの良い小太りの男で、血の気が多く、ロックタイヤードの領主であった先祖以来の論争癖があり、決闘好きで、「サラダは剣の切っ先で食べ、髭《ひげ》を剃《そ》るのにピストルの弾丸を使った」と言われたほどである。モンフォコンは研究界のガルガンチュアと称された。彼は古典を学んだ後で、数学や物理の読書に熱中し、ついで旅行記や歴史の書物を読み耽《ふけ》った。テュレンヌ副伯の士官となり、一六七四年のフランス軍によるドイツの「ファルツ略奪」の作戦にも参加した。一六七六年に母が他界した後の二一歳の折に修道誓願を行った。その後ギリシア語と歴史の研究に励み、一六八〇年には『ギリシア古典拾遺 *Analecta graeca*』を著した。一六八七年にサン・ジェルマン・デ・プレ修道院に入り、一六九一年には三巻からなる『聖アナスタシオス著作集 *Oeuvres de saint Anastase*』を刊行した。彼は尚古趣味の典型とも言える『図で見る古代 *L'Antiquité expliquée et représentée en figures*』を一七一九年に出版したが、これは大成功を収め、初刷り一八〇〇部はわずか二ヶ月で売り切れた。その五年後に一五巻からなる増補版を刊行している。

その研究能力の高さと精勤ぶりは並外れていた。古代史家で史学史の泰斗アルナルド・モミリアーノによれば、「モンフォコンは齢《よわい》八五の折に、過去四〇年を回顧して、病に伏せることは一日もなく、日に一三時間から一四時間を研究に費やしたと証言している」。そして彼の記憶力は肉体の耐久力に拮抗《きっこう》し、ギリシア語ばかりでなく、多くの東方言語をマスターし、生きた百科事典の評判を取っていた。

すでに指摘したようにモンフォコンは一七〇八年に『ギリシア古書体学』を公刊したが、これはギリシア古書体学という学問分野を決定した著作であった。その学問的価値は今日でも失われていない。

バイエルン地方とスペインの博識ベネディクト会士

オーストリアのメルク修道院は一八世紀初頭に再建され、大いに躍進を遂げたことで知られている。この修道院図書室司書を務めていたベルンハルト・ペッツとその弟ヒエロニュムスは、サン・モール会士たちと同じような活動をし、メルク修道院の収蔵史料を編纂したり、他からの依頼があればこれを開示したりしながら、古記録や写本を探索するために多くの修道院を訪れている。

図３―８　（上）メルク修道院と（下）サクラ・ディ・サン・ミケーレ修道院

バイエルン地方に位置するレーゲンスブルクのザンクト・エンメラム修道院は、ウンベルト・エーコの小説『薔《ば》薇《ら》の名前』に登場する修道院――筆者のベルギーの知人であるさる中世史家が、作者エーコから直接聞いたという触れ込みなのだが、北イタリアのトリノ近くの山頂にあるサクラ・ディ・サン・ミケーレ修道院がモデルとの話――の薬草係僧セヴェリノの出身修道院であった。そういえば、この小説の主人公バスカヴィルのウィリアムの弟子はメルク修道院のアドソという設定であった。

このザンクト・エンメラムの若い修道士ヨハン・バプティスト・クラウスは、一七二一年から足かけ三年の間パリのサン・ジェルマン・デ・プレに研究のため派遣された。彼はザンクト・エンメラムに戻ると学識ある修道士のサークルで指導者となり、同修道院での学習と研究の改革を行った。彼の後継者は、バイエルン地方にあるベネディクト派修道院アカデミーをザンクト・エンメラムに設置した。

スペインのベネディクト派修道院では、フランスのサン・モール会より早く歴史研究に傾斜していた。アントニオ・デ・イエペスはバリャドリードのサン・ベニト修道院会の修道士であり、一六一五年に『聖ベネディクト教団通史 *Cronica generalde la Orden San Benito*』と題するベネディクト派修道院の歴史を最初に叙述している。イエペスの著作は後のマビヨンによる史料批判の水準にはほど遠かったが、一七世紀には一定の成功を収め、フランス語に翻訳された。

王立のサアグン修道院の修道士ロムアルド・エスカロナは、パリのサン・ジェルマン・デ・プレ修道院で教育を受け、サン・モール会士である碩学《せきがく》修道士たちとの交流から多くを学んだ。その後、バリャドリードのサン・ベニト修道院会で教師として教え、国王の要請でスペイン国民のための歴史叙述に力を注いだ。彼が著した『王立サアグン修道院史 *Historia del real monasterio de Sahagun*』(一七八二年)は、そこに収録されている史料の価値の高さから、この時代の手本とされる作品である。

サン・モール会が著した『キリスト教ガリア』に倣った『スペイン教会史 *España sagrada*』が一七四七年にベネディクト派修道士エンリケ・フロレスの手で実現した。さらにドミニコ会士ハイメ・ビラヌエバが、一九世紀初めにスペイン各地の修道院を巡り古記録や文書を蒐集し、訪れた修道院の歴史を綴《つづ》った文章とデッサンも合わせ収録した全二二巻からなる『スペイン教会の古記録 *Viaje literario a las Iglesias de España*』も作られた。

3　修道院とバロック建築

修道院の改築

サン・ジェルマン・デ・プレ修道院が一五八〇年から、「空位聖職禄管理者」院長であったブルボン枢機卿によって大規模な改築が行われはじめたことを指摘したが、一七世紀と一八世紀は、修道院の大規模な改築が各地で行われた。その際に、それまでの修道院の景観を、今日の言葉で言えば「文化遺産」として保存するという発想はさほど大きな力とはならなかった。博識の修道士たちの関心は、もっぱら文字で書かれた古記録であり、聖典の類であった。それゆえ図書室や文書庫の造作や配置を別にして、教会堂や聖人像、聖遺物や典礼用の聖具に注意を向ける場合、それはそれらのモノがもつ歴史的な証言能力ではなく、もっぱら芸術的、宗教的価値のゆえであった。

建築はほとんど彼らの注意を引かなかった。教会をそれ自体モニュメントとして、その個性ゆえに重視するのではなく、古記録によって確認される出来事の物的名残《なごり》を包み込んだもの、聖人や歴史上の人物の墓や聖遺物を収蔵する枠組として記述した。建築物それ自体が価値をもつ資料としてではなく、いわば歴史が繰り広げられるスクリーン、単なる舞台として意味をもつとみなされたのである。サン・モール会士ミシェル・ジェルマン師が一八世紀に編纂し、一九世紀後半に出版された『ガリア風修道院 *Monasticon Gallicanum*』(一八六九~七〇年)は、サン・レミ、ノワールムティエ、サン・ジェルマン・デ・プレ、サン・ドニなどガリアを代表するベネディクト派修道院の地誌景観の版画を収録した大判の著作だが、図像的な記念碑以上の意味を与えられていない。

写本はあらゆるものがその蒐集保存に意を注がれたのに対して、建物は老朽化その他の理由で躊躇《ちゅうちょ》なく破壊され、解体され、代わって壮麗な建物が取って代わった。

バロック様式の修道院

修道院が新しい建物を新規に建設したり、あるいは大規模な改築を行ったりした理由は威信であった。修道院は神聖ローマ帝国(ドイツ)でも、フランス王国でも政治的な有力者が院長を務め、彼らが莫大な収入源を自由にしえたこともあって、往古の禁欲的な修行空間の佇《たたず》まいとはかけ離れた、美麗で荘厳な建築物となった。それはコマンダテールが自らの地位にふさわしい外的表象としてこれを構想したからであった。

建物の正面は長大なファサードを構成し、玄関部分はピラスター（柱形）で区切られ、高々と切妻を幾層にも重ねた扉口をそなえ、この時代の城館に類似しているのは権力表象の表れと言える。聖俗の高位高官である「院長」の居室は修道院の西翼にしつらえられ、客人を迎え宿泊させる部屋は内装・外観ともに豪華な造作で「皇帝の間」、「君侯の間」にふさわしい装飾が施された。図書室はもはや純粋に実用的な目的で構想されてはおらず、しばしば謁見の間の建築様式を取り入れた造作となっていて、高い天井まで届く幾層もの書架をもち、空いた壁面や天井はフレスコ画で飾られた。

図３―９　エル・エスコリアル修道院

マドリード近郊四〇キロにあるエル・エスコリアル修道院は、この種のバロック時代の修道院の典型とは言いかねるほどの壮麗さをそなえた建物であるが、建築理念はまさしく他のバロック修道院と共通している。国王フェリペ二世の居館でもあったエル・エスコリアルは、国王がヒエロニュムス会修道院を建設したいという年来の願望を一五八五年に実現したものである。

フランスではクリュニー修道院で、一一、一二世紀に建てられた建物が大革命の数十年前に解体され、厳格な古典様式の現在の姿で再建された。イタリアのモンテカッシーノ修道院は、一七二五年に新しい建物に建て替えられたが、それも第二次世界大戦末期の一九四四年に連合軍の爆撃と砲撃で破壊され、現在あるのは戦後に再建された建物である。

ドイツ南部・オーストリアでは中世初期に遡る歴史をもつ由緒ある修道院で、豪華なバロック様式で建てられた建物が付け加えられた。そうした修道院として、ザンクト・ガレン、アインジーデルン、ザンクト・ブラジエン、ヴァインガルテン、ツヴァイファルデン、オーバーマルクタル、ネレスハイム、フュルステンフェルト、メルクなどの名前が挙げられる。

信仰の形象化としてのバロック

こうした新規の修道院建設は、多くの場合これ見よがしの顕示的な意志によるのではなかった。単純に、時代のスタイルに合致した、より近代的な建物のなかで暮らしたいという願望が根底にあった。修道院では古くなった会議室が改造されたり模様替えされたりしたが、中世以来の形式や造作が、あまりに質素で、美的な面からして違和感を与える粗野な要素とみなされ、よりバロック的な様式に改築された。素朴な凹凸のある円柱が、縦に溝が穿《うが》たれた優雅なピラスターや古典的な骨組みにとって代わられた。

また長年の煤《すす》で黒くなった壁面は白く塗られ、フレスコ画やスタッコ仕上げが施された。礼拝堂のステンドグラスは、大量の光線を透過するガラス窓に代えられ、薄暗い穹窿《きゅうりゅう》は空に向かって開かれたような天井フレスコ画で飾られた。

バロック様式は、この時代の宗教への接近の仕方を反映している。中世においては祭壇や聖遺物への近さ、つまり聖なる空間との直接の接触が求められたのに対して、この時代には絵画装飾が中心を占め、ドラマティックな光景に聖なる空間が表象化されたのであった。祈りのなかで感情の起伏が生み出すイメージが教会の壁面に投影され、絵画が建築の一部になり、絵画空間と建築空間との境が朧《おぼろ》にかすみ、天井の穹窿は色彩の爆発さながらにあたかも外界に向かって開かれているような錯覚を与える。いわば感情をわしづかみにする「宗教的純化」は、この時代の審美的基準にも合致したのである。

それはひとり視覚分野に限られなかった。宗教音楽は一八世紀にカンタータ、アリア、宗教オペレッタ、ミサ音楽の面で大いなる創造力の復活を成し遂げた。「教会空間が信徒の眼を幻惑する世界に変化した一方で、宗教音楽は魂に直接通ずる信徒の耳を我がものとした」（クリスティーナ・クリューガー）。

第四章　ジャン・マビヨンとその時代

1　サン・ジェルマン・デ・プレ修道院以前のマビヨン

故郷と家族

ジャン・マビヨンは一六三二年一一月二三日に、フランス北東部アルデンヌのサン・ピエールモン村に生まれた。この村はアルゴンヌ地方とシャンパーニュ地方の境界地帯を流れるオート川を見おろす丘陵にあり、この川の流れは少し川下でバール川に合流し、バール川はやがてムーズ川に注ぐことになる。美しい牧場が、アルデンヌの丘陵地帯を取り巻くように展開し、地平線を緑の帯で画す牧歌的な景観が広がるなかに佇《たたず》む寒村である。現在その人口は七四人であり、西暦二〇〇〇年代に入り、自然減と移動などで五〇パーセントの人口減少が生じたと言われている。

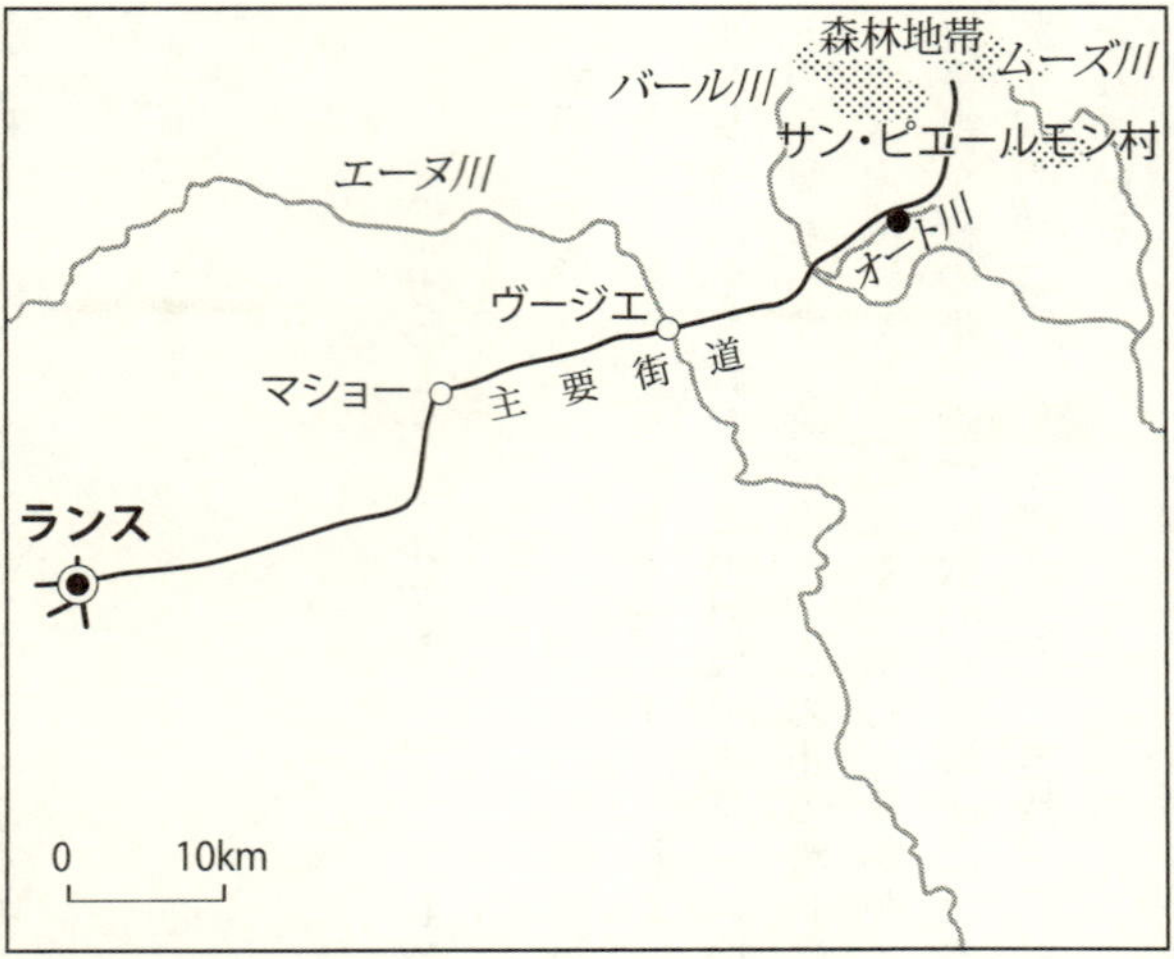

図4―1　マビヨンの故郷

この村は古くからランスのサン・ドニ修道院の所領であり、この修道院の代理人が現地に駐在していた。サン・ドニ修道院に残された記録から、一五四九年にティエリ・マビヨンなる人物がこの村に修道院の代理人として駐在していたことが知られるが、マビヨンの伝記を著したアンリ・ルクレール師は、この人物がジャン・マビヨンの一族の者であるのはほぼ確実であるとしている。

ルクレール師が伝記を書いた一九五三年時点では、マビヨンの生家はまだ健在であった。その農家は一見すると納屋のような飾り気のない質素な前面に、開口部が一つ穿たれ入口になり、階下の棟には窓が一つあり、二階部分は屋根裏部屋風にしつらえられ、大窓と小窓が一つずつ取り付けられていた。階下にある大部屋は台所と居間を兼ねていて、二つの小部屋と行き来ができ、この二つの小部屋は奥の小庭に直接出られるようになっていた。

図4―2　マビヨンの生家

マビヨン一家は自作農で、親族には職人や司祭などの聖職に就く者がいた。祖父は一六七〇年頃に、一一六歳（！）で他界したクロード・マビヨンで、その次男のエティエンヌがジャン・マビヨンの父である。父エティエンヌが歿したのは一六九二年で、享年一〇六であったというから、父系の血統は超がつく長寿の一族であったと言える。エティエンヌの妻ジャンヌ・ゲランは一族の血縁にあたる女性であったと思われる。結婚に際して教皇の許しを得なければならなかったからである。

だがジャンヌは三つ子の息子たちを死産した後、若くして他界した。マビヨンはそれ以前にジャンヌが生んだ三人の子供の一人であった。このうち一人は娘であったが、成人になるまで生きながらえたということ以外は、一切不明である。二人の息子にはジャンという同じ名前がつけられた。不思議なことであるが、理由は不明である。年長のジャンが修道士となり、弟のジャンは軍隊に入り、その後に生まれた村で商人となり、一七〇〇年に子供がないままに歿した。

マビヨンの幼少年期

幼年時代は、仲間のなかで抜群の頭の良さを発揮した。サン・ピエールモンの教師で教養のあるジェルソン・ルスランは、何事も呑《の》み込みが早く利発なジャンを大いに気に入った。ルスランは信心深く、教会に熱心に通い、ミサの折に司祭を助け、ジャンの家を訪れては戯れに聖務の真似事《まねごと》をして見せたりした。

ジャンの父エティエンヌの兄で、ジャン・マビヨンの名親となった同名の伯父ジャンは近隣の村の司祭職を務めていた。仲間に比べて勉学の進度が早かったジャンは、やがてこの伯父に託された。この伯父のもとで彼は文法の初歩とラテン語を学び、父のような農民になるより、教会人になることに魅力を覚えるようになったのは無理からぬことであった。しかし一方では農民家族にとって働き手を一人失い、さらには聖職者になるための勉学の費用を捻出するのは困難であった。結局、司祭である伯父がジャンの神学校での勉学費用を賄うことを約束することで問題の一方は決着がついた。マビヨン九歳の頃で、まだ実際には神学校には入っていない。

この後数年して司祭である伯父ジャンの身の上に大きな災いが降りかかった。「降りかかった」と言っても、災いの種は自らが蒔《ま》いたものであったが。伯父は司祭の身であるにもかかわらず品行に問題があり、女性問題を引き起こしたのである。彼は自らの住まいにひとりの女性を囲い込み、夫婦同然の生活を送っていた。このことが露見して新たな任地であったコンデ・

シュル・マルヌの名士で、軍隊の士官を経験した者たちによって暴力的な懲罰を受けて、これが原因で数日後に死亡したのであった。伯父ジャンの衝撃的な事件が、正確にいつであったかは不明である。しかし後年、ジャンが自分は決して世俗教会の聖職者にはなるまいと決意するきっかけとなったのは、この事件であったとされている。

一二歳になったジャンは一六四四年一〇月にランスに送られた。ランスの聖堂参事会員で宮廷司祭の肩書をもつクレマン・ブシェは、ジャンの故郷の村に恩給地をもっていて、この村出身の優秀な生徒の庇護者《ひごしゃ》になることを喜んで引き受けたのであった。ジャンには悲劇的な最期を遂げた伯父が生前に準備しておいてくれた資金があったので、ブシェの全面的な支援に頼る必要はなかった。彼は大学付属の「善良な子ら《ボン・ザンファン》」という名前の中等学校に入った。ジャンはここでたちまちその頭角を現した。一六五〇年に六年間の学業を終え、同年セミナリオの哲学級に進み、翌年には二年間の神学級に進級したが、この一六五一年一八歳のとき、聖職者の剃髪《ていはつ》と聖別の儀式を執り行った。そして一六五三年七月三〇日にセミナリオを修了した。

この約一ヶ月後の八月二九日に、ジャン・マビヨンはランスの名刹サン・レミ修道院の修道志願者のひとりとして認められた。

ランスからノジャンへ

マビヨンは一六五三年九月五日に修道士の衣装を身につけ新修士となり、通例となっている

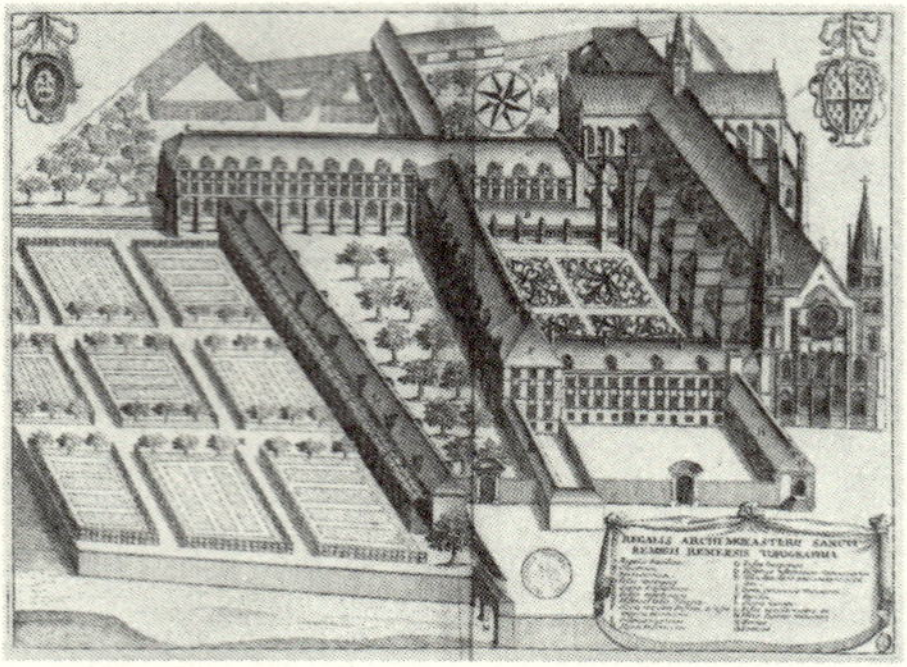

図4―3　サン・レミ・ド・ランス修道院（銅版画）

一年間の修行を終えて、一六五四年九月七日に、後にサン・モール会の総会長となるヴァンサン・マルソル師の手のなかで修道誓願を果たした。

マビヨンが修道士として最初に修行を行ったのは、由緒ある大修道院サン・レミであった。この修道院が一七世紀にどのような景観を呈していたかは、後にサン・モール会が作った銅版画『ガリア風修道院』に示されている。それ以後も増築や部分的な改築などが施されたりしたが、一七七四年に火災で焼失し、一八二七年に施療院として再建されるまで、無住の廃墟《はいきょ》となった。

少し先走ったが、ここでサン・レミ修道院がサン・モール会に参加した経緯について簡単に説明しておこう。

サン・モール会の改革がサン・レミ修道院に導入されたのは一六一七年であった。だがこのことは、サン・レミがサン・モール会の傘下に入ったことを意味していなかった。サン・レミ修道院は改革の精神を新たにして、自らを中心とするシャンパーニュ修道院会を新たに結成する意向であった。だが、先に触れたロレーヌ地方のサン・ヴァンヌ修道院とサン・モール会との軋轢が、フランスに新たに別の修道院会を立ち上げることに不利に作用したのであった。その結果独自の修道院会の組織化を断念し、サン・モール会への加入を決断したのであった。こうしてランスのサン・レミ修道院は、一六二六年にルイ一三世の開封特許状によって正式にサン・モール会の一員となったのであった。マビヨンが生まれる六年前のことであった。

すでに見たようにマビヨンは一六五四年に修道誓願を果たし、「神父」の肩書を得た後、修道院当局から新修士の教育係を務めるよう命ぜられた。彼はこの新たな任務に精魂を傾けて取り組んだ。過度の熱心さで未来の修道士の教育に努力したことが、肉体と精神を大きく損なう結果となった。マビヨンは頻繁に耐え難い頭痛と、重い疲労感に襲われるようになった。

マビヨンの修道誓願を受けた院長のヴァンサン・マルソル師は、こうした事態に責任を感じて、マビヨンに「静養」を兼ねて、より田園的な環境の修道院に転任させることにした。だが、マビヨンにとってランスを離れて地方の修道院に移るのは、「追放」のように感じられ鬱々たる思いに囚《とら》われた。

転任先はランとソワソンの間に位置したノジャンのノートル＝ダム修道院であった。一六五六年に荒廃した印象を与えるこの修道院に着任したマビヨンは、最初の数週間我が身の不幸を嘆き悲しむ毎日を送ったようである。この間も頭痛と疲労感は、薄らぐことがなかった。

だがそうした心身の不調のなかでも、マビヨンの探究心は眠ってはいなかった。この修道院は西洋中世最初の自伝的著作とされる『自伝 *De sua vita*』を著したギベール・ド・ノジャン

（一〇五三〜一一二五）が院長を務めた由緒ある修道院である。彼は五世紀も前にこの地に埋葬された院長ギベールの墓を見つけようと発掘を試み、多くの古い石棺を掘り出したものの、ギベールの墓は見つけられなかった。マビヨンはこの作業については「発掘記録」のような文書は残していないが、後に弟子であったモーリストのリュイナール師に発掘の事実を打ち明けている。

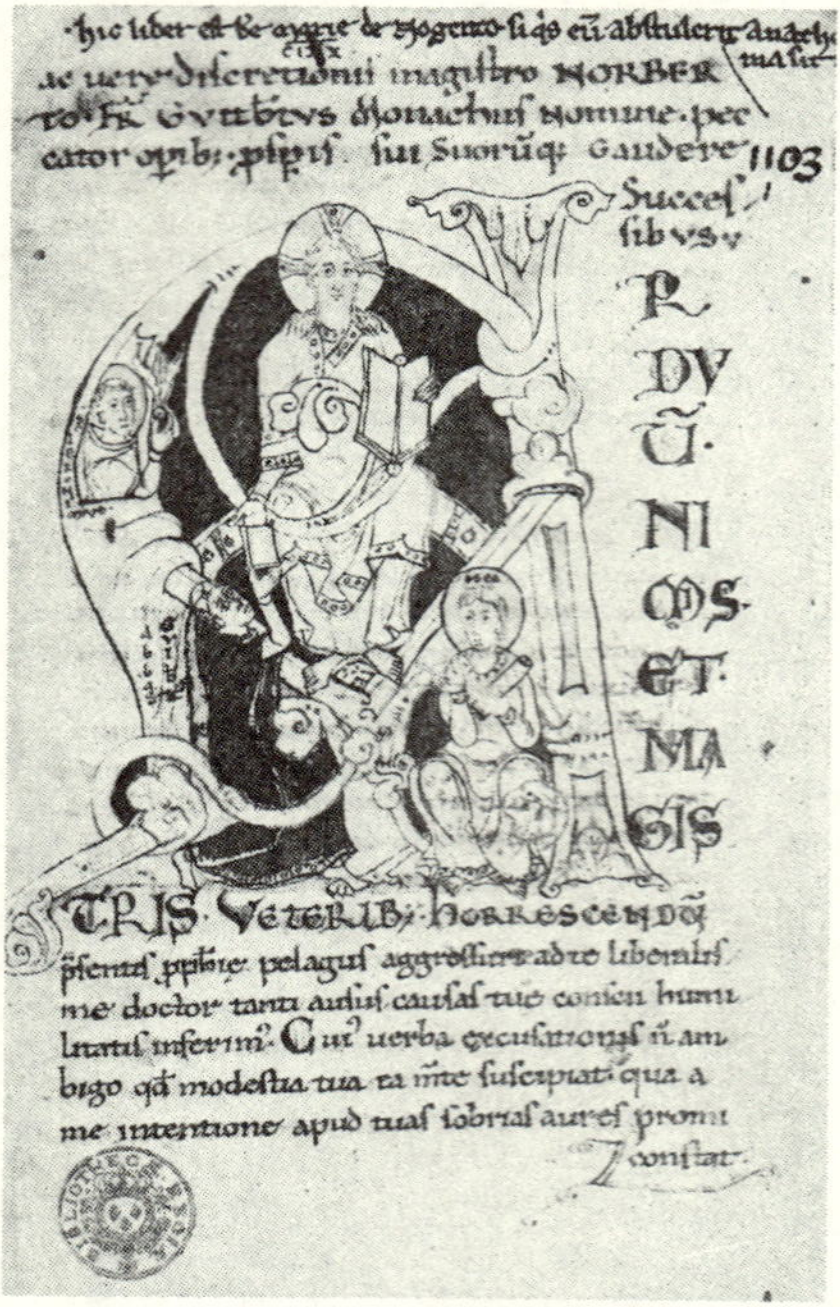

図4―4　キリストに旧約聖書註解を献呈するギベール

マビヨンは一六五八年六月一五日に、ソワソンで助祭職への任命を受け、七月にコルビィ修道院への転任を命ぜられた。まもなく五リーヴルの路銀を渡され、ノジャンを後にして新たな任地である約一〇〇キロ離れた西に位置するコルビィに向かった。

マビヨンは結局一六五六年から五八年までの約二年間を、ノジャンの修道院で過ごした。

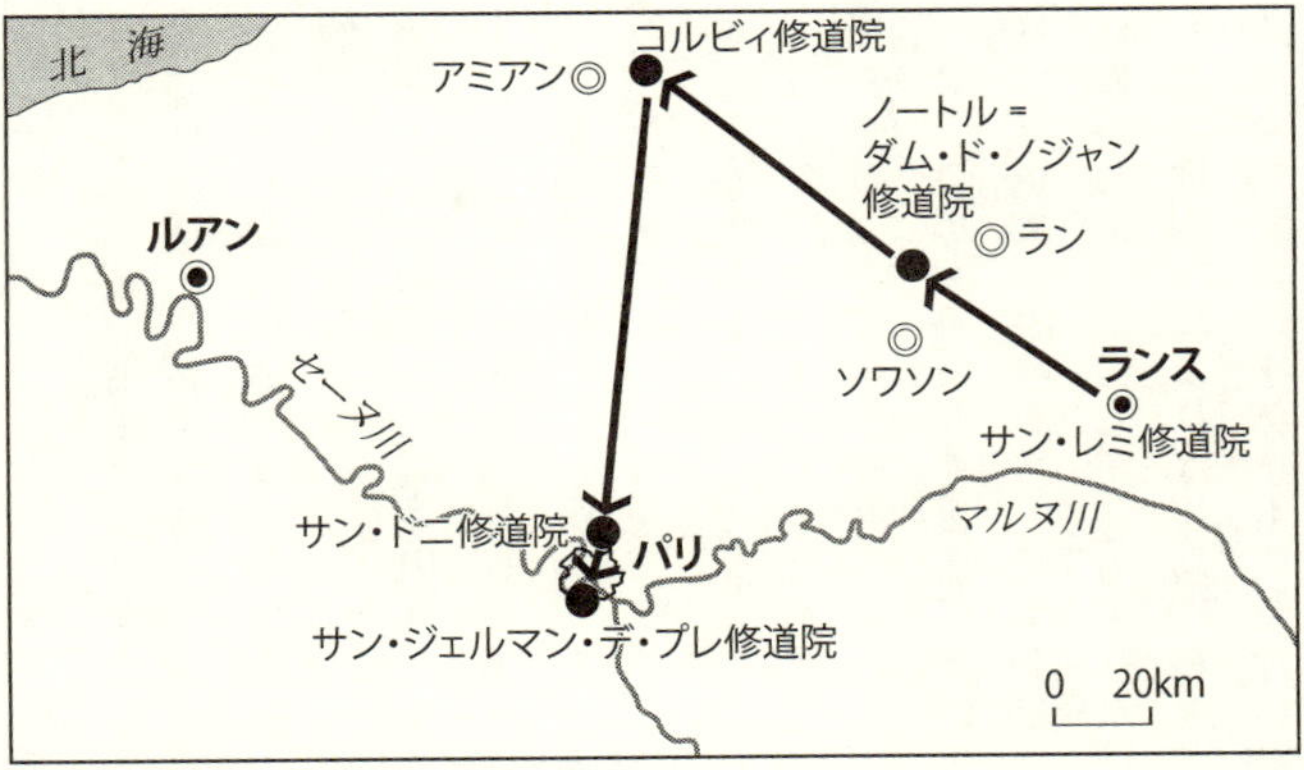

図4―5　マビヨンの経歴

コルビィからサン・ドニへ

数日の旅の後、マビヨンは無事にコルビィ修道院に到着した。コルビィ側はマビヨンの体調について知らせを受けていて、戒律生活を免除し、いわば外向きの仕事である守門係と食料品購入係の二つの仕事を同時に委ねた。

この修道院でマビヨンは頭痛の療法として、彼の守護聖人聖ヨハネの祝日である一二月二七日にコメカミ部分の瀉血《しゃけつ》を行ってもらった。この日に聖歌の合唱に参加したが、突然に動脈が切れて、血が勢いよく噴き出して僧服が血だらけになった。すぐに修道院の医師を探しに行かせたが、折悪《おりあ》しく見つからず、やむなく近くの駐屯地に勤務する医師に来てもらい、傷口を焼灼《しょうしゃく》してようやく出血が止まるという事件が起こった。

コルビィに転任した翌々年一六六〇年の三月、マビヨンはコルビィに近いアミアンで司教フランソワ・フォールの手で司祭に叙任された。

コルビィ修道院は七世紀に、アイルランド人修道士聖コルンバヌスたちによってもたらされ、大陸に浸透した新たな修道精神に帰依した王妃聖バルティルドと息子クロタール三世によって、六五七年から六六一年の間に創建された古刹であり、活発な活動でフランク王国に鳴り響いた書写室をそなえていた。したがって、マビヨンが豊かな文献を蔵するこの新たな任地で、古文書や古写本の探索に乗り出さなかったとは考えられない。だが弟子リュイナール師の証言によれば、長時間の読書は無理であったので、集中的な研究は難しく、コルビィ修道院の歴史と、この修道院に縁の深い人物、たとえばカール大帝の従兄弟《いとこ》で宮廷を離れてコルビィの修道士になったアダラルドゥスや、同じく一一世紀にこの修道院で修行を行った聖ゲラルドゥスらの事績を調べたりした。

五年の歳月をコルビィで過ごした後、一六六三年にマビヨンはパリ近郊のサン・ドニ修道院に転任となった。

弟子のリュイナール師は、マビヨンが身の回りの小物を詰めた袋ひとつを背負い、わずか一日でコルビィからサン・ドニまでの道のりを徒歩で踏破し、一六六三年七月三日にサン・ドニに到着したと証言している。一八世紀にカッシーニ家四代にわたって作成、完成させた「カッシーニ地図」によれば、コルビィとパリのサン・ドニの距離は一三〇キロ以上ある。平均時速六キロで歩き、小休止も入れないで歩いても二〇時間を要する距離である。これはとうてい人間業ではない。マビヨンの伝記を著したルクレール師は、マビヨンは七月一日にコルビィを出発し、ソンム地方にあるベネディクト派の分院モルーユに一泊し、七月二日にはノワイヨンのサン・テロワ修道院まで約五〇キロを歩き、七月三日に長い夏の一日の日没頃にサン・ドニ修道院に到着したのであろうと推測している。

サン・ドニ修道院はフランスでも名刹中の名刹で、三世紀頃のパリ初代司教で殉教者のディオニシウスが埋葬され、それを供養するためにパリの聖女ジュヌヴィエーヴが四七五年に建立した礼拝所を起源としている。メロヴィング王朝のダゴベルト一世、カロリング王朝の開祖カール・マルテル、息子のピピン短軀《たんく》王、カールマンなどが埋葬され、やがてカペー王朝期にはフランス王家の菩提《ぼだい》修道院になった格式高い僧院である。マビヨンはこの修道院の宝物庫係に任命された。

この修道院については、一二世紀前半に院長職にあったシュジェールがこの修道院にまつわる同時代史とも言うべき記述を残しており、それらは九州大学の森洋教授が鏤骨《るこつ》砕心の名訳『サン・ドニ修道院長シュジェール――ルイ六世伝、ルイ七世伝、定め書、献堂記、統治記』によって日本語でも読めるようになっている。とりわけ「統治記」にはマビヨンが任命された宝物庫の中身に関係する記述もあり、彼の活動を具体的に思い描くよすがとなる。

サン・ドニの宝物は七世紀の聖エリギウス制作の十字架――エリギウスはもともと金細工師、貨幣職人であった――や、シャルル禿頭《とくとう》王の十字架、ダゴベルト王の鉄製床几《しょうぎ》など歴史上の人物にまつわる貴重なものが多かった。一六三四年に作成された宝物目録は二冊の大部な羊皮紙写本の形をとり、それぞれ四三三葉と四三二葉からなっていた。収蔵されていた宝物の量が窺《うかが》い知れる事実である。

すでに印刷本が出回っている聖ベルナールの著作を、古写本をテクストにして読むマビヨンのうちに、この若者の知的能力と探究心を見て取ったサン・ジェルマン・デ・プレ修道院で長く図書館を管理したリュック・ダシュリ師は、自らがガリアのベネディクト会の歴史として編纂していた『ガリア古文書・古写本拾遺』、別名『拾遺 *Spicilegium*』が、自らの老齢と体力の衰えから完成が覚束《おぼつか》ないことを悟り、この若者に後事を託すことに決めた。

こうしてマビヨンは一六六四年七月にパリのサン・ジェルマン・デ・プレ修道院に到着した。

2　碩学たちとの交流

サン・ジェルマン・デ・プレ修道院の風景

ジャン・マビヨンがサン・ジェルマン・デ・プレ修道院に到着したとき、彼は三一歳になっていた。マビヨン自身の父も祖父も、当時の基準から見れば桁外《けたはず》れに長命であったが、当時の平均の寿命に照らせば三一歳はもはや「若い」とは言えない年齢である。

一六六四年時点のパリはまだ市壁が町を取り囲み、現在のような開放都市の様相を呈してい

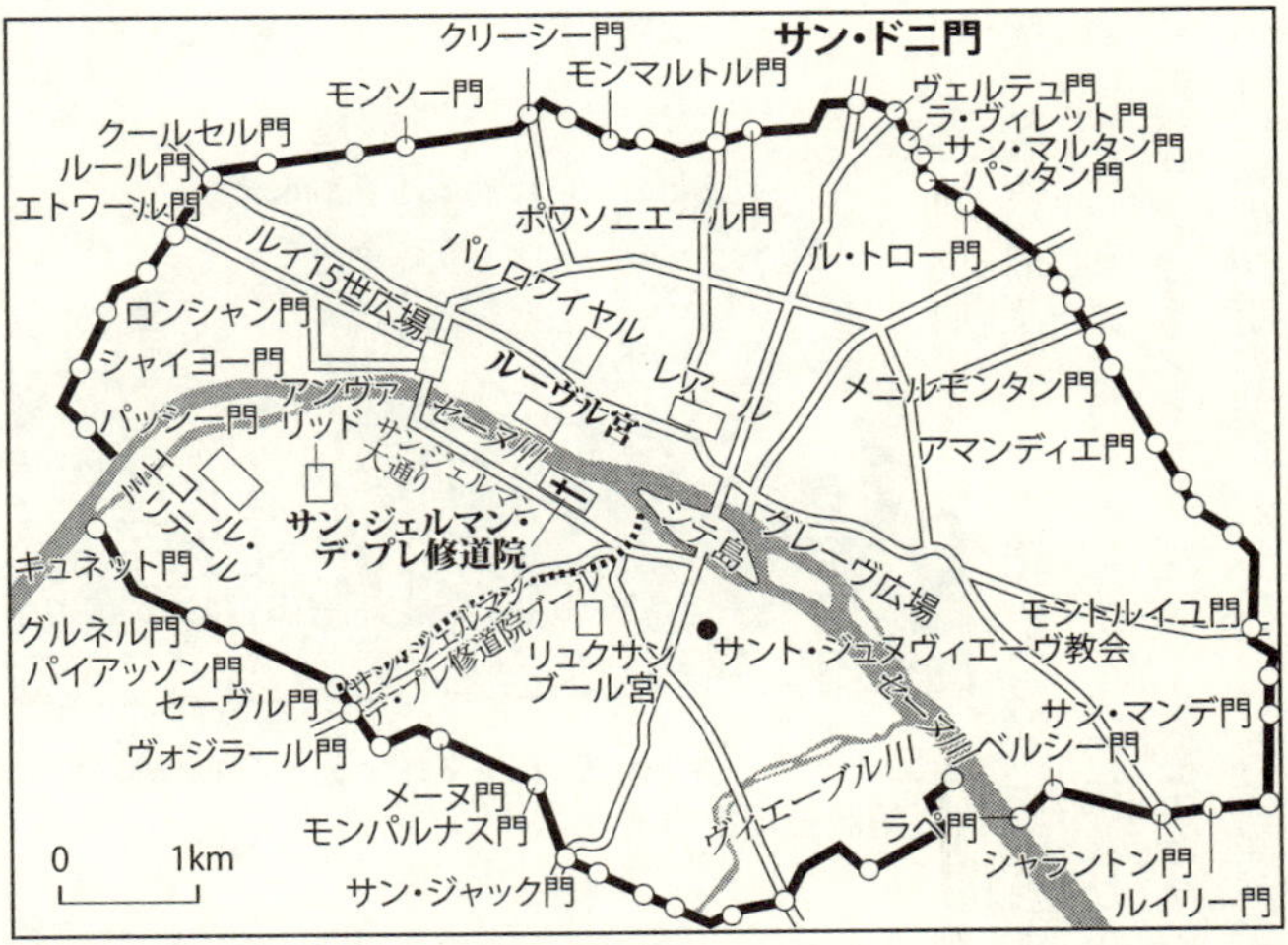

図４－６　18世紀後半のパリ（*Atlas Histoire de France(481-2005)*, éd. Joël Cornette, belin, 2016による）

なかった。パリの北に位置するサン・ドニ修道院を出て、パリの市街地に北から入る街道にシャルル五世時代に建てられたサン・ドニ門が旅人を迎えた。威容を誇る現在のサン・ドニ門は、マビヨンがくぐった八年後に、ルイ一四世が対オランダ戦争中ライン地方での戦勝を祝って建て替えられたものである。

マビヨンはここからポン・ヌフを渡り、サン・ジェルマン・デ・プレ修道院の鐘楼に行き着いた。ルーヴル宮のセーヌ川を挟んで正面にある土手から、彼は修道院の全景を見渡した。修道院の広大な敷地の南端には現在のリュクサンブール公園が西のシャン・ド・マルスまで広闊《こうかつ》な緑地を繰り広げ、菜園、葡萄《ぶどう》畑、牧草地が色とりどりに点綴《てんてい》していた。これらの土地を利用する

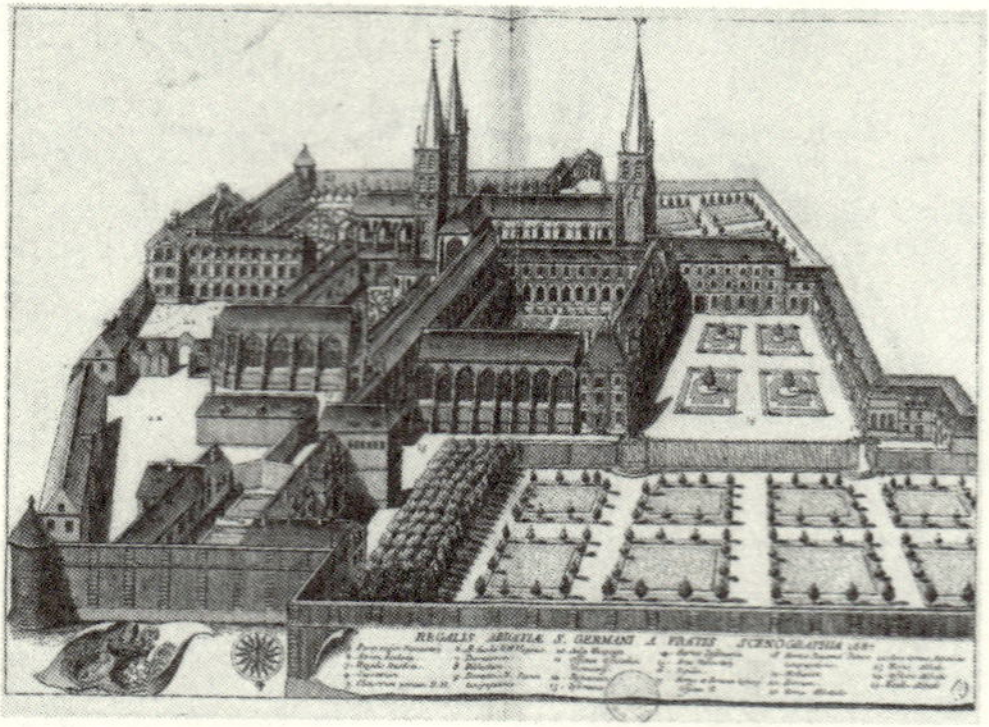

図4—7　サン・ジェルマン・デ・プレ修道院（銅版画）

人々は、みな年払いの地代を修道院に納めた。

この修道院を訪れる者は誰もが、現在のサン・ジェルマン大通りに面した建物に案内を請う。マビヨンもまた、修道院の敷地を取り囲む壁に設けられた門を通って中に入った。

サン・ジェルマンでの修行生活

この修道院を訪れる修道士は、皆がみな初めから学僧のキャリアを目指すわけではなく、福音と完徳という修道士本来の目標を掲げて到来するのである。そのための修行はベネディクト戒律に即した、厳しい生活であった事実は一七世紀においてもさほど変化はなかった。長時間にわたる聖務定時課の聖書朗唱、黙想、霊想、一六世紀から盛んに奨励された霊的な精神集中、沈黙、禁欲、苦行が求められ、僧庵は快適とはほど遠く、火の気もなかった。

マビヨンはサン・ジェルマンに転任となった最初から文書管理者を目指していた。彼には修道院図書館司書の助手として働いた経験があり、碩学たちに混じって活動に勤しむ基礎的訓練を受けていた。だが彼にとって不慣れであったのは、この修道院の峻厳《しゅんげん》な空気、修道生活の規則正しさ、ベネディクト的禁欲生活の難しさであった。藁《わら》を詰めた寝床で、肉食は病気以外には禁じられ、沈黙と祈りが求められた。散歩も単独でしか認められなかった。しかし、彼は上長や同輩の修道士を見習いながら次第に克己していくことになる。

サン・ジェルマンでは昼食が午前一〇時に定められた（日曜と祝日が一〇時半）。夕食は五時半であった。就寝は七時四五分、起床は午前二時と定められていた。一晩で六時間眠れるのは稀であったと言える。復活祭から九月半ばまでの夏季には、日中一時間の休息がこれに付け加えられた。

マビヨンのように研究に打ち込む修道士にとっても、戒律生活は守るべき規矩《きく》であり、研究の時間確保を理由に聖務をおろそかにすることは許されないのが原則であった。それでも様々な学術事業の成果が上がってくると、聖務からの免除など戒律の緩和が必要になってきた。比較的長い調査旅行が許可されるようになった。だがマビヨンがサン・ジェルマンに到着した翌年の一六六五年にこの修道院が擁した修道士は四八人であり、このうち一二人が歴史研究に従事していただけであったので、研究に勤しむ者たちとそうでない者たちの間には、目に見えない緊張関係が生まれた。この点でサン・モール会士の生活は気の抜けない、ストレスの多いものになった。

庇護者たち

歴史研究に取り組みはじめ、なんとか十分な時間を確保したいマビヨンにとって、サン・ジェルマンには何人かの恩人とも言える理解者がいた。

そのひとりがベルナール・オードベール師であった。サン・モール会士の研究活動は、すでに一定の蓄積をもち、目標と計画が定まっていた。初代のサン・モール会総会長であったグレゴワール・タリス（総会長一六三〇〜四八）は、宰相リシュリューの了解のもとにサン・モール会の改革を成し遂げ、三〇年も前に修道士たちの研究の基礎的な仕組みを作り上げていた。研究は三つの方向性をそなえていた。すなわち教会の古事学的研究、フランス国民の古事学的研究、そうした研究の基礎となる文書記録の体系的構築である。古事学とはいまだ厳密な批判的方法を知らない段階の古事物（記録やモノ）の考証的研究のことである。それらはやがて教会史研究、教父学、実証神学などの研究分野として形成されてゆく。

オードベール師はサン・モール会総会長になったとき、六〇歳を超えていた。彼は修道士たちの間に歴史研究の機運を盛り上げようと、真剣に努力した。マビヨンを秘蔵っ子として育てようとしたのはこの人物であった。彼は一六六八年に、マビヨンを総会長助手に任命し、研究に多くの時間を割けるよう配慮した。

二番目の人物はリュック・ダシュリ師である。サン・カンタン生まれの二〇歳も年長のこのサン・モール会士は、ベック修道院の碩学ランフランの『ランフラン著作集』（一六四七年）や

『ギベール・ド・ノジャン著作集』(一六五一年)、そして何よりも『ガリア図書館収蔵古記集成ならびに拾遺(スピキレギウム)』一三巻(一六五五〜七七年)によって知られる学僧である。サン・モール会の原理主義的教育として、聖書を毎日一定時間読むように諭し、その必要を宗教論争での効用と、トレント公会議での決定を引き合いに出して正当化している。さらには旧約聖書を読むことを勧めている。これに対して厳律シトー会のトラピスト会は、修道士に聖書研究を免除し、旧約聖書を読むことを禁じたりしている。

だが何と言ってもリュック・ダシュリ師の最大の功績は、マビヨンだけでなくイエズス会士も含めてこの時代の修道士たちの歴史研究の理念を正当化する思想を提示することで、それを支えたことであった。それは「実証神学」という理念であった。中世以来のスコラ的、弁証論的神学に代えて、聖書をはじめとする著作、教父著作、聖人伝、古記録、そうした素材を基礎にして構築される神学である。こうしてキリスト教とその教会、および教会人の痕跡を可能な限り詳細に明らかにすることの積極的な意味が示された。

マビヨンはリュック・ダシュリ師の『ガリア図書館収蔵古記録ならびに拾遺』を補充し、完成させた。

三人目の庇護者はクロード・シャントルー師であった。サン・ジェルマンでのマビヨンとシャントルー師との交流は短く、マビヨンがこの修道院に到着してからわずか六ヶ月で師は病で逝ってしまった。だがマビヨンとシャントルーとの交流は、マビヨンがサン・ドニ修道院にいた時分から、聖ベルナールの著作集編集に関係して手紙のやり取りが始まっていて、マビヨンがサン・ジェルマンに移って以後は、彼がシャントルーの助手を務めることになった。サン・ジェルマンの院長は友人に宛てた手紙のなかでシャントルー師が「シャンパーニュ生まれのマビヨン師を自分の代理に据えた」と述べている。それはいわばマビヨンの力量を測る小手調べであったが、鶴の一声でもあった。一六六七年に『聖ベルナール全集』が序文、註記《ちゅうき》、刊行の辞、正確極まりない序言をそなえて出版されたとき、マビヨンは考証学者たちの間で賞賛され、その存在を認知されたのであった。

ジャンセニスム論争の文脈

マビヨンがサン・ジェルマン修道院のホープとして抜きん出た名声をかちえた時代は、サン・モール会士たちの努力が一世代にわたる成果を築き上げた時期であり、歴代の総会長たちが指令を発して、フランス全土の修道院の文書庫と図書室を調査するよう命じてから、それなりの時間が流れ、その効果もあってマビヨンらの仕事が加速的に蓄積を見せるようになっていた。やがてマビヨンは年若いミシェル・ジェルマンとティエリ・リュイナールの二人の修道士を、調査の同行者、助手とするようになった。

マビヨンの時代はまた「太陽王」とされたルイ一四世が親政を開始した時代でもあった。この時代は大いなる論争の時代であった。そのひとつが神の恩寵《おんちょう》と人間の自由意志をめぐって、フランドルの神学者コルネリウス・ジャンセニウス（一五八五〜一六三八）が遺著『アウグスティヌス』（一六四〇年）のなかで展開した思想で、彼は人間が堕落しきっており、神の恩寵なしには救済は実現しえないと説いた。しかし塩川徹也によればそれは議論の出発点にすぎず、そこから派生した問題としての教会の無謬性、すなわち信仰に関する教会の決定は無謬であるか否か、これに疑念をもつ信徒はいかなる態度を取ることができるかをめぐっての論争であった。教会の無謬性を確信するイエズス会が、ジャンセニスムを激しく批判するという図式がやがて形成される。哲学者であり数学者でもあったパスカルが、こうしたイエズス会に対抗したことはよく知られている。教皇クレメンス一一世がジャンセニストを断罪する教皇勅書『神の唯一の子（ウニゲニトゥス）*Unigenitus*』を発したために、ジャンセニスム論争の反響はフランスのあらゆる社会組織に浸透することになった。

ガリカニスムを原理とするフランス教会と王権は教皇勅書に反対し、フランス王国内での教勅の効力を無効にする措置を取って対抗した。マビヨンと彼の同輩たちが達成した業績や、彼らが関与した様々な論争、すなわち実証神学論争、厳律シトー会との論争、文書形式学をめぐる論争などはフランスのガリカニスムの政策との関係で解釈されるべき事柄であった。

サン・ジェルマン以外の碩学との交流

ライン地方ドイツのケンペン出身であるところからトマス・ア・ケンピスの名前で知られて

図4—8　シャルル・デュ・カンジュ

いる一五世紀の神秘主義者が著した『キリストに倣いて *De Imitatione Christi*』は多くの読者を得た書物であるが、一六一六年にこれを編集したコンスタンティン・ガエタンがその作者を、ベネディクト派修道士ジャン・ジェルソンとしたところから作者論争が起こり、一六四九年にあらためて、同じサン・モール会士のロベール・キャトルメール師がジャン・ジェルソン説を唱えるという事態が起こった。

マビヨンは聖書についで読まれてきたとされるこの書物の作者論争に加わり、一六七七年に『ケンピス論争調査 *Animadversiones in vindicias Kempensis*』を著し、トマス・ア・ケンピスその人が作者であることを、あらためて論証した。その機会に彼は当代の第一級の専門家をサン・ジェルマン・デ・プレ修道院に招請した。七月二八日に参集したなかにはエティエンヌ・バリューズ、シャルル・デュ・カンジュ、エウゼブ・ルノードをはじめとする錚々《そうそう》たる古事学者が名前を連ね、このグループには後に「サン・ジェルマン・デ・プレ修道院協会」の名称が冠された。彼らは毎週、火曜日と日曜日の夕方サン・ジェルマン・デ・プレ修道院に集い、自らの研究を発表し議論した。そこでは文書学、古銭学、東洋学、教父学などの多様な問題が取り上げられた。

このなかで最もよく知られているのはシャルル・デュフレーヌ、通称シャルル・デュ・カンジュであろう。ピカルディのボーケーヌの国王奉行の息子としてアミアンに生まれ、アミアンのイエズス会コレギウムで学んだ後に、オルレアン大学とパリ大学で学業を修め、高等法院の次席検事を務めた。歴史家、地理学者、法学者、系図学者、古銭学者であり、歴史家バレ＝クリージェルの見解では一七世紀の古事学者の完成型を示している。彼が単独で編纂した『中世・近世ラテン語辞典 *Glossarium ad scriptores mediae et infimae latinitatis*』一〇巻は、今日でも参照されることの多い中近世ラテン語辞典である。

そのメンバーには後に「コレージュ・ド・フランス」と称されることになる「国王教授団」の構成員が当初から少なからず混じっており、サン・モール会と「コレージュ」との連携が形成されることになる。古代史家モミリアーノはこのグループについて次のように述べている。「人々はこれらの古事学者たちを、一八世紀にポンペイやヘルクラヌムの遺跡の価値を認識したり、地方の城塞《じょうさい》に驚きの目をもって接したりして、古代やゴシックの芸術を流行させたアマチュアとしばしば同一視するが、それでは十分な認識とは言えない。古事学の時代は嗜好《しこう》の革命としてだけでなく、歴史学の方法論の革命としても画されるのだ」。繰り返しになるが、こうした展開の出発点にあるのは、ルネサンスの人文主義的文献学であった。

3 『文書の形式について *De re diplomatica*』の成立

発端

一六世紀末から一七世紀にかけて、オランダ人イエズス会士ヘリベルト・ロスウィドが、アントウェルペンで聖人伝研究に着手したものの、成果を見ることなく死歿した後、これを引き継いだジャン・ボランドの名前をとってボランディストと称されたのが、あとで詳しく述べるイエズス会の『アクタ・サンクトールム（聖人伝）』編纂者たちであった。そのひとりであったオランダ人のダニエル・ファン・パーペブローク神父は、一六七五年に出版した、四月を祝日とする『聖人伝』第二分冊の導入部で、パリのサン・ドニ修道院に保存されているメロヴィング諸王が発給したパピルス文書を偽書であると断定した。その批判基準は「文書は古ければ古いほど、その信頼性は低い…tanto minus eis adhibendum fidei, quanto plus prae se ferunt antiquitatis...」という、およそ科学的な論証とはかけ離れた、極めて素朴な実感論を根底にしたものであった。また羊皮紙をはじめとする獣皮紙が流通するようになってから、パピルス紙は使われなくなったという、現在では誤りであることが証明されている古い認識に基づく主張であった。このイエズス会士の論は、明らかにガリカニスムへの共感を旨とするサン・モール会への敵意を秘めてもいた。

この種の修道院会全体への批判に対しては、会士による個別的な反論はすべきではなく、総会長が対応すべき事柄との共通の認識があった。当時総会長を務めていたのは、ランスでマビヨンがその手のなかで修道誓願を果たしたヴァンサン・マルソル師であった。マルソル師はマビヨンに反論の作業を依頼した。マビヨンがその作業に着手したのは、体調のこともあり一六七九年以前ではなかったようである。

ひとつの「科学」の誕生

当時のマビヨンの同僚たちの証言によれば、『文書の形式について』の執筆作業は主に一六七九年から八一年にかけて行われた。そして八一年九月一〇日からしばらくして、本文六三四ページ、索引一五ページ、図版五八点の堂々たる大著として出版された。その歴史的意義を中世史家マルク・ブロックは「人間の知性の歴史において真に偉大な日付である」とマビヨンの偉業を賞賛した。言葉を継いで「これにより文書記録の批判の基礎が築かれ」、「懐疑自らが審査者となった」と、文書学者、歴史学者の自律的な検証の論理の誕生を顕揚している。ラテン語で書かれたこの書物は宮松浩憲訳『ヨーロッパ中世古文書学』として日本語に翻訳出版されている。

本文は全体が六書から構成されている。

第一書は一一章構成で、文書（ここで言う文書とは文字で記録された書類一般ではなく、法行為の内実、あるいは法状態を記載した記録であり、その処置が関係者に法的な権利の付与や剝奪《はくだつ》を効果としてもたらす書面のことである）の構造や伝来の様態による、当該文書の真偽の識別方法を論ずる。またパーペブロークが取り上げた個別の事例について、その批判原理を検討し論駁《ろんばく》し、多様な記録媒体の吟味と耐久性を考察する。最後に様々の古書体の起源と伝播を論ずる。

第二書は二八章構成で、文書で用いられている正書法の考察から、文書の定型書式や為政者の呼称・肩書の慣行、文書作成局の構成と書記役人の分業形態、印章の使用とその普及、文書作成時の証人の記録様式、下署形式、文書の年代表記方法などが考察の対象にされている。

第三書は六章構成。パーペブロークの議論をさらに掘り下げて批判し、併せてドイツの法学者ヘルマン・コンリングがバイエルンのリンダウ修道院の文書を偽文書扱いにした議論も、より広範な文書の検討を通じて反駁。最終の第六章は「文書」の真偽を判定する一般原則が一一ヶ条にわたって、総括されている。

マビヨンによる文書や記録の真贋判定に、箇条書きができるような一般的基準はない。それはあくまで、個別的であり、文書の文言や構成に即した形で行われる。右に紹介した第二書の二八章全文の内実や形式が、真贋判定の対象箇所であり、これら全体の総合として、文書の真贋が判定されるわけである。重ねて言っておかなければならないのは、真贋の判定でことが終わるわけではない。仮にくだんの文書が偽書と判定されたならば、いつ、なぜその偽造がなされたのか、誰の手によって、どこでなされたのかを突き止めなければ文書の研究は終わらない。

先のブロックが、偽文書も立派な歴史の証言者であると述べたことがあったが、主旨はそうした意味においてなのである。

第四書は日本語訳では割愛されているが、国王の居館、宮廷、ヴィラが総計一六三列挙され、それぞれの館が各国王ととり結んだ関係が、広範な史料所見をもとに解説される。とりわけ国王文書がどの館で作成されたかといった文書作成との関係で興味深い。この部分はマビヨンではなくミシェル・ジェルマン師の執筆になる。

第五書は五八点の銅版画で復刻されたローマ時代から中世にかけての国王文書、教皇文書その他の文書を通じて、キャピタル書体、草書体、カロリング小文字書体、ゴシック書体、ルーン文字書体、メロヴィング草書体、アングロ・サクソン書体、ランゴバルド書体、アンシアル書体などを例示し、その転写と解説を行っている。また組文字（モノグラム）や速記文字であるティロー記号の解説も含む。

第六書も日本語訳では割愛されているが、本文を通じて言及、提示された総数二一一点の国王文書を挙げ、その新しい註解と、それぞれの独自性や相互の関連を考察している。

以上がマビヨンの著書『文書の形式について』の概要である。その分析の体系性と緻密《ちみつ》さ、文書記録の悉皆《しっかい》的な知識、論理展開の強靱《きょうじん》さは、まさしく「文書形式学」という新たな学問分野の、しかもほとんど独力での創出と表してもあながち誇張とは言えない鮮烈な事態である。確かにミシェル・ジェルマン師だけでなく、その他のサン・モール会士や、デュ・カンジュ、

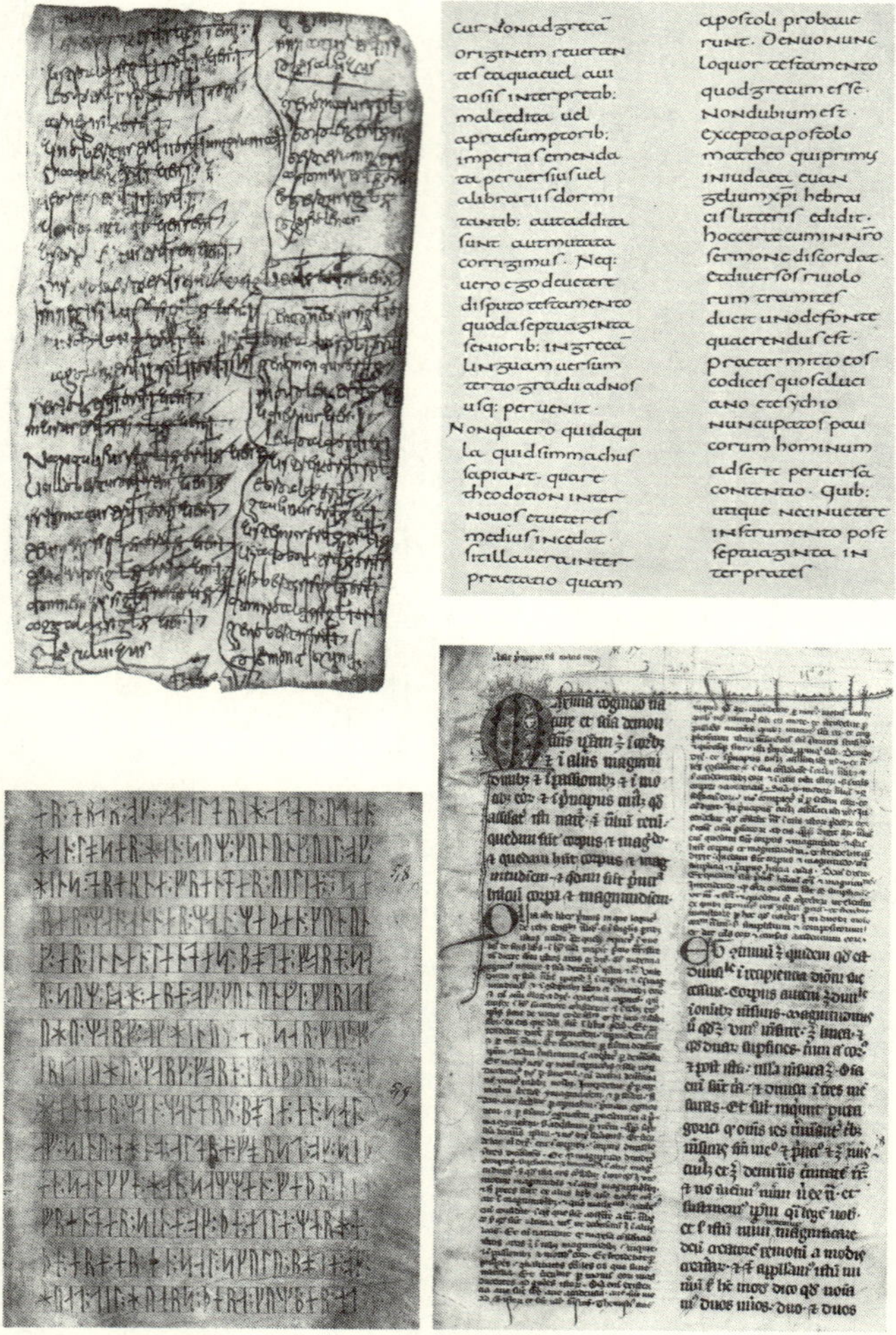
cur non ad grecā
originem reuertentes
ea quae uel aui
tiosis interpretib;
male edita uel
a praesumptorib;
imperitis emenda
ta peruersius uel
a librariis dormi
tantib; aut addita
sunt aut mutata
corrigimus. Neq;
uero ego de uetere
disputo testamento
quod a septuaginta
seniorib; in grecā
linguam uersum
tertio gradu ad nos
usq; peruenit.
Non quaero quid aqui
la quid simmachus
sapiant. quare
theodotion inter
nouos et ueteres
medius incedat.
sit illa uera inter
pretatio quam
apostoli probaue
runt. De nouo nunc
loquor testamento
quod grecum esse.
Non dubium est.
Excepto apostolo
mattheo qui primus
in iudaea euan
gelium xpi hebrai
cis litteris edidit.
hoc certe cum in nr̄o
sermone discordat.
et diuersos riuolo
rum tramites
ducit uno de fonte
quaerendus est.
praetermitto eos
codices quos a luci
ano et esychio
nuncupatos pau
corum hominum
adserit peruersa
contentio. quib;
utique nec in ueteri
instrumento post
septuaginta in
terpretes

図4—9　(上左) メロヴィング草書体、(上右) カロリング小文字書体、(下右) ゴシック書体、(下左) ルーン文字書体

バリューズなどの碩学の協力も大きかったことは、「謝辞」からも窺い知ることができる。だがマビヨンの個人的能力の圧倒的な高さがなければ、とうていなしえなかった事業であったことも間違いない事実である。マルク・ブロックの賛辞はその意味で正鵠《せいこく》を射たものであった。

改竄はどのようにしてなされるか

『文書の形式について』の内容紹介だけでは、マビヨンの議論の息づかいは聞こえてこない。そこで彼が一七〇四年に著した『文書の形式についての補論』の文書改竄《かいざん》に関する論述を、エルヴェ・マルタンのフランス語訳によりながら、引用して紹介することにしたい。

いかなる手段で改竄が行われるか。文書偽造と文書の改竄には大きな差異がある。文書偽造には、実際いかなる弁明も成り立ちえない。だが文書改竄に関しては多くの場合弁明の余地がある。この場合付加、修正または過誤によるものがある。カルテュレール（謄本文書集）と呼ばれる一冊にまとめられた教会あるいは修道院の真正文書の場合を例に取ろう。解読者がある古文書の末尾に教皇または国王、あるいは皇帝の統治年の記載しか見出せないとき、その者は自分の手で主の化肉からの年次、あるいはインディクティオ年（古代ローマに遡る税査定の年次で一五年周期。中世初期のフランク国家でも国王文書で使用され続けた）を付加し、年代をより正確に認識してもらうよう努めた。このような場合、その者はしばしば年代学の規範に背くこともあったが、正義の法に違背することはなかった。こうしたやり方は付加による改竄である。文書の改変の別のカテゴリーがある。たとえばある語が別の語に翻訳されたり、大胆な仕方で手直しされたりする場合である。よく見られるのは、あまり経験を積んでいないのに自分を専門家であると自認する者が、古い文書のなかで「fevum」という言葉を見つけ、これを大胆にも「feodum」に置き換えて転写することである。だが「feodum」という語は古い時代にはまだ使われていない。最後になるが、改竄はとくに写字生の誤読、あるいは真正文書の解読困難な箇所を、十分に検討しないままに転写したり、目の錯覚や行を飛ばしたり、別の単語と読み違えたりして犯すこともある。こうして文書が様々な異なる読解のもとに、伝来しているのである。それゆえ伝来文書に多様性があるからといって、この文書の真正性そのものに疑義があることにはならないのである。

右の引用文のなかで「fevum」と称されている用語は、七世紀から一一世紀に使われた言葉であり、主にイタリア北部のロンバルディア地方、スペイン北部のカタルーニャ地方、フランスのブルゴーニュ地方や南部フランスのルエルグ地方の記録に現れる。関連史料の検討から、元来は大所領の土地の一部の用益を指示する言葉で、ローマ法に由来する。だが「feodum」はもっと後の、いわゆる封建システムが知られるようになった時代に、土地利用が封建契約による奉仕の対価として下賜される土地、あるいは収入源を意味するようになってから用いられるようになった。マビヨンは両者の外面上の類似にもかかわらず、実体が根本的に異なっており、両者の混同は史料の解釈の混乱を引き起こすところから戒めたのであった。

マビヨンの認識論

ここでマビヨンが認識と分析の対象にした文書に対峙《たいじ》した際の、彼の認識論について少し補足的な説明を加えておきたい。

彼が文書の真偽を確定したり、文書の発給者や年代などの探究にあたって採用したりした方法は、書体学や印章学などの技術的知見を援用したことを別にすれば、極めて単純であった。それは「比較」の手法である。つまり複数の文書を比較し、それらの文書に共通の特徴を洗い出す。そしてこれを起点にして真正文書を同定するためのいわば「原器」を構築するのである。それぞれの段階は、推論によって行われる。この時代はルネ・デカルトの著作『方法序説』が、圧倒的な影響力をふるいはじめた時代であった。デカルトが『方法序説』のなかで、「あらゆる事柄の認識に達する真の方法」として、次の四つの規則を挙げていることはよく知られている。第一は「私が明証的に真であると認めない限り決していかなるものも真として受け入れないこと」。第二は「私が吟味する困難な問題のおのおのをできるかぎり多くの、しかもそれを最もよく解くために要求されるだけの数の小部分に分割すること」、第三は「私の思想を順序に従って導くこと。最も単純で最も認識しやすい対象から始めて、少しずつ段階を踏んで、最も複雑なものの認識にまでのぼってゆき、しかも自然なままでは相互に前後の順序をもたない対象の間さえも順序を想定して進むこと」、第四に「何ものも見落としていないと確信しうるほど完全な枚挙と、全体にわたる通覧とをいたるところで行うこと」。これらはそれぞれ明証性の規則、分析の規則、総合の規則、枚挙の規則と名付けられ、デカルト哲学の推論規則として有名である。

マビヨンが『文書の形式について』をはじめ、他の論考において実践した推論過程は、デカルトの規範と大きく重なっていた。フランスの哲学者ミシェル・フーコーは名著『言葉と物――人文科学の考古学』において、ヨーロッパにおいてそれぞれの時代の人々の思惟を拘束するエピステーメー（認識枠）が存在したと主張した。そして一六世紀まではこの認識枠が「類似」、「相似」であったのに対して、一七世紀頃から「同一性と差異」、「計量と秩序」が認識の地平を括《くく》るエピステーメーとなったと論じている。デカルトの思想にも、またマビヨンのそれにも、そうした認識の準拠枠が透けて見える。先に述べたマビヨンの方法において、「比較」することはまさしく、「同一性と差異」の剔出《てきしゅつ》の実践だからである。そして「同一性と差異」の認識の結果は、文書群の分類と分節化という、デカルトの第三の規則に照応する推論過程、すなわち「秩序」の形態をとりながら、やがて「文書形式学」という体系に結晶化するのである。

これが認識論の側面から見たときの『文書の形式について』の成立であった。

パーペブロークの応答

さて自説を完膚なきまでに否定されたパーペブロークの反応はどうであったか。彼はしばらく沈黙を続けた後に、一六八三年七月二〇日付けのマビヨン宛のラテン語で書かれた書簡で以下のように記している。


この問題について、あなたが完璧この上ない著作を出版する機会をもたらしたのだというこの上ない満足を味わっていることを私は告白いたします。

確かに私は最初、あなたの著作を読みながらまったく反論の余地がないほどに自説が否定されていることに何がしかの苦痛を感じました。しかしかくも貴重な著作の有用性と見事な出来栄えが、やがて私の弱い心を凌駕しました。ご高著が公刊され、私がそこに真実を見出したときの喜びで、私は研究仲間を呼び寄せ満腔《まんこう》の賞賛の言葉を皆と分かち合いました。ですから必要なときはいつでも、私が自分と完全に同意見であると公言してくださっても構いません。どうぞ私をお避けにならないでください。私は博学の士ではありません。

けれども私はご教示を戴《いただ》くことを強く願っています。

この率直極まりないパーペブロークの書簡に対して、ドイツへの調査旅行で、その書簡の受け取りが少し遅れたマビヨンは次のように返書を認《したた》めた。

ドイツから帰国してあなたが私どもの『文書の形式について』に寄せた率直な感情を披《ひ》瀝《れき》なされたお手紙を手にしました。私はかくも深い知識と一体となった謙虚なお気持ちを、どれほど賞賛しても賞賛しつくすことはできないでしょう。これほど輝かしい挙措の例を私は知りません。議論に敗北した学者が、実際自らの敗北を公的に告白し、宣言する勇気をもてたことがあったでしょうか。（以下略）

マビヨンはこのように、パーペブロークの率直な敗北宣言を受け入れたのである。

4　史料探索の旅

文書を求めて

マビヨンは新たな文書や記録を求めて、幾度か長期の旅に出ている。それは基本的に『聖ベネディクト会年代記』執筆のための史料蒐集が目的であったが、場合によっては宰相コルベールや、大法官のミシェル・ル・テリエや国王ルイ一四世直々の依頼による調査もあった。

最初の旅行はフランドル地方であったが、彼は旅の細部にわたる記憶が、時を経るにつれ薄れていく事態に愕然《がくぜん》とし、以後は旅行のたびごとに詳細な記録を残すようになった。それらはラテン語で記され、それぞれ一六八二年の『ブルゴーニュ巡歴 *Itinerarium Burgundicum*』、一六八三年の『ドイツの道 *Iter Germanicum*』、一六八五年と八六年のイタリアへの調査旅行が『イタリアの道 *Iter Italicum*』および『イタリアの博物館 *Museum Italicum*』として出版されている。

こうした旅行記は単に記録すべき事柄を手早く書き留めた備忘録的な性格のものではなく、作家の紀行文のような文学的表現や見事な景観描写に溢《あふ》れた楽しい読み物になっている。マビヨンのラテン語はスコラ学者の乾いた文体とはほど遠く、アルプス山頂の滝の自然景観や、岩から岩へと跳び移る山岳民の非凡な能力に驚く彼の素直な感想が印象的である。旅の途中で遭遇した予期せぬ出来事や、日暮れに宿になる適当な修道院を見つけられない折に、やむなく頼りにせざるをえない旅籠《はたご》やその応接の良し悪《あ》しなどの、旅人には切実な事柄にも触れている。

そもそもこの時代にあっても旅行には危険がつきもので、病に伏せるとか、凶悪な野盗に命を奪われることは、稀ではなかった。旅は基本的に徒歩によった。修道士であればなおのことで、戒律で定めた旅行の際の規範を守らねばならなかった。

ブルゴーニュ地方の巡歴

『文書の形式について』の大成功によって、マビヨンの盛名がヨーロッパの知識人の間に浸透した直後に、宰相コルベールはブルボン王家に所縁《ゆかり》の文書の探索を彼に依頼した。彼は若い同僚のミシェル・ジェルマン師を伴って、一六八二年四月一六日に、パリのサン・ジェルマン・デ・プレ修道院を後にした。

調査旅行の目的がコルベールによって指示されていたとはいえ、根っからの古事物探索の精神をもつマビヨンは、この機会を利用してブルゴーニュ地方にある古刹を訪れて、未知の記録を蒐集・筆写するつもりであった。

彼ら二人がサン・ジェルマンに戻ってくるのは同年六月一〇日のことであったから、この二ヶ月弱の探索旅行を逐一詳細に述べる紙幅の余裕はない。若干の重要な成果のみを紹介することにする。

旅人たちはパリの東郊のムーランからブルゴーニュ地方の旅を開始した。ここからサンス、オーセール、トネール、フラヴィニィと進み、サンスではユーグ・カペーの手になる国王文書の発見という興味深い成果をまじえながら四月二六日にディジョンに到着した。とりわけメロヴィング王朝期にその歴史が遡るサン・ベニーニュ修道院は、多くの期待が寄せられた。

予想に違《たが》わず、この修道院図書室には非常に多くの古写本が溢れていた。最も古い写本は、一一世紀の教皇クレメンス一世に帰せられる『認知の書 *Recognitiones*』で、書体から判断して六世紀に作られた写本であった。このほかにも聖アンブロシウス書簡集の古写本、極めて古い（vetusitissimus）『贖罪《しょくざい》についての教会法規定集 *Codex canonum de paenitentiae*』、非常に古い聖エリギウスの説教集写本、一〇世紀に遡ると推定されるベーダの聖人祝日暦、フレデガリウス年代記など、マビヨン自身が「たとえ筆写し続けたとして、とうてい終えることはかなわない」と悲鳴を上げざるをえない豊富さであった。結局彼らは四日間この地に滞在して、最小限度の筆写作業をして旅立たざるをえなかった。

ここからメロヴィング朝の国王グントラムが鍾愛《しょうあい》した都市シャロン・シュル・ソーヌを経てオータンに到着した。ここではサン・ナゼール教会とサン・ラザール教会の文書庫で国王シャルル禿頭王、カールマン、ウードらの国王文書を新たに見つけ出した。また同地のサン・マルタン修道院では、六世紀末にメロヴィング国家を混乱に陥れた内乱で敗北し、馬裂きの刑に処された王妃ブルンヒルデの墓室にも足を踏み入れた。

二人はここからクリュニー修道院を目指した。クリュニーには五月九日から一三日までの足かけ五日間滞在して蒐集にあたった。広大な修道院の敷地を占める多くの建物の北の塔には文書庫が設けられ、文書類が修道院長在職期ごとに整理され保管されていた。院長ベルノン時代（九〇九〜九二六）が一五六点、オド時代（九二六〜九四二）が一八八点、エマール時代（九四二〜九五四）が二七八点、マイユール時代（九五四〜九九四）が八五九点という内訳である。総計一四八一点という数であるが、これは第一記録集（カルテュレール）に綴じ込まれた文書だけの数で、第二のそれには第二代院長オドの分が七二〇点、第六代院長ユーグ（一〇四九〜一一〇九）の分が七三九点、第七代院長ポンス（一一〇九〜二二）の時代の文書が四八点と約三〇〇〇点を情報として蒐集した。

マビヨンたちはここからリヨン、スヴィニィ、オルレアンとロワール川を下り、パリへと帰還した。先にも触れたように六月一〇日のことである。

ドイツへの探索旅行

ブルゴーニュ地方の文書蒐集旅行の成果に気をよくしたコルベールは翌年、旅行の費用を支出する形で、ドイツへの探索を依頼した。宰相は旅に出かける前のマビヨンとミシェル・ジェルマン師を呼び出し、旅行の費用として二万五〇〇〇リーヴルという多額を与えた。そして目的として、フランス王国の政策と関連する文書をドイツの諸修道院で筆写し、ライン川の彼方にある修道院の図書室や文書庫で、フランスに関係する記録類のリストを作成することであると告げた。

しかし一六八三年六月のドイツ旅行は、決して時宜を得たものとは言えなかった。オランダとの戦争はナイメーヘン条約（一六七八年）で、一応の休戦協定が成立はしていたが、そのさなかのルイ一四世による都市ザールやルクセンブルクの一部、とりわけストラスブールの占領は、ドイツ人の間に憤激の嵐を巻き起こしていたからである。こうした状況下にあったにもかかわらず、二人は六月三〇日に今回は潤沢な資金を得て、民間の駅逓《えきてい》馬車でパリを出発し、フランシュ・コンテ、バイエルン、チロル、スイス、ドイツと回る予定であった。

七月一四日にブザンソンからリュクスーユ修道院に到着したマビヨンとジェルマン師は、アイルランド人修道士聖コルンバヌスが七世紀初めに創建した古刹で、七世紀のメロヴィング朝期の美しい書体で書かれた「読誦《どくしょう》集」の写本を発見した。マビヨンはその二年後の一六八五年に「ガリア典礼」の提要をこの写本をもとに執筆して出版した。この写本はフランス国立図書館収蔵ラテン語写本九四二七番として分類され伝来している。

バーゼルは学識者が主導した宗教改革の都市である。ここで二人はヘブライ語が読めるブックスドルフという名前の学者と知り合いになり、彼の案内で市の図書館を訪ねる。ここで四福音書のギリシア語写本、四世紀ギリシアの教父ナジアンゾスのグレゴリオスの著作や、エラスムスの遺言原本、非常に古いセビーリャのイシドルスやベーダの写本などを手に取って見た。

ここからスイスのドイツ語圏を通り、バーデン・バーデンを経てザンクト・ガレン修道院に到着し、八月一日から五日まで滞在した。その後カルヴァン派の都市リンダウを通ってヴァインガルテン修道院にやって来た。ここでは非常に古い「アンジュー書式集」の写本を見ている。ついでケンプテン、アウクスブルク、レーゲンスブルク、ザンクト・エンメラムなど一連の著名な修道院を訪れ、多くの貴重な写本を筆写した。八月二八日にザルツブルクに到着。その後ベネディクトボイエルン修道院を訪ねるが、司書修道士は「フランス人は怪《け》しからん」として

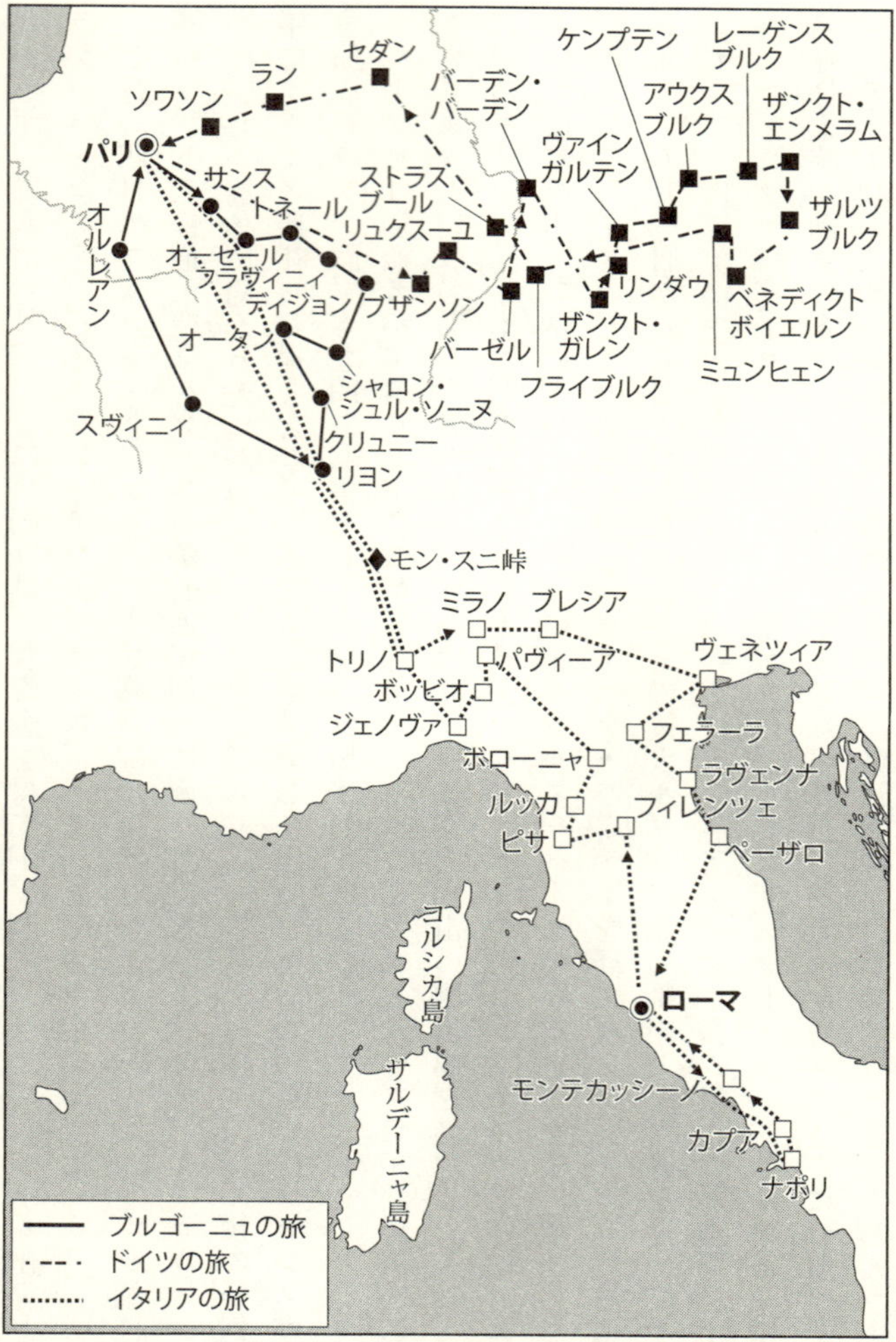

図４―10　マビヨンの史料探索旅行、ブルゴーニュ地方、ドイツ、イタリア

入室を拒否した。

九月八日から一一日までミュンヒェンで過ごし、ライヒェナウから入ったフライブルク・イム・ブライスガウで二七日にコルベール死去（九月六日）の報に接した。その後二人はストラスブール、セダン、ラン、ソワソンを経てパリに帰着した。約四ヶ月の調査旅行であった。先に述べたように、ドイツとフランスとの関係はこの時期必ずしも良好ではなく、実際調査のための図書室入室拒否の憂き目も味わうことになったが、その成果は失望するようなものではなかった。

イタリアへの旅

マビヨンにとってイタリアへの調査旅行は一〇年来の念願であり、彼の人生において、極めて重要な意義をもった。「私にとって、ただ一度だけでもイタリアをこの目で見るのは幸福であり、このたびのイタリア旅行はこうした念願からも楽しみです」と、フィレンツェ在住の異色の愛書家でラウレンツィアーナ図書館司書のアントニオ・マリアベッキに書き送っている。

先頃のドイツ旅行が大きな成果を生み出したのに気をよくしたランス大司教モーリス・ル・テリエが国王ルイ一四世にマビヨンをイタリアに派遣するよう進言した結果であった。今度はひとりサン・モール会だけでなく、というよりむしろ国王の命によってイタリアの図書館を歴訪し、書物と写本を探索し、購入して王立図書館の蔵書をいっそう豊かにする目的があった。

イタリアと言えばローマであり、ローマと言えば教皇庁である。フランス王国と教皇庁は、国王の司教空座権をめぐって対立していた。司教空座権とは司教が空座である場合、国王が空座である司教座に関しての任命権を有するという権限である。教皇庁はむろんこれには反対である。教会の高位者が世俗の権力によって選任されるのは、教会の伝統と規範に違背するからである。一方フランス王権は王国教会のガリカニスムによって、フランスの聖職者の自主性確保に固執した。ドイツの場合とは異質であるものの、教皇庁とフランス王権の緊張状態のなかで、マビヨンとミシェル・ジェルマン師は一六八五年四月一日に出発した。

緊張状態はあったものの、学問と文芸のために政治的な事情を棚上げにする度量が教皇庁にもフランス王権にもあり、マビヨンは公式の保護と便宜を保証された。二人は有力な都市ではジェノヴァ、ヴェネツィア、ローマ、フィレンツェを巡り、多くの教会や修道院を訪れて図書室と文書庫の探索を心ゆくまで行うことができた。マビヨンはこの時期には、『文書の形式について』の著者という輝かしい存在として、イタリアの碩学たちはこぞってその訪問を歓迎したからであった。ヴァチカン駐在のサン・モール会士クロード・エスティエノ師は、書簡のなかで枢機卿エストレの言として、「女王」の書庫のものは自由に取っても構わないが、ヴァチカン図書室の蔵書はそうはできないと言っていると伝えている。「女王」とは稀代《きだい》の愛書家で蒐集家のスウェーデン女王クリスティーナのことで、彼女は国教であるプロテスタントからカトリックに転じ、父グスタフ・アドルフの蔵書を核にして蒐集を重ねてなった、その一大コレクションを携えローマに到来し、社交生活を送っていた。その蔵書はラテン・ギリシア写本だけで二二一六点を数えた。

女王はマビヨンが訪れた三年後の一六八九年に他界するのであるが、枢機卿エストレの先の言葉をクリスティーナが耳にしたならば、さぞかし立腹したことであろう。むろんマビヨンは貴重な蔵書から抜き出すような非礼な振る舞いをせずに、ジェルマン師と二人でせっせと蔵書が保管されていたリアリオ宮（現在はコルシーニ宮の敷地になっている）に通って、必要な筆写作業を行った。マビヨンたちの満一年以上におよぶイタリア旅行のうち、ローマ滞在が五ヶ月におよんだのは、こうした事情があったからであった。

マビヨンとミシェル・ジェルマン師は一六八六年七月二日にパリに帰還した。

第五章　修史事業の展開

1　『アクタ・サンクトールム（聖人伝）』

歴史史料の編纂事業

この章では一七世紀の中頃に始まる、歴史史料の編纂事業の姿とこれを支えた動機について見ていくことにする。

最初に取り上げる『アクタ・サンクトールム』は文字通り聖人の伝記を集成した事業であり、通常の意味での歴史史料と趣を異にするが、しばしば起こったサン・モール会士とイエズス会の論争から見られる通り、史料批判については鋭敏な自覚をそなえたグループの成果である。

宗教的熱意に発する企画であったとはいえ、現在の歴史研究において重要な史料価値をそなえている事実に照らして、ここでその成り立ちを紹介する意味は十分にある。

イエズス会士ヘリベルト・ロスウィド

キリスト教会の聖人の伝記をあますところなく集成し、信仰の確たる証たらしめようと考えた人物は、オランダのユトレヒトに生まれたイエズス会士で文献学者のヘリベルト・ロスウィィ、通称ロスウィド（一五六九〜一六二九）であった。この若い文献学者は自由な時間を、フランドルの各所にある古い修道院を訪れては、写本を見たり、書写したりするのに費やしていた。こうした写本のなかには古代や中世の聖人の伝記が数多く見られたが、そこで描写されている聖人の実像や人間性は、あるいは伝承とレトリックの層の下に見失われたり、想像や誤解によって無味乾燥な記述に堕したりしていることが多いと感じられた。

そこで彼はすべての真正の聖人伝写本を蒐集し、その頃古典作品の文献学的批判研究が多大な成功を収めていたように、聖人伝作品の批判的分析の結果を総合した真正の聖人伝集成を作ることを思い立った。その計画は教会の典礼暦に合わせて、それらの伝記を聖人の名前のアルファベット順ではなく、聖人の祝日（命日）にあたる月ごとに分けて出版するという内容である。そのことは当時の管区長であったアクアビバからの祝福を受けた。ロスウィドはこの計画に大きな情熱を注いだが、その成果が具体的な形をとる前に、他界してしまった。

後継者ボランド

ロスウィドが遺《のこ》した大量の書写史料や書物、そして情熱を引き継いだのがリエージュ地方出身のジャン・ボランド（一五九六〜一六六五）であった。後に『アクタ・サンクトールム』の編纂に携わるイエズス会士のことを「ボランディスト」と称したのは、最初の巻を出版した折の責任者を、ボランドが務めていたことに由来する。彼はベルギーのアントウェルペンの誓願イエズス会士の聴罪司祭を任務としていたところから、自由な時間を使ってロスウィドの事業を継続させることにした。

これは約三〇〇年間におよぶボランディストの事業に関して言えることであるが、常に聖人伝編纂に携わるのはせいぜい三、四人で、全期間を通じて六〇人を超えることはなかった。おそらく近代世界でサン・モール会に先駆けて学問的共同作業を実践した集団がこのボランディストであるが、それはごく少数の、しかし極めつきの優秀な頭脳をそなえた人たちが取り組んだ成果であった。

図5―1　ジャン・ボランド

ところで、ボランドがひとたび事業に取り組みはじめたときに三つの点に気がついた。ひとつはロスウィドが蒐集した史料は、ロスウィド自身が想定した計画よりも、より広範な計画に見合っており、したがって計画をさらに大きなものにすること。二つ目は、そのためには資金が必要であること。この点は管区長アクアビバがクリアしてくれた。第三は、事業の補助者が

図５—２　ダニエル・ファン・パーペブローク

必要であること。これもゴトフリート・ヘンスケンス（一六〇一～八一）という名前のイエズス会士が選ばれた。そして八年におよぶ努力の結果、フォリオ版で二五〇〇ページに達する「一月」を「祝日」とする聖人の最初の作品が、二巻本で出版された。一六四三年のことである。さらに一五年におよぶ二人の共同作業から、一六五八年に三巻本からなる「二月」分の聖人伝が完成した。こうした成果は高い評価を受け、教皇アレクサンデル七世が二人をローマに呼び寄せ祝福を与えようと考えた。しかしボランドは齢六〇を超えているため、代わりに新しい人材を登用し、ヘンスケンスとともに派遣し、同時にその旅を写本探索の調査たらしめようと考えた。こうして前章ですでに登場したオランダ人イエズス会士ダニエル・ファン・パーペブローク神父が抜擢《ばってき》された。

新星パーペブローク

ヘンスケンスとパーペブロークは一六六〇年七月にアントウェルペンを出発した。結果としてこの旅は二年五ヶ月におよぶ長途となった。彼らは南ドイツからオーストリア、チロル、北イタリアのトレント、ナポリ、そしてフランスに入り、東西南北にフランスの横断を繰り返し、二度のローマ滞在は合わせて一二ヶ月におよんだ。教皇のお墨付きを得て、どの教会も修道院も図書室と文書庫を開いた。潤沢な資金を都合できる手段があったため、各地で多くの写字職人を雇い、聖人伝写本を書写させることができた。こうして二人は一四〇〇人分の聖人伝写本を新たに発掘し、帰還した。その後数年間にわたり各地から断続的に写字職人の仕事の成果が送られてきた。これらの史料を整理する間に、編纂チームのなかで、東方教会の聖人も事業に加えるべきだとの意見が高まり、一六六八年に出版された「三月」の聖人伝は二巻本で、ここには東方聖人の部分が設けられていた。この間、歴史的な知的大計画の実質的な産みの親であったジャン・ボランドは六九歳で一六六五年に他界した。

ヘンスケンスとパーペブロークが実行したような写本探索の旅行は、この後五〇年にわたって断続的に繰り返され、膨大な量の書写史料がアントウェルペンの作業所に蓄積された。パーペブロークが活躍した五十数年間が、最も実り豊かな時代であり、彼は「三月」から「六月」までの合計一七巻の刊行に携わるか、それを指導するかした。

パーペブロークには毀誉褒貶《きよほうへん》も少なくなかった。聖人とされてきた記録に厳しい史料批判の末、その実在を否定する結論を出すことを躊躇しなかった。それまで真正性を疑われなかった記録を偽書と断言して憚《はばか》らなかった。それだけに多くの敵も作った。前に述べたようにマビヨンとの論争は、パリのサン・ドニ修道院に保存されてきたメロヴィング朝の国王文書を偽造文書と断定したことがきっかけであったが、マビヨンの周到極まりない反論に対して完全な白旗を掲げた。それはマビヨンの圧倒的な学識ゆえであり、例外的な事態であった。

異端審問による断罪

そうしたパーペブロークが攻撃にさらされた事件があり、その契機となったのはカルメル会との対立であった。カルメル会は、この信徒集団はもともとイスラエルの預言者エリアの弟子に発し、キリストの時代にカルメル山にあって聖母マリアの最初の信徒集団となった者たちであったと主張していた。パーペブロークらはカルメル会に属する「三月」の聖ベルトルドと、「四月」に属する聖アルベルトを、伝承に確たる根拠がないとして当該月の聖人の枠から削除したのである。こうして約二〇年間におよぶカルメル会とボランディストたちの戦いが始まった。

そのなかで、『アクタ・サンクトールム』の「三月」分と「四月」分とがスペインの異端審問所に秘密裏に告発されるという事態が生じた。告発者の主張は、これらの書物は誤りを犯しており、異端的で、分派的であるというものであった。まもなくベルギーのカルメル会も同様の理由でローマの聖庁裁判所に告発したが、その根拠としたのが『アクタ・サンクトールム』のなかでパーペブロークたちが断罪した伝承であった。教皇インノケンティウス一二世は、ボランディストたちの事業を評価しており、告発に心を動かされなかったものの、時の政治情勢はスペイン王室とことを構えるのは得策ではないという事情があった。この間イエズス会もパーペブロークを擁護すべく積極的に政治的活動を展開した。スペインはイエズス会の勢力が強かったこともあり、その努力は一七一五年に先の告発は根拠なしとして無罪をかちえ、やがてローマでも同様な結果を得た。だがパーペブロークはそうした勝利を見ることなく一七一四年に八七歳でその生涯を閉じた。彼が一七世紀を代表するマビヨン、デュ・カンジュ、モンフォコンらの列に連なる資格のある碩学であったという評価は、過大なものとは言えない。

イエズス会の解散

こうした、神経をすり減らすような災禍に見舞われながらも、編纂作業は進行しパーペブロークが死去した頃には「五月」八巻本、「六月」の全七巻本のうち五巻が出版されていた。そして後に述べるように一七七三年にイエズス会の解散が決定されたのは、とくに多い「一〇月」の一三巻のうち第三巻までが刊行されてからしばらくのことであった。フランチェスコ会出身の教皇クレメンス一四世は、七月二一日に教皇勅書『主にしてむしろ贖い人』を発布し、イエズス会の解散を命じた。それはスペインとフランスの王家となったブルボン家による圧力に屈した結果であった。両王家ともに、「国王弑逆論」を認めガリカニスムのような国民教会の意向を無視してローマ教会至上主義を標榜《ひょうぼう》するイエズス会を機会があれば葬り去ろうと狙っていたのである。

こうした困難にもめげず、「一〇月」第四巻が一七八〇年に刊行された。この巻の表題からはイエズス会を指す「J・S」の文字が消えている。この機会にボランディストたちはブリュッセルに拠点を移した。第五巻が刊行された一七八六年の二年後に当時ベルギーを支配していたハプスブルク政府は『アクタ・サンクトールム』の編纂活動の中止を命じた。このとき編纂の指導的な立場にあったイエズス会士ド・バイはフランスのサン・モール会に図書、文献、編集権を売り渡すことを考えたが、これがベルギー国民の知るところとなり激しい反対運動が起こったために、アントウェルペン州にあるトングローにあるプレモントレ会に所有権を譲渡することになった。そして旧イエズス会士の何人かがプレモントレ会の編纂者を助けて、一七九四年に「一〇月」の第六巻をトングローで出版した。

イエズス会の復興と編纂事業の再開

フランス大革命とその後のナポレオン支配がヨーロッパを巻き込んだ政治的混乱は、ボランディストたちの活動に影を落とした。ウィーン会議の結果ベルギーが政治的独立を果たすが、それに先駆けて教皇ピウス七世は一八一四年にイエズス会を復活させた。そしてベルギー管区も一八三二年に確立した。だがナポレオン戦争後の復興の作業はあまりに広範にわたり、ボランディストの活動の復活まではなかなか手が回らない状況にあった。それでも古い蔵書や史料が、あちらこちらで回収され、それはブリュッセルの王立図書館に収蔵された。こうしたなかで影響力のある、また明察の人であったルーヴェン大学総長のデ・ラム猊下《げいか》がボランディストの活動を再開させ、それがベルギーのイエズス会士に委ねられるべきであるという嘆願書の先頭に立った。

約半世紀のブランクを経て、一八三七年に三、四人からなる再開チームが、政府からのわずかな補助金を付与され、ブリュッセルのイエズス会コレギウムに作業拠点を構えた。公的図書館の利用特権を認められたものの、少ない蔵書、必要な道具類の不足、そして何よりも長年にわたって蓄積してきた史料の不足は大きな障害となった。だがフランドルの聖人伝研究の長い伝統と、先人のボランディストたちが培った精神は、彼らが八年後の一八四五年に「一〇月」の第七巻を世に送り出す力となった。これ以後数年おきに各巻を刊行し、「一〇月」を構成する全一三巻は、一八八三年に刊行を終えた。再開後に編纂作業の指揮をしたのはイエズス会士ヴィクトール・ド・ブックであったが、彼はその数年前に死歿していた。

図5―3　ブリュッセルのボランディスト協会研究室（1980年代）とジョゼフ・ヴァン・デア・ストラテン神父

　その後継者カルロス・ド・シュメッツは一九世紀の科学の世紀に生きた人物である。実証主義歴史学の厳格な史料批判に学ぶとともに、編纂の過程で生じた問題や疑問を学問的に議論する場として雑誌『ボランディスト研究拾遺 *Analecta Bolanndiana*』を一八八二年に刊行しはじめた。この雑誌は現在でも続いている。彼は「一一月」の全四巻のうち第三巻が出た翌年の一九一一年に他界した。

第一次世界大戦とイポリット・ドレイエ

『アクタ・サンクトールム』という、三〇〇年におよぶ巨大な知的リレー事業の最後のバトンを託された組織の指導者になったのは、イポリット・ドレイエであった。ドレイエ自身が第一級の文献学者、キリスト教学者であり、この分野で古典と評価される著作を何冊も著し、『ボランディスト研究拾遺』を編集し、『アクタ・サンクトールム』の編纂にあたった。折悪しく一九一四年に始まった第一次世界大戦によって、ドイツ軍の進駐と占領のもとに置かれたベルギーの状況は編纂事業にも暗い影を落とさざるをえなかった。『アクタ・サンクトールム』の「一一月」最後の巻が刊行されるのは戦後の一九二五年まで待たなければならなかった。

そして一九四〇年五月、すなわち第二次世界大戦により再びドイツ軍の占領にさらされる直前に「一二月」単一巻が出版され、『アクタ・サンクトールム』全六八巻が完結を見たのである。

2　イタリアの歴史家とフランス・モデル

学問的沈滞のイタリア

アルプスを挟んで隣国のイタリア半島の歴史研究は、ルネサンス期人文主義者の輝かしさを失って久しかった。フランスの近代史家ピエール・ショニュが一八世紀のイタリア文化を、ヴィーコを除いて「語るべきものなし」と極端な評価を与えたのは有名な話である。そうした状況は一七世紀から続いており、米国の歴史家エリック・コクランは、イタリアの歴史叙述(ars historica)は、パドヴァの名門生まれの哲学者で文筆家スペローネ・スペローニ(一五五八年歿)や、イエズス会士アゴスティーノ・マスカルディ(一六四〇年歿)の作品のような道徳物語の教訓譚《たん》に堕した著作が歴史書として横行し、加えて哲学者フランチェスコ・パトリッツィ(一五九七年歿)や文献学者リオナルド・サルヴィアティ(一五八九年歿)などが「歴史の真実」への懐疑を煽《あお》り、歴史が古い尚古趣味に転落しかねない、知的崩壊状態にあったとする。

そうした状況もあって、心ある具眼の士はアルプス山脈の彼方のフランスでの学問動向、ことにマビヨンをはじめとするサン・モール会士の研究活動を驚きと憧憬《しょうけい》の思いで見ていた。それもあって一六八五年四月に『文書の形式について』の著者が、イタリア半島に足を踏み入れることを知ったイタリアの知識人は、誇張を恐れずに言えば「キリストの再臨」を待ち望む信徒さながらの心境であった。

実際、この時期はフランスがイタリアの知識人の「モデル」を示していると考えられた。フランスの歴史家フランソワーズ・ワケの大著『「フランス・モデル」とイタリアの学者社会（一六六〇〜一七五〇年）』は、そうした側面をあますところなく分析している。フランス・モデルの原理は、一言にして言えば権威の否定、原典への遡及《そきゅう》、神学における歴史研究の必要（実証神学）の三箇条にまとめられるであろう。

一方マビヨンはイタリア人の宗教慣習への嫌悪を隠そうとはせず、胡乱《うろん》な聖遺物には目もくれず、トリノのキリスト聖骸布《せいがいふ》を批判し、聖アウグスティヌスの遺骸を保存しているとするパヴィーアの主張を一蹴《いっしゅう》している。マビヨンは自分がイタリアで出会った人物については、多くを語らず、また同時代のイタリアの学問の弱さを一般化して語ることもしなかったとされる。モミリアーノはこのことから、マビヨンはイタリアではついぞ自分に比肩できる人物には出会わなかったのだと結論づけている。

ベネデット・バッキーニとの交流

それでも幾人かのイタリア人学者との交流があったことは事実である。そのひとりがラウレンツィアーナ図書館司書のアントニオ・マリアベッキであったことはすでに触れた。もうひとりがベネデット・バッキーニ（一六五一〜一七二一）であった。

バッキーニはパルマ大公領のサン・ドミノという小さな町で生まれ、イエズス会の学校で教育を受けた後、ベネディクト会の修道院で修道誓願を行った。やがてフェラーラの聖ベネディクト修道院長の秘書となって文学者として名を成した。一六八三年に文学の研究に専念することにし、故郷のパルマに戻った。この頃、必要な書物の手配を依頼したマビヨンとの手紙での交流が始まった。そしてマビヨンがイタリアを訪れた折に、二人は初めて直《じか》にあい見《まみ》えたのである。やがて友情が育まれ、バッキーニはマビヨンの調査旅行に同道することもあった。

図５―４　ラウレンツィアーナ図書館（フィレンツェ）の昔と今

サン・モール会士でマビヨンとともにイタリア旅行をしたミシェル・ジェルマン師は、イタリア人のベネディクト派修道士に関して「私は彼らのなかから只《ただ》ひとりベネデット・バッキーニを選ぶ」と、記している。バッキーニは、まさしく例外的存在であった。

図5―5　ルドヴィコ・アントニオ・ムラトーリ

彼はその後モデナ大公の図書館司書に任命された。そしてその直後に司書としてこの図書館に職を得てやって来たのが、イタリアの中世史研究の革新の基礎となる史料集『イタリア叙述史料集 *Rerum Italicarum Scriptores*』全二八巻を単独で編集出版したルドヴィコ・アントニオ・ムラトーリ（一六七二〜一七五〇）である。

若きムラトーリ

ポール・アザールの『ヨーロッパ精神の危機』で描写されているムラトーリは、学問の虫といったその横顔が描写されている。

人間が残した古証文を忘却から救うために、この人は一生を賭《か》けたのである。モデナの図書館に朝から晩までとじこもり、イタリアの古文書の調査旅行に行くほかはほとんどそこから一歩も出ずに、ムラトーリは実に半世紀にわたって二つ折の大型本を次から次へ出していった。この人が著わした文学書、哲学書、論争書のたぐいは、ムラトーリ以外の人だったら業績としてなに不足ないものだったろう。しかしムラトーリにとっては、こんなものはただの気晴らしにすぎなかった。イタリアについて——それもローマ時代より、まったくといっていいほど知られていない中世について——集められるかぎりの証言を集め、しかるのち一〇世紀間を筆の下によみがえらすための執拗《しつよう》な努力を続けたムラトーリは、もっぱら骨休めのつもりでこういう軽い本を書いたのである。（野沢協訳）

ここで描写されているムラトーリは壮年を過ぎて、脂の乗り切った時期の知的相貌《そうぼう》だ。時間の針を戻して、一六九三年前後のことである。まだ二〇歳になったばかりのムラトーリは、モデナの大公図書館で上司のバッキーニからラテン古書体学の基礎を叩《たた》き込まれていた。バッキーニはそれだけでなく外国語を習得するよう弟子を督励した。習得した言語をマスターしたことを示す、ムラトーリがフランス語、スペイン語、ギリシア語で書いた数点の手紙が残されている。

ムラトーリがバッキーニと緊密な関係にあった時間はそれほど長くはなかった。彼が一六九三年に著した、当時のギリシア語熱の風潮を論じた『ギリシア語の使用と利点について』と題する論文を、ボロッメオ侯に推挙してもらうための作品として準備し、一六九五年にミラノのアンブロシアーナ図書館の司書に任命されたからである。

しかしここで、ある年代の問題が生ずる。それは当時ドイツの名門貴族ヴェルフェン家の系統に属するブラウンシュヴァイク＝ヴォルフェンビュッテル一族であるハノーファー選帝侯の

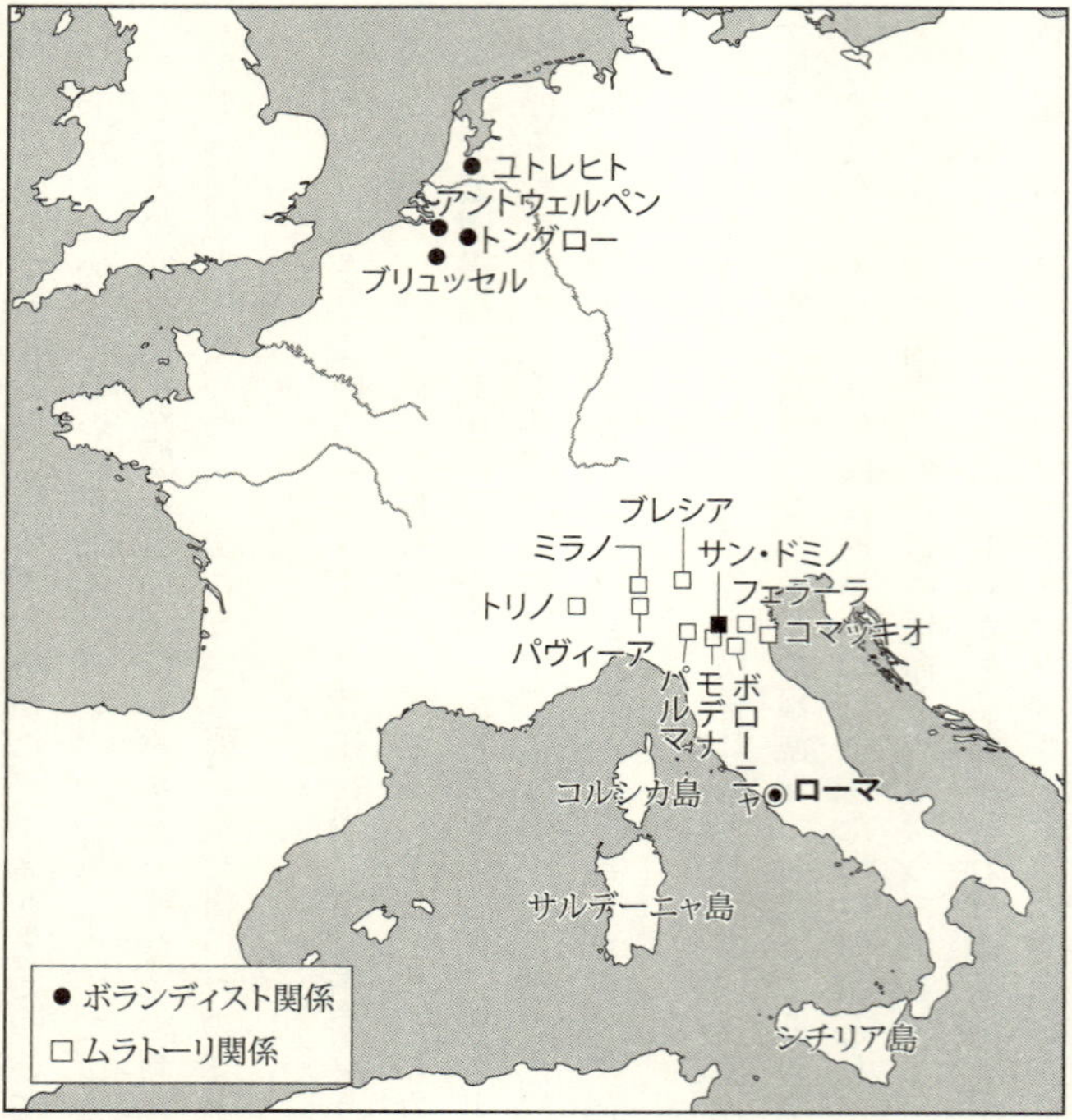

図５—６　ボランディスト、ムラトーリ関係地図

図書館長を務めていたゴトフリート・ライプニッツがモデナの図書館を一六九六年に訪問し、この折にムラトーリを知り、以後たびたび書簡をやり取りする友人の間柄になったことが知られているからである。哲学・法学・数学・歴史学などの多くの分野で天才的業績を残したこのライプニッツ来訪の目的は、ブラウンシュヴァイク＝ヴォルフェンビュッテル一族の系図作りのために、モデナ大公エステ家との関係

を示す史料を蒐集することであった。もしライプニッツとの面会があったとするならば、ムラトーリがミラノに出たのが一六九五年というのは誤りで、実は一六九六年以降のことなのであろうか。

この点について確証はないのだが、さしあたりの仮説として次のように考えておきたい。つまりライプニッツのモデナ訪問があった一六九六年には、ムラトーリはすでにミラノのアンブロシアーナ図書館に勤務していたのだが、ライプニッツ来訪の知らせを受けて一時的にモデナに帰ったのではないか、ということである。ムラトーリがミラノに移った後も、バッキーニはモデナの図書館の司書を続けていて、両者の密な音信は継続していた。一七〇〇年にバッキーニがモデナの職を辞したとき、その後任がムラトーリであった事実から、バッキーニは自分の後継者としてムラトーリをエステ大公家の関係者に推薦していて、アンブロシアーナ行きは、いわばいっときの武者修行のようなもので、いずれモデナの図書館に引き戻すつもりがあったのではないか。とすれば、バッキーニとしては、二〇〇キロ離れたミラノから一時ムラトーリを呼び寄せることに躊躇はなかったであろう。ライプニッツはそれだけの苦労をしても、知り合いになる価値のある人物であった。

ライプニッツとの出会い

ムラトーリはライプニッツから多くを学んだ。図書館管理の実務面としては、図書館が管理するエステ家の文書庫の整理が不十分で、一種無秩序状態にあったのをライプニッツの助言を得て、それを改善したことが挙げられる。

ムラトーリの個人史に即して言うならば、それ以上に有益であったのは、それまでムラトーリが社会政策や宗教にも関心があり、歴史探究への興味がそれほど深いものではなかったのを、歴史に大きく傾斜させるきっかけになったということであろう。ライプニッツがブラウンシュヴァイク＝ヴォルフェンビュッテル家の歴史を探究するなかで、この一族の領土的野心の所在と、教皇権力が一世紀前から一族の都市を占領している事実を認識し、こうして主家の現実の政策に寄与する例を知らされた。

やがて歴史史料という「証拠」発掘の作業が、ムラトーリにも求められることになった。それは一七〇八年に、ヨーゼフ一世が君臨した神聖ローマ帝国軍がアドリア海に面したコマッキオを占領・支配し、この都市がハプスブルク家に属すると主張したとき、モデナ大公リナルドはムラトーリをイタリア中の図書館に派遣して、エステ家の主張を正当化するための文書の蒐集に当たらせた。史料の蒐集と完備がいかに重要な意味をもつかを、現実に知らされた出来事であった。

『イタリア叙述史料集』

こうしてムラトーリによるイタリアにおける歴史研究の記念碑とも言える『イタリア叙述史

料集』全二八巻が一七二三年から刊行されはじめた。その後のムラトーリは、先に引用したアザールのやや戯画化された描写に示されたような姿であった。

一七二三年に刊行された第一巻第一分冊は、ミラノで出版された。ここには逸名の作者によって補完された四世紀のエウトロピウスの『首都創建以来の略史』をはじめとして、パウルス・ディアコヌスがベネベント大公妃アダルベルガの依頼によって執筆したエウトロピウスの続編や、ヨルダーネスの『ゴート史（ゲティカ）』、同じ著者の『歴代王統記 ***Regnorum et temporum successione***』、カエサレアのプロコピウスの『ゴート戦記』第四書、アガティアスの『歴史』の要約、パウルス・ディアコヌスの『ランゴバルド人の歴史』などの叙述形態の史料が、やや系統性を欠いた形で収録されている。

第二分冊はその二年後の一七二五年に、『ランゴバルド部族法典』、伝パウルス・ディアコヌス『ランゴバルド人の歴史』断片、『ノナントゥラ修道院創建記』、逸名作者の手になる『都市ミラノ見聞記』、『ナポリ司教教会年代記』、『ラヴェンナ史拾遺』などを含みながら出版された。ムラトーリはこうした形で、一七五一年までの二八年間で大型本平均六〇〇ページの大作を、二五巻、二八分冊を出版した。

正直のところ、指摘したように収録されている叙述史料の整理と校訂は、サン・モール会士の成果と比べ、ほど遠い水準であるが、とにもかくにも西暦五〇〇年から一五〇〇年までのイタリア半島の歴史を語る叙述史料が、一般の人にもアクセス可能な形で出版された意義は計り知れない。これらは場合によっては赤のインクを用いた二色刷りで、しかもこの時代の銅版画職人による美麗な図版が所々に配置され、ラテン語を解する読書人から大いに歓迎された。再版の回数も少なくなく、ムラトーリにはかなりの印税収入がもたらされた。

3 フランスでの史料集成

マルタン・ブーケ師の『ガリアおよびフランスの歴史家集成』

ムラトーリがイタリアの叙述史料の編纂出版に熱中していたその同じ時期に、アルプスの北フランスではサン・ジェルマン・デ・プレ修道院のサン・モール会士マルタン・ブーケ師が仲間とともに『ガリア・フランス歴史家集成 *Recueil des Historiens des Gaules et de la France*』と題する史料集の編纂を行っていた。この集成には叙述史料だけでなく、メロヴィング王朝以来の国王文書類も含まれていて、標題の「歴史家」という言葉には、記録を生み出した主体をすべて含む広い意味が込められていた。

この集成はラテン語とフランス語の両言語を用いて作られていた。と言っても、一部の序文がフランス語で記されているだけで、史料そのものは言うまでもなくラテン語の原文である。

第一巻は古ガリアに関する記録が少なからず含まれ、このなかにはギリシア人の地理学者で旅行家のパウサニアスのガリアに関する記述も含まれていて、そうしたギリシア語の文章は、ラテン語に翻訳して掲げられている。

この企画は一六世紀のローマ法学者で法史家としても有名なジャック・キュジャスの弟子フランソワ・ピトゥ（一五三九～九六）が別の名前（『フランク人の著作家が書いた年代記および歴史叙述』）で構想し、ついで一世代後にアンドレ・デュシェーヌがその事業を継承した。そしてデュシェーヌは一六三五年にその「フランス歴史家」シリーズの新しいプランを発表し、大判のフォリオ体裁で『フランク人著述家歴史集成』五巻本として一六三一年から四一年にかけて編纂作業を行い、デュシェーヌ死後の一六四九年に、息子によって刊行された。この完成にあたっては、マビヨン、マルテーヌらのサン・モール会士やボランディスト、そしてエティエンヌ・バリューズらの市井の碩学の貢献があったことが、非常に強調されている。

図5－7　エティエンヌ・バリューズ

マルタン・ブーケ師（一六八五～一七五四）の作業は、デュシェーヌの著作をもとにして、先行世代の人たちが蒐集しながらも、十分利用しきれなかった記録を加え、さらに文書を博捜し、より充実した内容の集成を作るのが目的であった。各巻にはラテン語とフランス語の序文が付され、同じくラテン語とフランス語の年表がそれに続く。本文テクストに続いて巻末に以下の四種類の索引が来る。すなわち①地名と民族名（地理索引）、②フランス語・ラテン語索引、③固有名索引、④事項索引の順である。

マビヨンの名前は序文の各所に姿をあらわすが、とくに一七四四年に出版された第五巻は、七五二年（日本の標準的な教科書では七五一年）のピピン短軀王の即位からカール大帝の歿年までを対象とし、この期間にあたる部族法典、勅令、国王証書などを収録している。とくに国王証書の真偽については、マビヨンが『文書の形式について』のなかで詳しく述べた真偽判定基準を用いることを序文においてはっきりと述べている。

ゲルマニストかロマニストか

サン・モール会士のこの史料集成は、一八世紀の思想風土を彩る歴史論争とも関わっていた。それはフランス国民と権力の正当性をめぐるゲルマニストとロマニストの論争であり、王権、高等法院、貴族、第三身分など多様な権力主体に関係した。その延長として一九世紀歴史学が好んで論じたヨーロッパ文明の発展の様相をどのように理解するかという問題とも深く関連していた。なぜなら政治的自由の系譜がここで問題になるからである。

王国の基本法の研究を通じて探究されたフランス政体の正当性の根拠は、なにもモンテスキューの『法の精神』の出版（一七四八年）を待つまでもなかった。その問題は一七世紀以来デュ・カンジュ、フェヌロン、サン・シモン公爵など優れた知識人の注意を引き、議論されてきていた。一七世紀末と一八世紀初めに出てきた議論の新しさは、絶対王政批判の根拠が、「蛮族による征服」以来のフランス史に求められたという事実である。

こうした思想的系譜のうちに、ル・ラブルールやル・ページュなどの高等法院系の政論家が数えられる。重臣貴族委員会はル・ラブルールに『重臣貴族の歴史』を執筆するよう依頼した。できあがった著作は当初手稿本として貴族身分の者たちの間で回し読みされたが、一七四〇年に出版された。ル・ラブルールはこの著書のなかではっきりと、ゲルマン人による支配の歴史的意義を強調した。ゲルマン人が支配者として君臨し、この征服者たちには貴族の地位が認められたとしたのである。彼はゲルマニストの立場に立つことを表明した。後に革命思想の時代を開いたブーランヴィリエもまたゲルマニストの立場に立つ存在であった。王権への抵抗勢力としての貴族という立場である。

このゲルマニストの立場に立つ歴史解釈に従うならば、フランク人の征服は支配の大権を彼らにもたらし、古代世界と近代以降の世界との決定的な断絶を作り出したことになる。その意味で近代はゲルマンの征服によって開始された。それというのもゲルマン人は専制支配のもとで無気力に陥っていたローマ世界に流血と自由の息吹をもたらした。この自由の精神は封建制によって「保持」されたのである。この論理は理解しにくいかもしれないが、ここでの封建制は、自由意志によって主君を選ぶことができるという体制の出現を意味していると評価されたと考えれば少しは理解しやすいかもしれない。

ロマニストからの反駁

だがこのようなゲルマニストの歴史理解に、直ちに反駁する主張が展開され、それはやがてひとつの対抗思潮となった。それがロマニストと称される一派である。そうした人物として有名なのがジャン・バティスト・デュボス院長、アルジャンソン侯爵、ヤコブ・ニコラ・モロー師などである。『ガリア・フランス歴史家集成』を編んだモーリストの著者たちが取った立場は、このロマニストのそれであった。第二巻の序文には、フランク人についての八箇所の小論が予告されていて、それらは抑制された書きぶりながら、はっきりとデュボス院長の見解に与《くみ》していることを表明している。デュボス院長はゲルマン人の侵入の事実を認めながらも、征服という事実はないと主張するのである。彼によればローマ社会はフランク人により破壊されなかった。メロヴィング王朝の諸王はローマの体制を相続したのであった。

歴史史料の集成という本来不偏不党の立場に立つことを求められる作業であっても、作り手の側の史観からは自由ではいられない一八世紀の歴史編纂の姿がこの論争の経緯と担い手から浮かび上がってくる。この時代の修史作業の限界と言えるであろう。

『ガリア・フランス歴史家集成』は、創始者ブーケ師が存命の一七五二年までに第八巻まで出版され、最終的には一八六五年に第二二巻まで刊行された。年代的にはシャルル四世の死（一三二八年）までを扱っている。

第六章　デカルトかライプニッツか

1　危機としての一七世紀

「一七世紀危機論争」

西洋の歴史のなかで、一七世紀が「危機の時代」として、ことに社会経済史の面で脚光を浴びたことは、今日ではあまり想起されることはなくなったが、一九五〇年代には「一七世紀危機論争」として、歴史研究の一大トピックになったのである。

この論争の火付け役となったH・R・トレヴァ＝ローパーは「一七世紀の全般的危機」という論文を次のように始めている。いささか長くなるが以下に引用しよう。

十七世紀の中葉は、ヨーロッパにおける諸革命の時代であった。これらの革命は場所によって異なっており、ひとつずつ研究すると固有の地方的な原因から生じたように思われる。しかしそれらを合わせて観察すると多くの共通の特徴を持っているので、あたかもひとつの全般的な革命のようにみえる。イングランドでは一六四〇年から一六六〇年の二〇年間を費やしたピューリタン革命があるが、その危機は一六四八年から一六五三年の間にあった。この危機の歳月に、フランスにもフロンドの乱の名で知られた一連の反乱があったし、一六四九年にはネーデルラント連邦において新しい統治形態をつくりだした、クーデタないし宮廷革命があった。イングランドの騒乱と時を同じくして、スペイン帝国にも反乱があった。一六四〇年に失敗に終わったカタロニアの反乱と成功したポルトガルの反乱があったし、一六四一年にはアンダルシアでも反乱が起こりそうになった。一六四七年にはナポリの反乱、すなわちマサニエロの反乱があった。当時の観察者にとっては、社会自体が危機にあり、しかもこの危機はヨーロッパでは全般的なもののように思われた。

（今井宏訳）

二〇一三年に著された近藤和彦の『イギリス史一〇講』（岩波新書）の第五講「二つの国制革命」においても、「一七世紀史は論争的である」という一文が冒頭に置かれていて、その内実は別にして、一七世紀をめぐる歴史家の認識が現時点においても維持されていることを証言している。

ヨーロッパ思想史における一七世紀

一七世紀がヨーロッパにおける思想と宗教観の一大転換期であったことを生き生きと、博大な知識を活用して描き出したのが、すでに引用したポール・アザールの著書『ヨーロッパ精神の危機』であった。これもまた、「まえがき」の印象的な冒頭部分を引用しよう。

なんという対照、なんという激変であろう。位階制、規律、権威が保証する秩序、生活を固く律するドグマ――一七世紀の人々はこうしたものを愛していた。しかし、そのすぐ後につづく一八世紀の人々は、ほかならぬこの束縛と権威とドグマを蛇蝎《だかつ》のごとく嫌ったのだ。一七世紀人はキリスト教徒だったが、一八世紀人は反キリスト教徒だった。一七世紀人は神法を信じていたが、一八世紀人は自然法を信じた。一七世紀人は不平等な階級に分かれた社会でのうのうと暮らしていたが、一八世紀人はただひたすらに平等を夢見た。もちろん息子というものは、自分が世の中を作りかえるのだ、自分がやれば必ず世の中は良くなるのだと思い込んで、とにかく父親に文句をつけるものである。しかし、連続した世代の間の揺れだけでは、これほど急速で決定的な変化は説明できない。大方のフランス人はボシュエのように考えていたのに、一夜あけると国民は突然ヴォルテールのように考えだしたのだ。これはまさしく革命だった。（野沢協訳）

先のトレヴァ＝ローパーからの引用は、一七世紀に観察される社会経済と政治的側面からの西ヨーロッパの全般的変動と危機の概況を語った文章であり、ポール・アザールのそれは思想と宗教の面での一七世紀後半の、とくにフランスにおけるラジカルな転換の様相を記述したものであった。この英仏二人の碩学はともに、西ヨーロッパ世界が一七世紀に深刻な危機に直面した事実を、共通に指摘したのであった。

この章で論じてみたいと考えているのは、ともに一七世紀に生きながら、現実には年代の隔たりが直接の遭遇を許さなかった哲学者にして数学者のルネ・デカルトと、哲学者、数学者、歴史家であったゴトフリート・ライプニッツ、この二人が「歴史」という学問ジャンルにどのような対応を示し、それぞれの大きな知的影響力のゆえに歴史研究というこの学問領域のその後の帰趨《きすう》に、どのような影響を与えることになったのかということである。

そこでまず、この時代について、もう少し具体的に社会的背景をおさえておきたい。

フランスにおける建築のバロック

一七世紀の西ヨーロッパ、ことにフランスの文化と思想の潮流を見るとき、忘れてならないのはバロック芸術と古典主義と呼ばれる二つの潮流で、この二つの文化的要素は、いずれもルネサンスから流れでたものであり、一応バロック文明が先行し、古典主義は世紀後半に顕著と

図6―1　ジャン・ロレンツォ・ベルニーニとサン・ピエトロ大聖堂の列柱回廊

なったと指摘しうるが、バロック的要素はその後も絶えることはなく、古典主義時代にあっても命脈を保ったという点で、両者は相互に相手に影響を浸透させ、また近代史家マルク・ヴナールによれば一方が他方に対して、一種の解毒剤の役割を果たす関係にあったとされる。

フランスでのバロック建築の痕跡は、イタリアやスペインに比してとくに顕著というわけではなかった。これにはある経緯がある。一六六五年にルーヴル宮の再建が話し合われたとき、イタリアの巨匠ベルニーニにその設計を依頼する議論がなされた。ベルニーニはローマのサン・ピエトロ大聖堂の列柱回廊などで名声の絶頂期にあった。パリに招かれたベルニーニはコルベールに対して、古代ローマ風の巨大な宮殿の設計案を示したが、コルベールは、それがパリの風土にそぐわないとして変更を求めた。べルニーニはコルベールの意向を受けて修正し、新設計プランに従って礎石が一六六五年に置かれたが、彼は手を引いた。どうやらその後も、規模の縮小などが求められ、またフランス人建築家の怨嗟《えんさ》にも嫌気がさし、手を引いてしまったようである。

現在でもルーヴル宮の壮麗さには目を瞠《みは》るが、ベルニーニの原案通りの宮殿ができていたらと思うと、いささか惜しい気がする。コルベールが二の足を踏んだ理由が、途方もない建設費が見込まれたせいであったと言われると、なおさらのことである。

こうした事情もあって、フランスではバロック建築は南フランスの地中海沿岸地方により展開した。イタリアやスペインと共通する風光がこの様式にマッチしたものであろう。

建築に比べてフランスでの絵画と音楽のバロックは、遥かに深く広く浸透したことは読者のご存知《ぞんじ》の通りである。

古典主義という精神

古典主義はフランスをはじめとしてヨーロッパ全域で起こった文化・芸術的運動で、ことにフランスにおいて一六六〇年から一七一五年にかけて顕著であった。つまりルイ一四世の親政開始から、その死によって治世が終焉《しゅうえん》を迎えた時期とほとんど重なった時代の現象なのである。人間の類型としてフランス語で「honnête homme（紳士）オネットム」と形容される人格が理想とされ、そうした人間（男）の行動が、あるべき姿として基準化され、価値あるものとみなされた時代である。

その淵源《えんげん》はバロック芸術と同じくイエズス会と結びついていた。イエズス会のコレージュ（コレギウム）では、生徒は絶えず冷静さを保ち、知性の働きを乱したり、鈍らせたりする感情の激発、悲嘆、逸《はや》る心情などを回避すること、約束を違えることなく、不運な出来事を天からの賜物として進んで受け入れるような心根を涵養《かんよう》する教育が施された。それは長じて、礼儀正しい作法が求められ、叫んだり、大声で話したり、激怒したりすることは、自己制御の一時的な放棄とみなされ、禁じられる行動規範として確立した。それはあくまで行動規範であり、すべての人々が身につけた挙措ではなかったが、「オネットム」と称されるためには、欠かせない条件であった。

このような人間類型が理想とされる場として、すぐに思い浮かぶのは宮廷であり、まさしくルイ一四世時代の宮廷人の理想が、社会全体の規範として普及したことを窺わせるものである。こうした人々の間にあっては理性が芸術を統御し、規範を正当化し、想像力の放恣《ほうし》を鎮める最も重視すべき要素であった。理性は常にどこでも存在し、時代や土地に縛られないという観念が根底に置かれた。理性と手を携えたのは「中庸」という徳目であり、善なる行いであっても行きすぎた善の振る舞いは「オネットム」に求められる規範からの逸脱であった。

作劇における古典主義

この時代にモリエールやラシーヌなどの劇作家や、ボワローのような批評家が、演劇における古典主義の規範を体現する作品を生み出し、あるいは批評によってこの規範をより明確にしたのは、よく知られている。

古典主義演劇の最大の守るべき規範は、劇を楽しむ観客に「気に入られる」ことである。この観客とは宮廷の好事家や都市のブルジョワ市民であった。彼らは古典主義の気風のなかで生き、自らの趣味や判断基準、「名状し難い感覚」を誇りにし、批評家の幾何学的精神よりも自らの繊細な感受性を恃《たの》みにした。

このような古典主義時代の観客に「気に入られる」作劇上の約束事をボワローが分析している。真実らしさが、観客の好みを満足させる大枠で最も大事な点であった。真実らしさの基準を決めるのは、観客の意見であり、結局のところ、人間の日常のありきたりの行動にそれを求めることになる。この時代の人間の理想像が、先に指摘した「オネットム（紳士）」であった。

古人の挙措の模倣も、古典主義演劇の約束事に入る。それが作品に完全で明澄な理想の人間像を刻むからである。

さらに作劇の約束事として、深刻な筋書きと、滑稽《こっけい》劇の側面とを混合させてはいけない。登場人物にその性格に不釣り合いの行動をさせてはいけないし、慎み深さや洗練を欠いてはいけない。また登場人物の、野蛮であったり、奇異であったり、時代遅れだったりする振る舞いは、非難されなければならない。派手な仕掛けにおいても抑制が見られなければならず、魔術やキリスト教信仰は表現として持ち込まれてはならない。

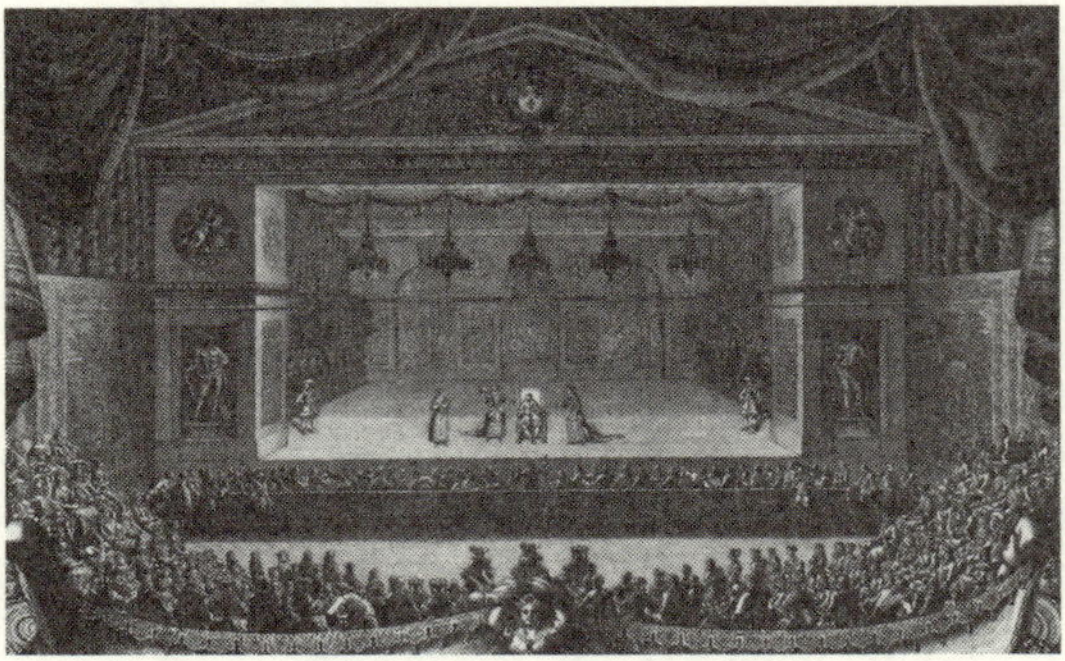
図6―2　モリエールの戯曲『病は気から』（1673年）のヴェルサイユ宮廷庭での上演風景

劇中の時間と場所に関しては厳格な約束事があった。出来事の展開が一日を越えてはいけなかった。小説となると、一年を越えてはならず、田園詩は一時間を越えることが許されなかった。

ジャンルの混淆《こんこう》も禁じ手のひとつであった。悲劇、喜劇、英雄喜劇などのそれぞれの演劇ジャンルは守られなければならなかった。文学にあっては小説、詩、牧歌詩、抒情詩、諷刺《ふうし》詩のジャンル混淆を行ってはならなかった。それは各ジャンルに理想のモデルが存在し、それに合致する必要があったからである。

こうしたルイ一四世時代に確立した古典芸術の規範は、だが一八世紀に入ると「攻撃的理性派」（アザール）の台頭によって、たちまちのうちに打倒されてしまう。その詳しいいきさつは次章で見ることにする。

2　デカルトの革命

デカルトはハリネズミか

二〇世紀を代表する思想史家のひとりアイザイア・バーリンの著作『ハリネズミと狐《きつね》』（一九五三年）は、古代ギリシアの詩人アルキロコスが発した「狐はたくさんのことを知っているが、ハリネズミはでかいことをひとつだけ知っている」という謎めいた言葉を引き合いに出して、古今の偉大な人間をこの二類型に分類できるとした上で、ロシアの文豪トルストイを俎《そ》上《じょう》に乗せて、分類を試みた興味深い作品である。

バーリンはこの書物の冒頭で、ハリネズミ型と狐型の二つを以下のように説明している。ハリネズミ型はすべてをただひとつの基本的なヴィジョン、論理的で明確に表明された体系に関連させ、それによって理解し考え感じるような人々である。ただひとつの普遍的な組織原理によってのみ、彼らの存在と彼らの言っていることが初めて意味をもつような人々のことである。一方狐型というのは、ときに無関係で、矛盾すらしている多くの目的、関連があったとしても事実としての関連であって、なんらかの道徳的、美的な原則によって関連づけがなされない多くの目的を追求する人々である。さらに言えば彼らの理念は求心的ではなく、遠心的であり、彼らの思想は散乱の様相を呈することがあり、多くの次元にわたり拡散し、極めて多様な経験と対象の本質をあるがままに捉えようとする。

　バーリンは古今の著名な人物を挙げ、ハリネズミ型としてプラトン、ダンテ、パスカル、ヘーゲル、ニーチェ、ドストエフスキーなどの名をひき、狐型としてヘロドトス、アリストテレス、モンテーニュ、シェークスピア、エラスムスなどを引き合いに出す。

　むろんのこと、こうした才能の指向性による二分法は人工的なもので、一般化してしまうと馬鹿げたナンセンスに陥りかねない危険があるので注意しなければならないが、この点を踏まえるならば、対象の本質を捉えるのに有効な手がかりを提供してくれる。

　バーリンの例示から抜け落ちているが、デカルトは彼の体系の根幹にある「方法的懐疑」の思想とその思想の爆発的威力からして、ハリネズミ型の大物に属している。

図6―3　ルネ・デカルト

デカルトの生い立ち

　ルネ・デカルト（一五九六～一六五〇）は法服貴族に上昇しつつあったブルジョワ家系に生まれた。生地はトゥール地方の南部に位置し、正確にはラ・エ・アン・トゥレーヌと称したが、後にデカルトの功績を称《たた》えてラ・エ・デカルト（ミシュランのロード・マップでは単に「デカルト」と表記されている）と改称されることになった。

父方の家系は医師であり、彼の父はブルターニュ高等法院の顧問官であった。母方は曽祖父《そうそふ》がポワティエの上座裁判所の総代官であった。親族の皆が爵位をもたないヒラの貴族を自称し、デカルトは自らを「ポワトゥの郷紳」と名乗ったが、これは母方の家系への愛着から出たものであろう。やがてル・マン地方のラ・フレシュにあるイエズス会の学院で貴族の教育を受けた。そしてポワティエ大学で法学を学び、家業の法律家としての方向に傾いたものの、軍人、帯剣貴族として生きることを決意し、一六一八年にナッサウのモーリッツの軍隊に勤務し、ついでバイエルンのマクシミリアンのもとで軍隊勤務を経験した。

彼はこの頃からイエズス会学院で学んだ数学や物理学、それにガリレオの著作から触発されて、数学によって物理学を処理する方法に強い関心を懐《いだ》いた。そして一六一九年一一月一〇日に、続けざまに三つの夢を見、雷鳴が響きわたるのを聞いた。彼はこの経験を、真理の精神が彼を捉え舞い降りたと、あたかも中世の聖人のように解釈し、神が理性よりも深く真理を開示してくれたのだと考えたのである。

この神秘的な体験を通して、彼は自らの使命が科学の真理と原理を探究することであると悟ったのであった。それは我々の裡《うち》にあり、我々が生得の観念として有しているはずである。自然の現象に数学的推論を適用して、普遍の科学を創造し、かくして宇宙の真のシステムを再構築することが彼の目標になった。

オランダでの隠棲と哲学の体系化

デカルトは遍歴と修業生活を経て、一六二八年に以前滞在したことがあったオランダに隠棲《いんせい》し、思索の日々を重ねる決意をした。その直前にブルターニュに一時滞在し、ここで方法論的考察をまとめた『精神指導の規則』を書いたが、公刊することはしなかった。

当時のオランダは華々しい経済的成功を収め、また様々の思想が交錯する十字路でもあった。カルヴァン派の厳格さが君臨する場でありながら、オランダ人のブルジョワ市民は、少なくともアムステルダム、ロッテルダム、ライデン、ユトレヒトなどの大都市では、当時ではほとんど唯一と言ってよいほど寛容の精神と自由を享受できる環境であった。デカルト自身が証言するところでは「他人のことよりも自分の仕事により力を入れる、活動的で力強い人々が生活し、そこでは最も僻遠《へきえん》の砂漠にいる以上に、孤独に隠棲することができた」。

一六二九年から開始された思索生活から、一六三七年に屈折光学、気象学、幾何学についてのいわゆる「三試論」とその序文ともいうべき『方法序説』を出版した。一〇七ページでも述べたが「良識はこの世で最も公平に分け与えられているものである」という書き出しで始まる『方法序説』は、あまりにも有名である。この書の第四部で、デカルトの方法的懐疑の真骨頂である「我思う、ゆえに我あり」という、いわゆる直観による明証の議論が展開される。この論証はアリストテレス流の三段論法による証明、すなわち大前提、小前提、帰結の論理構成による証明ではなく、「我思う」と「我あり」とが、疑うことができない直観で結びつけられているのである。

その後デカルトの形而上学《けいじじょうがく》の主著ともいうべき『省察』(一六四一年)をラテン語で執筆し、一六四四年には自然学の体系の書とも言える『哲学の原理』を、明示はされないがアリストテレス自然学の克服という壮大な意図のもとに著した。

このほか、物理学の面で「慣性の法則」を初めて提唱したり、光の屈折法則を確立したり、数学ではデカルト座標の創案など自然科学面での業績も巨大である。

デカルトの勝利

デカルト・システム、デカルトの精神は勝利した。思考の極限を冒険したスピノザ、マルブランシュ、ジャック・ベニーニュ・ボシュエらの学者たちすべての者が自分をデカルトの弟子と感じた。

サロンでさえ、ことに一六六〇年以降はデカルト思想に夢中になった。みな口角泡を飛ばして、デカルトの著作、ことにフランス語で書かれた『方法序説』をめぐっての議論に熱中した。フランスの古典主義文学の黄金時代を築いた作家のジャン・ド・ラ・フォンテーヌは「デカルトというこの死を運命づけられた存在は古代人であったならば、神にまつりあげられたことであろう」と語っている。

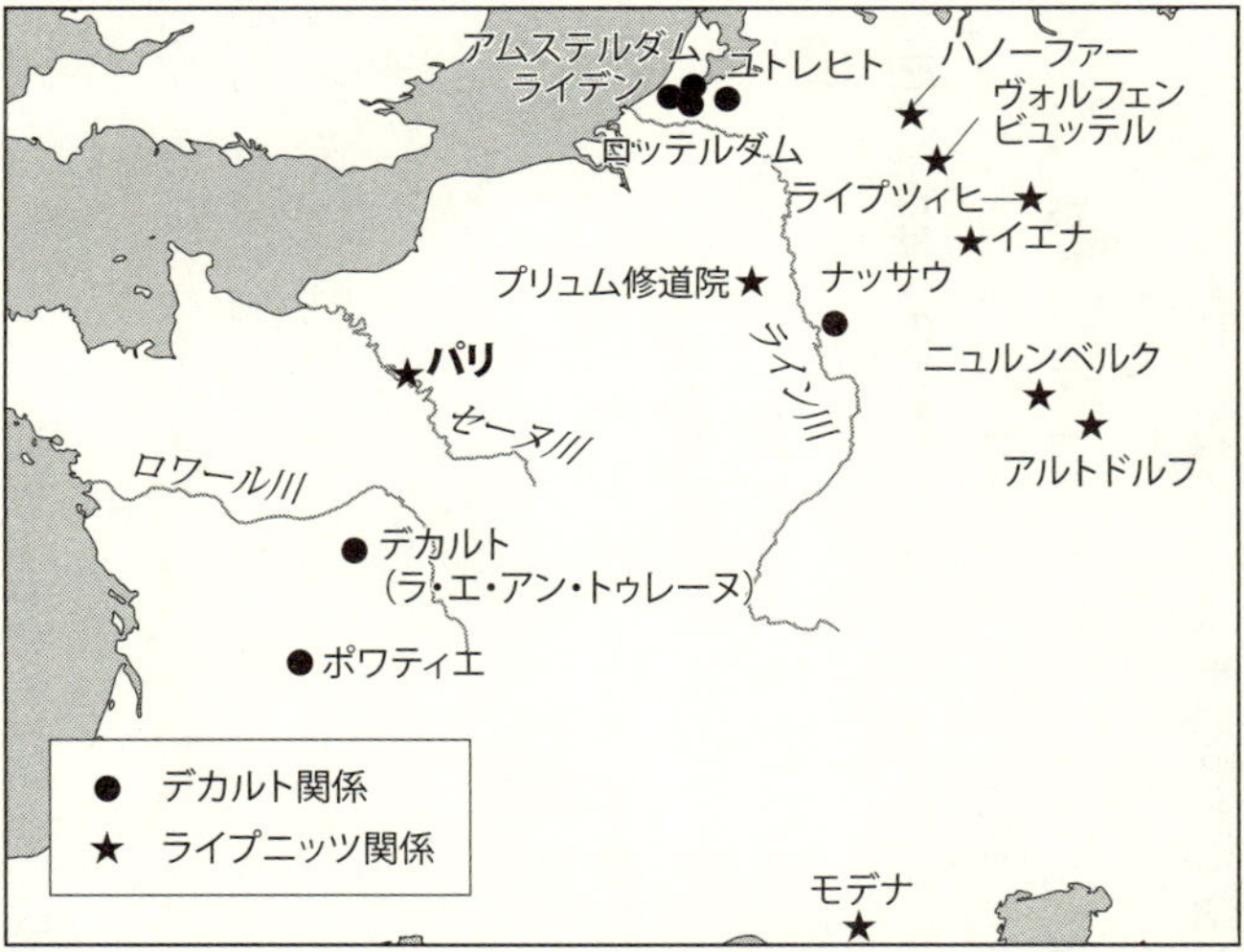

図6－4　デカルト、ライプニッツ関係地図

オランダ人の哲学者で、デカルトの学説をライデン大学で講じていたヘンリクス・ルネリは「わが光、わが太陽、わが神」と称えた。学生たちは彼の思想に打ちのめされた。同じくオランダの物理学者で天文学者であったホイヘンスは「過去数世紀のうちにこれほどのものは生み出されなかった」と述べた。彼は続けて、デカルト思想の勝利の理由をこう説明している。

> この思想が出現しはじめた頃に、デカルト氏が述べたことから人々が理解したのは、他の哲学者たちが形式も、意図も不明で、他人に理解してもらおうと期待もせずに述べることではなく、また古代の哲学者への嫌悪を長々と述べたてたりせずに、自然のなかにある

すべての事象を理解するための原理の説明に終始したことであった。

デカルトは人間が生き、戦い、創造する理由を新たに開示した。彼は自由意志、人間の存在理由、科学の価値への確信をもたらし、神への信仰を再認識させ、世界全体を説明する原理を得たと人々に確信させた。

フランスの一七世紀史の泰斗ロラン・ムニエはさらに、時代の全体的思潮との共鳴にも着目して、次のように述べている。

デカルトが只ひとりの手になる作品の優越性、その秩序、その調和、その究極性を強調し、矛盾への攻撃的態度をもって、彼が只ひとりで哲学と科学の全面的再建を、原理からの演繹《えんえき》として実践することを企てたとき、彼は絶対主義の精神の裡にあった。

歴史の言説への見方

デカルトはラテン語の著作『哲学の原理』のフランス語訳にあたり、仏訳者に宛てた手紙のなかで、彼が考える哲学についてこのように説明している。

哲学はおしなべて、その根が形而上学である樹木であり、幹は自然学、この幹から派生する枝は他のすべての科学である。それらは三つの原理にまとめられる。すなわち医学、機械学、道徳である。

ここには人文科学一般、個別に言えば歴史学が登場していない。デカルトの学問範疇《はんちゅう》には歴史学が不在であることは、『方法序説』のなかの第一部で、学校時代の勉学を回想する箇所に表れているように思う。

だが、学校で勉強する教科を尊重しなかったわけではない。わたしは以下のことは知っていた。学校で習う語学はむかしの本を理解するのに必要だし、寓話《ぐうわ》の楽しさは精神を目覚めさせる。歴史上の記憶すべき出来事は精神を奮い立たせ、思慮をもって読めば判断力を養う助けとなる。すべて良書を読むことは、著者である過去の世紀の一流の人びとと親しく語り合うようなもので、しかもその会話は、かれらの思想の最上のものだけを見せてくれる、入念に準備されたものだ。雄弁術には、くらべるもののない力と美がある。詩にはうっとりするような繊細さと優しさがある。（中略）しかしわたしは語学ばかりか、古い本を読むことにも、そこに書かれた歴史や寓話にも、もう十分に時間を費やしたと思っていた。（中略）わたしは教師たちへの従属から解放されるとすぐに、文字による学問（人文学）をまったく放棄してしまった。（谷川多佳子訳）

こうした経験を根底にもつデカルトであってみれば考証学者たちの文献研究を、自らが提唱する人間の知全体に求めた「普遍数学」と幾何学的モデル、すなわち普遍性と序列の両面で、その関係に懐疑的なのは当然であった。結論から言えば考証学者たちは、連続した知識の連鎖の一部を切り取り、つまり分節化し、その個別性、その孤立性から学問的な力を汲《く》み取るのであり、歴史の知識を単純なものから複雑なものへと漸次序列を追って評定することをしない。彼らは考証的知を我々の意識の構造、「コギト」の本質に再び返すことをしない。デカルト哲学は属としての主体である個人に、現実という試練を経たことによるかりそめの「権威」を伝播し主体たらしめるのに、歴史的な知はそのようには作動しない。

　こうしてデカルトは科学と歴史とを分離する。そして『自然の光による真理の探究』のなかで近似性と確実性を対比させて「科学と、いかなる理性の言説なしに獲得される単なる知識、すなわち言語、歴史、地理など、一般に単なる経験にしかよらない知識との間の差異」を強調し、考証学的歴史の無用性を告発するのである。

　自然学を基礎に置いたデカルトの認識論に対して、敢然と抗したのはナポリの哲学者ジャンバッティスタ・ヴィーコ（一六六八～一七四四）であった。彼は学問に必要なのは認識可能なものと不可能なものを区別する原理であり、その原理とは「真理と事実とは置換できる」、つまり、精神がある対象を理解するためには、その対象が人間精神によってすでに作られていなければならないという認識論である。数学は人間の作り出した仮説であり、歴史は人間の「行為事実」が無から作り出すものであるから、両方とも認識可能な事柄であるとして、コギトの対象である真理と事実とを等価なものと考えた。

3　ライプニッツの夢

「事物の森」へ

先にデカルトに対してとった流儀に従うならば、ここでライプニッツが狐型である所以《ゆえん》を述べなければならない。ライプニッツはデカルトに比べて遥かに多面的な顔をもっている。そのひとつが哲学者であるが、哲学者である限り、根本的に体系への指向を内在させている思索家である。だが、彼のあまりに多面的で、それぞれの関心の尋常ならざる水準の高さが、彼をハリネズミ型に分類するのを躊躇させるのである。我々の関心との関係で言えば、デカルトは歴史、あるいは歴史学に対して、まともな知的関心の対象にしたことはなかったし、サン・モール会やその他後代の考証学者たちの著作を、仮にそれが可能であったとしても、手にとって見ることもしなかったであろう。これに対してライプニッツはサン・モール会の碩学修道士たちと定期的に交流し、すでに我々が見たボランディストとカルメル会との論争の折には、聖人伝の編纂を推進していたボランディストを擁護する論陣を張ったのである。抽象化された事象や純粋の論理ばかりでなく、個別の事実、キケロが「事物の森 silva rerum」と呼んだ具体の事物への情熱もまた彼の学問的特徴のひとつであった。

図6―5　ゴトフリート・ヴィルヘルム・ライプニッツ

神童ライプニッツ

ゴトフリート・ヴィルヘルム・ライプニッツ（一六四六～一七一六）は、ドイツ東部ザクセン州の大学都市ライプツィヒに生まれた。父のフリードリヒは法学と倫理学の教授で、母カタリーナは父と同じ法学の教授の娘であった。カタリーナは父の三人目の妻で、ライプニッツが生まれたとき父は五〇歳になっていて、ライプニッツが六歳の折に死歿した。

彼は九歳から五年間をライプツィヒのニコライ学院で教育を受けたが、早くから独学の習癖があり、八歳で父の書斎の書物を使ってラテン語とギリシア語を習得し、一二歳で論理学の検討を通じて、数学的記号言語の着想を発展させた。一五歳でライプツィヒ大学に入学し、アダム・シェルツァーに神学を、ヤコブ・トマジウスに哲学を学んだ。トマジウスのもと、「個の原理についての形而上学的考察」でバカロレアの資格を獲得し、その二年後にイエナ大学に転学し、ここで数学者、物理学者、天文学者のエアハルト・ヴァイゲルから新ピュタゴラス思想を学んだ。一九歳になると『組み合わせ論について *De arte combinatoria*』と題する著書を著した。これは師ヴァイゲルの新ピュタゴラス思想の影響下に、哲学と法学の学問分野を数学的観念で組み合わせようと試みた成果であった。指導教授であったヴァイゲルとトマジウスはこの著作の第一部「組み合わせの数学的考察」を独立の学位請求論文として提出させ、哲学博士の学位を授与した。翌年二〇歳になったライプニッツはアルトドルフ大学で法学博士号も取得した。一六六七年二月のことである。アルトドルフ大学での公開審査の出来栄えが出色であったので、教授団から教授就任を打診されたが、彼はこれを辞退した。

ハノーファー大公家図書館司書と宮廷顧問

アルトドルフの学生時分から、ライプニッツはニュルンベルクの錬金術協会の秘書として働いていたが、法学の博士号を取得するとニュルンベルクを離れ、オランダへの旅行を計画した。だがまもなくライプニッツの生涯を決定するひとりの人物と出会う。それはマインツ選帝侯の元宰相ヨハン・クリスティアン・フォン・ボイネブルクであった。ボイネブルクは卓越した頭脳をもつ若い法学博士を、旧主の選帝侯ヨハン・フィリップ・フォン・シェーンボルンに推挙した。こうしてシェーンボルンの法律顧問助手のポストを与えられ、顧問とともに侯国の民法改定に尽力した。外交官として一六七二年から一六七六年までパリに滞在し、マルブランシュやアントワーヌ・アルノーなどのパリの知識人と交流を重ねた。

ライプニッツが残した書簡はユネスコの「世界の記憶遺産」に認定されているが、一万五〇〇〇点という膨大な量のゆえに整理がまだ完了しておらず、「歴史学」関係の書簡の分類整理はこれからである。この整理が進めば、サン・モール会士たちとの交流が、具体的に明らかになるにちがいない。

一六七三年にシェーンボルンが死歿すると、パリにいてしばらく逡巡《しゅんじゅん》した後に、一六七六年にヴェルフェン大公ヨハン・フリードリヒ・フォン・ブラウンシュヴァイク＝カレンベルクからの提示を受諾し、ブラウンシュヴァイク大公領の図書館司書のポストに就いた。そして大公家の拠点であるハノーファーに赴いた。翌年にはハノーファー家の宮廷顧問のポストも兼任した。

図6―6　アウグスト・ヴォルフェンビュッテル図書館

後々のことであるが一六九一年に大公当主エルンスト・アウグストの時代には、大公のヴォルフェンビュッテル図書館の司書にも就任した。この図書館は中世初期に遡る数多くの写本を所蔵していることで有名である。こうした点からも、サン・モール会士をはじめとする修道士学者や、世俗の古文書学者との交流の実相が、今後書簡の整理から浮かび上がってくる可能性に期待したい。

人文学・法学の擁護

ライプニッツはイエナ大学での数学の師エアハルト・ヴァイゲルから新ピュタゴラス派の洗礼を受け、力学や微分積分学の始祖ともなったが、もともと大学では法学を学び、『法学を学び教授する新しい方法 *Nova methodus discendae docendaeque jurisprudentia*』（一六六七年）、『法大全の修復法 *Ratio corporis juris reconcinnandi*』（一六六八年）、『法の実例集』（一六六九年）と立て続けに法学関係の著書を公刊しているところからも窺えるように、彼は絶えて法学や政治への関心を薄れさせたことはなかった。デカルトとは異なり、彼は人文学に自然学と同じような情熱をもち続けた。彼は法学を推論の科学として賞揚した。彼は法学の諸規範を、あたかも数学で公理から出発するように、いくつかの基本的準則からなるものとして構築し、法の論理学を樹立するのは不可能なことではないと考えていた。そもそも彼には人文学と自然学を統合するという途方もない野心があったのである。

一六八二年にはライプツィヒで学術雑誌『考証学研究 *Acta eruditorum*』を創刊し、その編集主幹となった。また一六八七年から数年にわたってオーストリア、ドイツ各地、イタリアを旅行し、自分の職務の一部であったブラウンシュヴァイク家の歴史を書くのに使える史料の蒐集を行った。すでに触れたイタリアのモデナ図書館でのムラトーリとの出会いは、そうした史料蒐集の旅の途次においてであった。

ヨーロッパ中世初期史に関心のある向きは、おそらくこの時代の修道院所領の管理台帳として知られる「所領明細帳（ポリプティック）」と呼ばれる記録集の存在をご存知かもしれない。経済史研究にとってこの重要な記録群のなかに、八九三年に作成されたプリュム修道院の所領明細帳が存在する。この史料は我が国のこの分野の第一人者であった森本芳樹による、一般読者向けの著作（『中世農民の世界――甦《よみがえ》るプリュム修道院所領明細帳』）もあるので、興味のある方には一読を勧める。この写本は考証学の発展とともに、何度か刊本編纂がなされてきたが、近代最初の刊本はライプニッツが歿した翌年に作られた。これは死歿する前にライプニッツ自身が研究した史料で、死後にJ・G・フォン・エックハルトの序文をつけて『語源集成 *Collectanea Etymologica*』の一部として公刊されたのであった。彼は当時「普遍言語」の創造を構想していて、語源学の研究はその一環であった。

このような事実を踏まえるならば、フランスにおけるライプニッツ研究家イヴォン・ベラヴァルの次のような断言、「ライプニッツが我々の世界の歴史的側面を捉える意志があったことは異論の余地がなく、また彼の哲学がこうした視点をそなえていたことも異論の余地がない」、にも十分に頷《うなず》けるのである。

モナドロジーとデカルト批判

ライプニッツと言えば、「モナドの哲学者」としてよく知られている。「モナド」とは古代ギリシア語で「一」を意味し、そこから「単子」などの訳語が当てられるが、ここではカタカナの「モナド」と称しておく。

我が国のライプニッツ研究を先導した下村寅太郎と谷川多佳子の解説によれば、デカルト的な「延長」を本質とする物体に「一」(モナド)は存在しない。延長は常に可分であり、「モナド」を仮定することができない世界である。だが実在性をそなえたモナドは、性質をもつモナドとして、その限りにおいて単に一としてのモナドではなく、一にして多である。精神とはこのようなモナドなのである。精神はそれ自身モナドでありながら、過去・現在・未来にわたる無限の表象を含みうる。モナドは相互に独立し、互いに異なった性質をもち、その作用は自己の内的原理にのみ基づいている。意識的あるいは無意識的な表象作用をもち、他を写しあい予定調和による観念的関係のみをもち、それぞれの視点から宇宙を表出する。

このような立場から、ライプニッツはデカルトの「コギト」哲学を批判する。「すべて表出されるものは主体に内在する」という原理から、モナドに達するものはその効果の衝撃波が、それぞれが神と個別に結びついている他者に名残をとどめる。人間はただ自由意志によってのみ自己を表出するのではない。ライプニッツは、魂は常に思考を絶やさず、この思惟の永遠性が、宇宙の残余との絆《きずな》を設け、唯我論を打破し、初発の眩暈《めまい》を鎮め、魂と肉体の絶対的分離、認識と存在の分割、主体と世界の敵対関係を一掃するのだ、と主張する。彼はこの確信の根拠を、「入口も窓もない」モナドが宇宙と空間的・時間的に結びつくことを保障する微細な知覚の存在に置いている。微細な小知覚の存在が、デカルト主義が訣別《けつべつ》した存在論的リアリズムへの回帰を試みたのである。

逆風

デカルト哲学は、一六七〇年代に一時教会人からの批判にさらされたものの、卓越した知識人、凡庸な知識人を含めてその影響力を広げていった。アルノー、マルブランシュ、レジス、ラミーなどがそうした面々であった。また一六六六年に創設された科学アカデミーの終身秘書であったフォントネルもまたその一員であった。

ライプニッツはもうこの世にはいなかったが、ヴォルテールが小説『カンディード』のなかで、楽天主義者の人物として登場させたパングロス博士がライプニッツであり、その戯画化された姿が人々の間に広まるにつれて、ライプニッツが情熱を傾けた史料探索に基づいた歴史研究や、考証学にもネガティヴな影響がおよぶようになったと、思想史家のバレ゠クリージェルは指摘している。

デカルト哲学は、機械論的な新しい真理と神学の伝統的な真理との折り合いをつける作業を精緻化した。伝統的なそれは面目を新たにしたものの、分離され、放置され、最終的には隔離されてしまった。ライプニッツがこの点でデカルトを批判したように、デカルト神学はその多くがアウグスティヌス神学であった。それは数学革命と非常によく調和したものの、神学・法学分野の革新にいかなる余地も残さなかった。これがフランスでのデカルト主義の勝利がもたらした致命的欠陥であった。「これがマビヨンやパーペブロークらの最新の宗教科学を流し去ったのである。これが歴史と法を結びつける古典的考証学の躍動を長きにわたり水没させ、ジャン・ボダン、トマス・ホッブズ、ゴトフリート・ヴィルヘルム・ライプニッツらの考察を鉛の眠りにまどろませたのであった。哲学を構築することは一言にして言えば、もはや神学ではなく政治であった」（バレ＝クリージェル）。

第七章　考証学（エリュデシオン）の挫折

1　「文書形式学」論争

スピノザの破壊力

一六七〇年に匿名で出版されたバルーフ・デ・スピノザのラテン語著作『神学・政治論』の爆発的威力は、考証学に不利な作用をした。マビヨンの『文書の形式について』の刊行は一年後の一六八一年であったが、孤独なユダヤ人学者スピノザの著作がフランスで読者を獲得するのに時間を要したので、当初この二著作が内在させているちがいが、何か大きな論争に展開することはなかった。

スピノザの著書がフランスで最初に受けとめられたのは、この世紀の半ば頃に全盛であった「自由思想家（リベルタン）」と称される知識人の間においてであった。スピノザ研究家のポー

図7—1　バルーフ・デ・スピノザ

ル・ヴァルニエールによれば、この書物の重要性をいち早く見て取り、周辺の知識人にしきりに推奨したのが一六七二年から七六年にかけてパリに長期滞在していたライプニッツであった。ヴァルニエールによれば「自らの真理探究に不安を抱えていたライプニッツが、フランスへのスピノザの紛れもない紹介者」であったという。ライプニッツは省察の日々を送るなかで、突如眼前に現れたヒマラヤ級の思索（バレ＝クリージェル）の巨峰に驚き、「緊急に閲読し、批判をするように」と仲間に呼びかけたとされる。やがてカトリック教会もこの論争に加わった。

『神学・政治論』の射程

『神学・政治論』は旧約聖書の舞台である古代イスラエル国家を念頭において、教会に対する国家の優位という基本理念を、旧約聖書の批判的検討から剔出しようとした著書である。聖書というテクストの批判研究を骨子としているところから、そこで用いられている文字テクスト研究の方法と規範は、その一一年後にマビヨンが著した『文書の形式について』と手法と解釈原理面で重なる部分があり、その意味でもマビヨンへの影響の点で研究者の関心を引いた。

結論的に言えば、宗教の聖典への考証学の方法論の適用という点で目新しさは認めることができても、テクスト批判の方法論そのもの、たとえば使用言語の性格と特質などの問題、テクストの一貫性と意味の均質性、さらにテクストが形成された経緯や過程など、つまりテクストの内的批判、外的批判などの方法は、一七世紀の考証学者たちの踏襲すべき規則であって、この点でスピノザにとくに独創を認めることはできないし、マビヨンへの影響も可能性は薄い。おそらくマビヨンは『神学・政治論』を読んではいない。

思想史の面での方法論としてその独創性を挙げるならば、キリスト教の伝統的なスコラ的、ドグマ的方法や、すべての公式の聖書解釈をユダヤ教のラビのタルムード（宗教典範）的解釈と突き合わせる思惟の往還運動である。彼の思想の根底には政治なくして宗教は存在しないとする認識があった。そもそも古代ユダヤ民族にとって、宗教は意識して政治的であった。旧約聖書の批判的研究はその認識をいっそう強くさせた。

マビヨンの文書形式学の目的は、修道院が保管している文書群を不当な疑念から守り、歴史への敬虔《けいけん》の念を保障することであったのに対して、スピノザの『神学・政治論』の目的は一切のドグマを破壊し、科学と信仰を切り離すことであった。マビヨンは権威の定義を変えた、すなわち正当な論証を通じて明らかにされたものへ付与される効力が権威であるとし、批判を考証学の手段に組み入れた。スピノザは権威という観念を否定しないが、それは宗教から引き離して政治論に利用するためであった。歴史と信仰との過去二世紀間の平和的な関係に終止符を打つことで、スピノザは教会と考証学との同盟関係を切断したのである。

このオランダ人は恐ろしいほどの速度で歴史と神学と政治とを接続させた。彼は教会勢力の考証学を神学・政治的考察に変換し、またアンシアン・レジーム社会の文書による証明という挙措を、近代国家の政治的権利に代置する知的装置を作りだした。彼はあまりに早々と、またあまりに乱暴に考証学の宗教的伝統や文書研究の証拠書類を燃やして灰にし、歴史の知と法の伝統的な操作法を廃棄してしまった。

マビヨンとランセの論争

文書形式学論争は、スピノザをめぐる論争を引き継いでいたが、それは直接ではなく、公言されることもなかった。それは秘めやかな、物静かな対話で進行した。ヨーロッパの文書学者、すなわちスペインのジョゼフ・ペレス、英国のマドックスやヒックス、イタリアのシピオーネ・マッフェイやムラトーリらの著作によって、この論争はヨーロッパ全域に知れ渡ったが、主に学術的であり、個別の国の枠内の議論はフランスでの論争にはさほどの影響をもたらさなかった。

論争はちがった形を取った。それはトラップ修道院長アルマン・ジャン・ル・ブティリエ・ド・ランセとマビヨンの間の論争として、断続的に一〇年にわたって続いた。

発端はランセが学僧集団の存在意義に根本的な疑問を提起した著作に始まる。一六八三年にトラップ修道院長はグルノーブル司教やランス大司教、そして密かにモー司教で論客のボシュエらの同意のもとに、『聖性と修道生活の諸義務』と題する書物を出版した。その内容は簡単に言ってしまえば、修道士の務めは祈りの実践と完徳を目指しての修行にあるのであって、歴史研究に血道をあげるボランディストやサン・モール会士たちを槍玉《やりだま》にあげる内容であった。ランセの側に先に述べた高位の教会人のほかに宮廷、都市勢力、領主層、著作家たちがつき、マビヨンには修道院勢力、国王顧問、学者たち、法律家たちが味方した。カルトゥジオ会、オラトリオ会、ジャンセニストたちもマビヨンを支持した。大貴族たちはランセに味方した。

図7―2　ジャック・ベニーニュ・ボシュエ

フランス社会を二分するようなこの論争は、その広範な広がりを念頭に置くならば、実は修道士の本分云々《うんぬん》にとどまらない、時代思潮の転換をもたらす潜在的な意味をもつ、高い賭け金の論争であったと言えるのである。マビヨンは反駁した。「何ですって。神への敬虔の念と真実とを切り離してはいけないのですか。真理に反するのが真の敬神なのですって。真実でないものを、真として差し出すことができるのですって」。

しょせんこの論争は真偽論争ではなく、賭け金は高いとしても見解のちがいを根底にしている論争であり、それだからこそダラダラと一〇年もの間続いたのである。マビヨンはこの間、少しも自らのサン・モール会士としての実践の手を緩めず、また後進の指導に余念がなかった。歴史家はどんなに小さな細部も見落としてはならない。紙を節約してはいけない。字は大きく書き、余白は大きく取りなさい。良質のインクと上質の紙を用いなさい。こうした助言にいささかの揺るぎも見られなかった。

こうしてマビヨンは鎧《がい》袖《しゅう》一《いっ》触《しょく》の感で、批判を斥けた。そしてすぐに二の矢が飛んでくる気配はなかったが、学僧への批判は別の形でフランス外の場所で展開した。

ボランディストと考証派への攻撃

一六九〇年代に『アクタ・サンクトールム』を編纂したボランディストがカルメル会によって訴えられた事件は第五章で取り上げたが、少しちがった角度からこの問題を再論してみたい。『アクタ・サンクトールム』の編纂を進めていたボランディストのパーペブロークらは、カルメル会に属する、聖人祝日暦が三月の聖ベルトルドと、四月に属する聖アルベルトを、伝承に確たる根拠がないとして当該月の聖人から削除した。これに怒ったカルメル会は教皇庁に訴え、一六九五年一一月一四日にパーペブロークらへの異端審問所の判決を得た。判決そのものの内容は抑制されたものであったが、その効果は宗教研究の弔鐘となる過酷なものであった。考証派の陣営は一斉にその結果を批判したが、それでもこの蹉跌《さてつ》の深刻さを和らげることができなかった。デュ・カンジュは考証学者ヴィオン・デルヴァルに送ったボランディスト支援の書簡を公開したし、マビヨンはボランディストを支持するために様々な方面に働きかけた。ライプニッツは一六八三年の時点でハノーファー侯エルンストに以下のように書き送っていた。

ボランディストのヘンスケンス神父とパーペブローク神父の計画は私にとって常に有益で、また教会史研究と世俗の歴史研究にとっても同様であったと思われます。それというのも良質の写本から聖人の伝記を採録することは、あちこちに散逸してしまっている歴史にとって、有益な無数の史料を保存することだからです。半ば野蛮な近頃の時代に、修道士たちは他のことを書くことをせず、その点では数多くの作り話がありますが、判断力をそなえた人であれば、それらを選《よ》り分け、これを正しい批判の規範にのっとって正しい利用をするのです。あたかもこの叢書《そうしょ》の著者であるイエズス会神父たち、ことにパーペブロークのように、信じやすい人々ではないことを見せてくれましょう。

ボランディストの断罪という破壊的な結末は、教会内部の懐疑主義と教条主義の合流のなせる業であった。教会史家のエリス・デュ・パンが批判考証学を支援したものの、勝利したのは体制派の揶揄《やゆ》、無関心、果ては錯乱としか思えない考証派への異論の数々であった。極めつけは反考証学派のアルドワン神父の主張である。彼はすべての古代の著作とされるもの、中世の著作とされる大部分は、一三世紀と一四世紀の修道士が作ったものであり、メロヴィング朝の国王証書は全部が偽造文書であると主張したのであった。

考証学論争の帰結

興味深いことに、ほとんど常軌を逸したような水準にまで落ちてしまった反考証学派からのこうした批判に対して、マビヨン自身はあえて反論を控え、『文書の形式についての補論』の執筆に力を注いでいた。代わって彼の弟子たちであるティエリ・リュイナールやクスタン師らがペンを取り、反論を公にした。さらにはイタリアの考証学者たちがマビヨンを支援し、『文書形式学への異論の歴史』と題する書物をパリで公刊して、援護射撃を行った。この書物はマビヨンの業績がいかに大きいかを、文書学の内容に即して縷々《るる》解説し、彼の学問への非難がいかに不当かを諄々《じゅんじゅん》と説くものであった。

ここにいたって、イエズス会士ド・ロブリュッセルは一七一〇年に、修道院や教会の考証派の活動への歯止めとなる『宗教分野における批判の逸脱』と題する著書を発表した。ボランディストとは異なる立場をとるド・ロブリュッセル神父の登場によって、論争が別の局面を迎えた。神父は結論として、修道会での研究活動の展開を停止するよう呼びかけた。そして聖パウロの次のような言葉を引用するのである。「学問的問いかけは、嫉妬《しっと》と論争しか生み出さない」。神父は修道士のただひとつの活動、すなわち神を敬う禁欲の業にのみ専心すべき時期が来たのだと。この段階ではマビヨンはこの世から姿を消して、三年が経過していた。

一七一六年にマビヨンの学問にむしろ共感していた教会史家のエリス・デュ・パンが出版した『神学研究方法論』は、歴史的証明の規範や認識論の点でマビヨンに従うものであったが、議論のなかにマビヨンの認識論と原理的に相容れない自然学の要素を組み込んでいた。すなわちデカルト的懐疑の精神を持ち込み、歴史学を真理の証明を旨とする学問分野として規定してしまったのである。そして後世コレージュ・ド・フランスと呼ばれることになる、王立教授団のひとりであったエリス・デュ・パンは宣言するのである。「人間は真理を認識する手段を二つしかもっていない。ひとつは明証性であり、もうひとつは権威である」。

LIBRORUM
DE
RE DIPLOMATICA
SUPPLEMENTUM.
IN QUO ARCHETYPA IN HIS LIBRIS
pro regulis proposita, ipsæque regulæ denuo confirmantur, novisque speciminibus & argumentis asseruntur & illustrantur.

Opera & studio Domni JOHANNIS MABILLON, *presbyteri & monachi Ordinis S. Benedicti è Congregatione S. Mauri.*

LUTECIÆ-PARISIORUM,
Sumtibus CAROLI ROBUSTEL, via Jacobea, ad insigne arboris Palmæ.
M DCC IV.
CUM PRIVILEGIO REGIS ET SUPERIORUM FACULTATE.

図7－3　マビヨン著『文書の形式についての補論』（1704年）

サン・モール会をはじめとする考

証派があれほど苦労して脱出した、真正性の中世的根拠である「権威」を引き合いに出すとは！　エリス・デュ・パンが明白な反考証派であったならば、事情はちがっていたであろう。だがそうではなかった。

彼は親考証派の人物である。そしてこうした不可解な妥協的言辞は、考証派の信用をいっそう落としたのであった。

2　新旧論争の展開

新旧論争とは

ルネサンス以後、古代ギリシア人や古代ローマ人が圧倒的文化的優位をもつ人々とみなされるようになった。古典時代の何人かの著作家は「古代人」を、ほとんど崇拝といった熱烈さで賞賛した。だが一七世紀の科学の発展と文学の開花は「近代人」の天分の素晴らしさを証拠立てた。一六八〇年代頃から、大胆な著作家たちは古代の伝統にあまりに強い忠誠心をもつのは危険であると、公然と言いはじめた。彼らは芸術と思想を古代の規範から解放するために戦った。作家のシャルル・ペローはアカデミー・フランセーズで詩の読誦を行い、古代ローマの文化的黄金期とされた「アウグストゥス帝」の時代に対抗し、「ルイ一四世」の時代を賞揚した。これに対して古典主義者ニコラ・ボワローは激怒した。こうして一八世紀に最終的に「近代人」一派が勝利する形で終結する「新旧論争」と呼ばれる論争が開始された。そしてこの論争の結末は、一般の人々に考証学派の挫折を一段と強く印象づけることになったのである。

論争の社会学的背景

新旧論争は古代の知性と近代の知性と、どちらが優れているかという単なるイデオロギー論争ではなかった。これには社会学的な次元も介在していた。すなわち文人の党派争いである。ペロー兄弟（兄は建築家のクロードでルーヴル宮殿の東側のデザインで有名。弟シャルルは作家で『シンデレラ』や『青髭《あおひげ》』などで有名）はボワローらが唱える古典主義的規範の権威に息がつまるような思いがして、古典文学の規則の桎梏《しっこく》からなんとかして逃れたいと感じていた。

雪崩をうったような論争パンフレットや警句、書簡、諷刺の応酬はさらに、自らの権威的地位を押し付けようとするアカデミー・フランセーズの一部の会員の嫉視《しっし》や、一般大衆の論争への野次馬《やじうま》的騒ぎも加わって大きな盛り上がりを見せたのであった。この騒動には文人と大学教師が結束して、古事学者に対抗するという側面もあった。一五世紀から一七世紀まで人文主義的な文献学や法学、教会の考証学者たちが古代の相貌を描いてみせたが、それは作家やコレージュの教師がギリシア・ローマの古典文学に抱く型通りの姿とはちがっていた。

この論争で最も重大な挑戦はむろんイデオロギー的なものであった。後にディドロは自らが編纂した『百科全書』のなかで、シャルル・ペローの著書『古代人と近代人の並行現象』が、考証学の権威を解体する主題を展開したことに賞賛の言葉を呈している。この全四巻からなる大作は論争のなかで最も反響を呼び、また考証学に痛烈な一撃を加えた作品であった。そのなかでペローは次のように述べている。

古代に夢中になって大騒ぎしている学者たちは、古代の著作家たちを理解する才能が評価されるだけである。彼らは曖昧な文章のまことしやかな解説か、改竄された部分の文章を運良く訂正するのが得意なだけだ。彼らは古典の漆黒のなかに知識の光を灯《とも》すことをひたすら信じ、考証家でない人を他愛《たわい》のない者として見下すのである。

太陽王ルイ一四世への書簡の形をとった『ルイ大王の世紀』のなかで、ペローは科学の進歩の現実を強調している。古典的機械論がアリストテレスの宇宙論を凌駕していること、技術の進展の素晴らしさ、望遠鏡、羅針盤、振り子などの道具が、知的作業の条件と人間の活動を大きく変えた事実を力説するのである。変化は初め量的であり、弟子の方が師匠よりも多くのことを知っている状態である。だが、やがて印刷術や学者、知識の増大で、知識を継承した弟子の進歩は質的なものに転化する。こうして近代人の古代人に対する優越が決定的になるとペローは主張する。

図7―4　シャルル・ペロー

ペローのインパクト

バレ＝クリージェルはペローの『古代人と近代人の並行現象』の出現が、新旧論争の帰趨を決める転換点であったと指摘している。この書物はその枠組と主題からして、古典的政治と考証学的知の観念である法・政治的進歩に代えて、社会的進歩と習俗の前進という観念に、それとは感じ取れぬほどに読者の意識を転換させる作用を果たした。ペローの『ルイ大王の世紀』は、明らかにヴォルテールの傑作『ルイ一四世の世紀』の誕生を促した。

ペローは政治と法の分野での「権威」という観念を攻撃する。「人々はもう久しくこの種の権威には我慢ならなくなっていて、芸術と科学の交流において通用するのは、理性だけになっているのだ。現在権威は力をもっておらず、あるとしても神学と法学の分野だけである」と述べ、神学と法学を科学の正常な発展から取り残され、脱落した領域であると決めつけている。古代の文明が今や凌駕されてしまったとすれば、それを研究することにどんな利益があるのか。「古代人を引用することで知識人の外貌を手に入れたいと欲した高慢な人士が、自然の認識によって知識人と思われたいという欲求に取って代わった」。そして次のように続ける。「ここ二、三十年だけで、自然の発見は古代の賢者たち全部をあわせた以上に相次いでいる」。

「古代派」の反撃と休戦

ペローを切り込み隊長とする近代派の攻勢に対して、それでも「古代派」の反撃がいっときの優勢を得たこともあった。一六九三年にジャン・ド・ラ・ブリュイエールがアカデミー・フランセーズの会員に選出された。ルイ一三世のもとで一六三五年に設立されたアカデミー・フランセーズは五つあるアカデミーのなかでも最古の歴史を誇り、フランス語の純化と統一を任務とする王立学術機関であった。会員資格は終身であり、会員も四〇人と限定されているところから、大きな学術的・社会的権威を認められていた。古代派の彼はこのアカデミーの入会演説に際して、同僚の名前を挙げて賞賛する慣例を、古代派の会員の名前しか挙げず、近代派を無視したのである。これに対して当然非難の嵐が巻き起こった。

これへの対応は古代派の頭目であったボワローがあたった。古代ギリシアの大詩人ピンダロスへのペローによる攻撃に対して、ボワローはペローのギリシア語の知識不足に、悪意を孕んだ揶揄で応酬した。翌年には「近代派」を擁護する女性たちに対して、ボワローは「諷刺詩一〇」で応酬した。これに対してペローは「女性の擁護」で反撃したりした。

ボワローとペロー、古代派と近代派の対決はその後もしばらく続いたが、ボワローが「古代人」がすべて賞賛に値するとは言えないと主張を緩め、当代の大知識人アントワーヌ・アルノーの斡旋《あっせん》もあって、二人はしばしば互いの攻撃の矛を収めた。

ラ・モット事件

だがこれは一時の休戦でしかなかった。それぞれの党派の見解のちがいは消えたわけではなく、燠火《おきび》のように火勢は衰えたものの、燃え続けていた。そして二〇年後には再び火勢を増した。きっかけとなったのはギリシア語に精通した古代派のダシエ夫人が、一六九九年に韻文形式のフランス語訳として出版していたホメロスの『イリアス』である。それからしばらくして、ベルナール・フォントネル（一六五七～一七五七）の弟子であったウダール・ド・ラ・モットがギリシア語の知識もないのに、ダシエ夫人のフランス語訳をもとにして、二四歌を一二歌に縮小した、自家版の『イリアス』を発表した。ダシエ夫人は当然、激怒してラ・モットを趣味の堕落であると非難した。これにラ・モットもまたもってまわった調子で反論し、こうして新旧論争は再燃した。

フォントネルの自然法観念

フォントネルは一七世紀の半ばにルアンに生まれ、一八世紀の半ば他界している。満一〇〇歳を迎えるのに一ヶ月足りないだけの長命を享受した。したがって、近代派としてのキャリアは長い。歴史のなかでしばしば見られるヘゲモニー争いにおいて、ひとつの流れに与する指導

図7—5　ベルナール・フォントネル

的人物の寿命が、争いの帰趨に大きく作用する要素として働く例には事欠かない。一六九一年にアカデミー・フランセーズに入り、碑文・美文アカデミーと科学アカデミーの両アカデミーに属し、一六九七年に科学アカデミーの終身書記に就いているから、ほぼ半世紀にわたって、科学アカデミー会員の選出はフォントネルの意向に逆らっては行えない、絶大な権力を保持したことになる。

フランス文学史のなかでは、フォントネルは「自由思想家」の一群に分類され、ことにペローの後釜《あとがま》として近代派で重きをなすようになるきっかけは、架空の侯爵夫人と「私」との対話形式で、宇宙についての考察を述べた『世界の複数性についての対話』（一六八六年）の成功である。一六八六年の『古代人と近代人についての余談』では、フォントネルが初めてセンセーションを呼んだ「自然法則」の論を展開した。もしどんな時代にも、どんな気候条件のもとでも出現する人間の本性があるとすれば、古代人の近代人への優越はありえない。人間の本性の平等があるとするなら、完全ということはありえないし、階層序列も権威というものもありえない。この平等原理が問題を解消してしまうのであり、フォントネルの主張である。これはデカルト流の極めて個人主義的な人間の本性についての思想（良識はこの世で最もよく分けられているものである）であり、自然法の基本思想である。伝統の権威を反故《ほご》にする考えと言わなければならない。

科学と歴史の分離

ペローとフォントネルの大きなちがいは、フォントネルが芸術と科学とを切り離し、歴史を芸術のなかに繰りこんだことであった。雄弁や詩文が限られた視点しかもたず、また想像力の生彩絢爛《けんらん》に長《た》けた古代人に対して、近代人が芸術の面での優越性を云々できないとしても、科学の面ではそうではない。物理学、医学、数学は無限に多くの視点から構成され、また緩慢ではあるが、絶えず進行する推論に頼る営みだからである、というのだ。

このようなフォントネルの科学についての主張と見解は、哲学にも適用される。それは理性を完璧にする手立てが常に存在するからである。

歴史の科学からの追放は、長い射程をもつ歴史的事件であった。フォントネルは知の領域から史料や遺物を扱う歴史、つまりは後の実証的歴史を追放し、その代わりに雄弁や寓話や予言などを置いて、これを標的にして攻撃した。伝統的な雄弁や権威のカテゴリーに置くことで、デカルト、マルブランシュ、パスカルたちの人文知への差別を繰り返し、人間の過去を伝承と予言の領野とすることで、さらに事態を重大化させた。考証学は知であることをやめてしまった。「我々の文化の内奥に、回復不能の亀裂を入れた最初の人物がフォントネルであった」(バレ＝クリージェル)。

3　啓蒙思想家（フィロゾーフ）たちの「歴史」

文学的歴史の出現

一七世紀末の三つの論争、すなわちスピノザの思想をめぐる論争、文書形式学論争、そして新旧論争を経て、その帰結として最終節のコーラスで歌われるのは「考証学の埋葬」の歌であった。この埋葬の歌は懐疑主義（ピュロニスム）の成功、文学的な「歴史」、フィロゾーフの「歴史」の勝利を随《したが》えている。考証学的歴史を戸口から追い出し、代わりに文学的歴史、フィロゾーフの歴史を窓から引き入れたのであった（バレ＝クリージェル）。文化は空虚を嫌うからである。やがてフィロゾーフの歴史は我が国では「啓蒙史学」の名前で呼ばれることになる。人々は考証学的歴史家を近似的な歴史でしかないとか、不確実であるとかデカルト的観念で批判した。歴史を雄弁と同一視した「歴史家たち」は、まさしく考証的な歴史家たちであったならば主観的な判断であるとして黙した事柄を、構成の美しさ、様々の事件が織りなす物語の力強さ、国王、君主、傭兵隊長などを魅惑の対象として語るのである。一言で言えば文学的な歴史である。

この種のジャンルはすでに一七世紀から登場していた。その先駆者のひとりがフランソワ・ウード・ド・メズレであった。その代表作『フランス史』全三巻（一六四三〜五一年）は、メロヴィング朝の始祖とされるファラモンの時代から著者が生きた同時代までを、フランス歴代の王統史として叙述した作品で、一九世紀の文芸批評家サント・ブーヴは「精神にとって極めて滋養豊かな書物」と高く評価した。これは一八三〇年にも再刊されている。

あるいはセザール・ヴィシャール・ド・サン・レアルの名前を挙げることができる。一六四三年にサヴォワ地方に生まれ、リヨンのイエズス会学院で教育を受けて、パリで文筆活動に勤しんだ。その歴史著作『ドン・カルロス——新歴史像』はスペイン王フェリペ二世の王太子で、二三歳（一五四五～六八）で死歿したドン・カルロスを主題にした作品である。これが出版されると大きな反響を呼び、ラ・ファイエット夫人が激賞した。サント・ブーヴはフランスの「サッルスティウス」とその才能を評価している。

「歴史」は約一世紀にわたって文学となり、シャトーブリアンの時代まで歴史は文学の一ジャンルとみなされた。一九世紀の前半にミシュレと並んで屈指のロマン主義歴史家オーギュスタン・ティエリは、『フランス史についての手紙』（一八二〇年）の中において、メズレをはじめとする「文学的歴史派」の一群の著作を評価し、彼らの「近代の慣用語法」の力強いペン先が、政治的立場と祖国愛を涵養したと称えている。そしてあらためて考証学派の凡庸さを批判するのである。

図7—6　書斎で執筆するヴォルテール

啓蒙史学の台頭

文学的歴史に加えて、そしてやがてはそれに取って代わるようにして歴史学の檜《ひのき》舞台《ぶたい》に登場したのが、フィロゾーフの歴史、すなわち啓蒙史学と呼ばれるジャンルで、こちらの方が文学的歴史よりも遥かに馴染《なじ》みがある。幾人かの著者を挙げるならば、ブーランヴィリエ、ヴォルテール、モンテスキュー、マブリィ、デュボス神父などの名前がすぐに頭に浮かんでくる。

彼らはフランス社会史や世界史への道を開いたのであった。啓蒙史学は、伝統的、古事学的な歴史の対象であった制度史や教会、国家など古い枠組を放棄し、また文書や証書の蒐集などのこまごまとした操作を抜きにして、国民や文明についての問いかけを開くという根本的な展開を実現した。

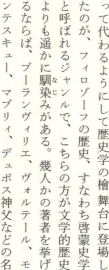

ヴォルテールの進歩史観

フランスの啓蒙思想家の代表格ヴォルテール（本名フランソワ・マリー・アルエ）は一六九四年にパリの公証人の息子に生まれ、イエズス会のルイ・ル・グラン学院で教育を受け、若年の頃から優秀な生徒として知られていた。彼の後年の活動は文学、哲学、歴史、宗教など多方面にわたったが、後代への影響という点で、社会人類学的視点を含んでいた『諸国民の習俗と精神についての試論 *Essai sur les moeurs et l'esprit des nations*』（一七五六年）は重要であった。この著作は先に出版されていたモンテスキューの『法の精神』とともに、人間の文化と社会が、環境世界との関わりあいのなかで形成されることを論じた先駆的作品である。

同時にヴォルテールは歴史についても終生変わらぬ関心を抱いていた。彼は歴史の新たな方向性を開拓した。すなわち王侯の歴史に代えて、民衆の歴史を中心に据えること、国家の歴史に代えて国民の歴史を描くこと、偉人の歴史ではなく平民を対象に据えること。そしてこまごまとした考証学的考察を行わないことである。ある研究者はヴォルテールのこうした歴史叙述の原則に対して、「経済、社会、文明。まるでアナル派もどき」と皮肉ったが、それも宜《むべ》なるかなである。

ヴォルテールは歴史の主体として何を考えるのか。彼の主題は何か。習俗すなわち人間集団であり、文明、文化である。彼はある社会の発展の基本線を、風土の物的条件との相関で考える。アメリカ大陸の人口の少なさは、不健康な気候条件、その劣悪な土質によるのであって、法の精神は血統や人種といった生物学的な有機体に起因するものではないと説く。彼がすべての国民が等価でないのは、すべての世論、公論というものが同一の水準にはないことと同じであり、最良の公論は理性自体と理性の価値を進歩させ、コスモポリタンで国際的な性格なものだと主張する。彼は諸社会の比較、とりわけドイツとの比較を念頭において、ドイツで「歴史主義」に寄せる価値に対して、「進歩」を置くのである。歴史の意味は国民の開化にあるのではなく、迷信や不寛容、暴力を排した思想の来臨にあるとする。ヴォルテールのこうした観念は後にコンドルセ、テュルゴ、レッシングらの「進歩」イデオロギーの源泉となった。

一八世紀まで「進歩progressus」とはキリスト教的徳の完成への歩み、前進を意味した。だが啓蒙の思想はこの「進歩」の観念を個人のそれではなく「社会の進歩」に転換したのである。この「進歩」の観念は、ドイツの哲学者、歴史家であったラインハルト・コゼレックによれば、過去という時間相での記憶に基づく「経験」と、未来という時間相での「期待」とが、ひとつに「縮減」された概念のことである。「経験」の相が希薄になればなるほど「期待」の相は肥大化する。新旧論争をフィナーレとする一八世紀の時代状況は、過去との断絶、言い換えれば「経験」の希薄化のトーンをますます色濃くし、未来への期待の膨らむ心理的趨勢《すうせい》にあった。「かつてはあの世でしか達成できなかった徳の完成が、開かれた未来のリスクを取りながら、終末の教義を超越することを可能にする、地上の存在の向上に奉仕することが目指された」（コゼレック）のである。

ヴォルテールと考証学

一言で言えば、ヴォルテールは考証学を評価しなかった、というより公然と侮って憚らなかった。ヴォルテール研究者のルネ・ポモーは次のように述べている。

私には最も急を要するのは、ヴォルテールやモンテスキューの目に入らなかった資料を調査することのように思われる。彼らは歴史について膨大な量を、あらゆる細部について書いた。これでは精神が押し潰《つぶ》される。ヴォルテールは一八世紀にベネディクト派の、ボランディストその他のフォリオ版の大型書物に押し潰される思いであった。ヴォルテールが考証学の記述の寄せ集めを愚弄《ぐろう》したのは根拠のない発言ではなかった。この皮肉屋はいたるところで精神衛生のために奉仕したのである。

いかにヴォルテール贔屓《ひいき》の研究者でもあんまりな言い方だと、筆者は考証学者に同情する。ただヴォルテールの考証学への態度が、無関心や無知によるのではなく、彼がはっきりと無用の学問と評価したことの結果であるとの指摘は、逆にヴォルテールの歴史学の問題性を知る手がかりも与えてくれる。

この点についてバレ＝クリージェルは興味深い例を提供している。ヴォルテールは『諸国民の習俗と精神についての試論』のなかで、史上有名なフレットヴァルの事件について次のように書いている。

> リチャード（獅子心《ししん》王）が、フィリップ・オーギュストから常に随行させていた文書櫃《ひつ》を奪った。（中略）こんな事は本当とは思われない。軍事遠征に軍用パンのように文書群を荷車に載せて随行させるとは。歴史家たちは何と数多くのこうしたありそうもない話をするのか。

だがこれはヴォルテールの無知に由来する誤りである。あるいは理性による推論の誤用の典型的な例とも言える。一一九四年七月初めに英王リチャードと仏王フィリップ二世オーギュストが対決し、その折にヴァンドーム近くのフレットヴァルで、フィリップが移動先に絶えず随行させていた文書櫃を奪われ、このなかに収納されていた文書類や印璽《いんじ》など統治に必要な手段をことごとく失ったという事件があったことは、年代記作者のギヨーム・ル・ブルトンが記録しているところである。この失態に懲りて、フィリップが当時のルーヴル城に固定の文書庫を設けて、それ以後は文書を移動させることがなくなったというのは歴史上有名な事実であり、それ以前には固定した文書庫の制度が存在しなかったのは、推論的理性が何と言おうと事実であった。

問題なのは理性の価値と考証学の価値とを二者択一的に捉える思考形式である。歴史には両方の要素が必要なのである。啓蒙史学の方法で失われ、等閑に付され、無視されているのは、ひとり文書形式学的知ではなく、歴史学を真偽の学問分野に組み入れることができる文書学的構成なのである。

文明の理念

ヴォルテールは文明という理念の創設者のひとりに数えられる。一八世紀にこの文明の理念が、モンテスキューの『ローマ帝国盛衰原因論』（一七三四年）、ギボンの『ローマ帝国衰亡論』（一七七六〜八八年）に寄与し、一九世紀のフランソワ・ギゾーの『ローマ帝国の崩壊からフランス革命にいたるヨーロッパ文明の普遍史』（一八二八年）に繋がっていく。さらに言えばそれは「文明」の概念を媒介にして、オズワルト・シュペングラーやアーノルド・トインビーのようなペシミスト文明史観へと展開している。その意味で「文明」という理念は啓蒙史学の最重要の寄与といえるのかもしれない。考証歴史学との関係で言えば、その最も独創的なところは、ギボンの大作『ローマ帝国衰亡論』の執筆経過が示すように、彼がヴォルテールの金科玉条である考証学の無用論を、身をもって反証したことにある。ギボンは考証学に敵対したヴォルテールとは反対に、執筆にあたって古代ローマ史研究の牙城であったフランスの碑文・美文アカデミーの紀要既刊分二〇巻を買い込んで、準備したのであった。この雑誌は考証学の方法を実践する最高の古代史家が執筆する雑誌であったからである。ギボンは「文明」の体現者であったローマ帝国が、「蛮族」とキリスト教によって崩壊させられるさまを生き生きと描き出したのである。それは考証学派と称された人々の研究成果への目配りがあってこその成果であった。

フィロゾーフの歴史、すなわち啓蒙史学は、歴史の意味を問う歴史学となった。文明史もこれと気脈を通じており、ちなみに我が国が明治初期に欧米の歴史学として導入されたフランソワ・ギゾーの日本語訳『欧羅巴《ヨーロッパ》文明史』（一八七四＝明治七年）、トーマス・バックルの日本語訳『英国文明史』（一八七九年＝明治一二年）はみなこの系統に属するジャンルであり、福沢諭吉《ふくざわゆきち》『文明論之概略』（一八七五＝明治八年）、田口卯吉《たぐちうきち》『日本開化小史』（一八七七＝明治一〇～一八八二＝明治一五年）なども同様である。

第八章　啓蒙と功利思想の展開と修道制

1　啓蒙の諸相

啓蒙期の年代区分

フランスの近代史家ピエール・ショニュは、『啓蒙時代ヨーロッパの文明』のなかで、啓蒙の時代を三つに区分している。第一は一六八〇年から一七一五年。第二期は一七一五年から一七五〇年まで。第三期が一七五〇年から一七九〇年までである。

第一期については、前章で述べた。第二期は、これまで幾度も引用してきたポール・アザールの言う「ヨーロッパ精神の危機」がより深刻化し、現状の否定がいわば常態化し、ひとつのシステムと化した印象がある時代である。革新の気風が先進的な学者や思想家の枠を超えて拡散し、すべての社会的エリートが共有する思想になった時代である。この現状批判の局面は、イギリスでもフランスと同様に見られたが、フランスがより長期におよんだ。それはまたドイツの啓蒙時代が経験することがなかった側面であった。

第三期は一七五一年に出版が開始されたドニ・ディドロの『百科全書』が世に迎えられた事実が象徴するように、「理性」に基づく万般の意識改革が幕を開いた時代であった。本文全一七巻七万二〇〇〇項目、図版一一巻三〇〇〇点を含む、総計二万七〇〇〇ページからなる、新時代の知識と認識のありようを網羅し、絶大な影響力を振るった。その目的は「地球上の拡散する知識を網羅し、それについて一般システムを人々に説く」ことにあった。これ以後啓蒙という理念はひとつのシステムとなって固定化されるのである。

摂政フィリップ・ドルレアンの時代

第二期は太陽王ルイ一四世の弔鐘の鐘の音とともに始まる時代である。ルイは親政の期間五四年、七七歳を目前にして死歿した。息子、孫はすでに他界し、曽孫となる後のルイ一五世が残っていたが、齢五歳の幼児で、フランス王位の満一三歳を親政開始年齢とする法に従えば、八年間を摂政によって統治するほかはなかった。ルイ一四世は死の前年に、少なくはない非嫡出子に王位を継がせるべく模索したようであるが、法に阻まれて実現できないまま、一七一五年九月一日に世を去った。

摂政となったのは、ルイ一三世の孫で、太陽王の甥《おい》にあたるオルレアン大公フィリップ（一六七四〜一七二三）であった。ルイ一四世は遺言で、フィリップには摂政会議の名誉議長のような形式的な地位しか認めず、メーヌ大公ルイ・オーギュスト・ド・ブルボンを摂政に指名したが、フィリップはルイ一四世の死の翌日にパリ高等法院にこの遺言を破棄させ、自らが摂政役に就いた。

フィリップは軍人としての教育を受け、その優れた能力は衆目の認めるところであった。また教養の点でも芸術と科学の近代的な教育を授けられ、欠けることがない人物であった。このクーデタ同然の強引な政権掌握にもかかわらず、国政を運営する能力と人間的資質の面での当時の世評は高かった。

図８―１　摂政フィリップ・ドルレアン

フィリップの統治の特徴のひとつに、多元会議制（ポリシノディ Polysinodie）と呼び慣《なら》わされているものがある。これは歴史家ル・ロワ・ラデュリィが言うように「貴族の罠《わな》」、つまり古い貴族支配の復活と誤解されかねない事態である。ルイ一四世治下の国務卿をはじめとする少数の重臣が政治の意思決定をする体制から、名門貴族が多数を占める七つもの評議会が設置された。「多元会議制」の名称はこうした仕組みに由来する。そしてこれら多数の会議を統括する摂政会議が最終決定をする仕組みであった。

だが右のル・ロワ・ラデュリィのような見方に対して、摂政期がもつ近代フランス史における重要性を説く歴史家ピエール・イヴ・ボルペールは、これを統治のひとつのモデル、制度的布置と捉えて、それは古い実践様式を残しながら、その実徹底した議論を通じて、多数派の合意を形成し、反対の立場を主張する者たちをも決定過程に統合することで、強固な選択の基盤を構築する、統治文化の発展を示す革新性をそなえていたと評価している。

一七世紀は「危機の時代」として性格づけられ、その様相の社会意識の面には先に触れたが、経済面での停滞と危機を克服すべくスコットランド人ジョン・ローを財務総監に取り立て、「ローのシステム」と称される金融面の改革を断行し成功させた。

なおフィリップはルイ一五世が法的に親政可能となる一七二三年に死歿したが、その後ブルボン大公が摂政となり二六年まで引き継ぎ、ついでフルーリィ枢機卿が継続し、ルイ一五世が親政を開始したのは、三三歳になった四三年からであった。

人口の増加

一七三〇年代から経済は活況を呈し、林田伸一によれば一七一五年から八九年の革命の勃発《ぼっぱつ》までに貿易総額は、それ以前の五倍になり、ヨーロッパ諸国との取引は四倍に、植民地との貿易量は一〇倍にまで増大した。

人口もまた著しい成長を見せている。一八世紀の二〇年代から九〇年代にかけて二四パーセントの人口増加が見られ、九〇年代には二八六〇万の人口を擁した。その要因となったのは経済的繁栄もさることながら、一七六三年から九二年までは、戦争に見舞われなかったことも大きかった。一七七五年には二〇歳以下の人口が四二〜四三パーセントを占めた。この間の出生率はイギリスやスウェーデンよりも低かったから、人口増加の要因はむしろ死亡率の低下、なかでも幼児死亡率の低下に求められる。

これは一七六〇年から七〇年代に養成された田舎司祭たちの成果と考えられている。彼らは洗礼を受けないままに死亡する乳児を少しでも減らすために、産婆や慈善活動のボランティア女性に産科学の教育を施した。有名なのはデュ・クードレ夫人で、彼女は産婆たちの指導役として人形を使って、出産時の妊婦の姿勢について事細かに適切なやり方を指導して、ノルマンディ、ブルターニュ、アンジュー地方を巡回した。そして一七七七年にアンジェで、当時の産科学の大家ジャン・ルイ・ボードロックの弟子であった外科医や、一〇二の小教区から派遣された一一三人の婦女子を前に、助産術講習会を開始した。ラングドック地方でもこの評判に負けじと、司教や都市当局が助産術の教育に力を入れた。一七の講習会組織が開かれ、このうち九つが教会の財政支援で賄われた。これらは明らかに啓蒙思想による社会啓発運動の一環であり、やがてより広範な社会救済事業へと展開する兆候であった。

ディドロ＝ダランベール版『百科全書』の契機

啓蒙時代の第三期を象徴するディドロの『百科全書』の起源は、一七二八年にロンドンで出版された『百科全書あるいは芸術と科学の世界事典 *Cyclopedia or an Universal Dictionary of Arts and Sciences*』二巻本にあった。著者はエフレイム・チェンバーズという人物であった。彼はニュートンとフリーメーソンの思想に感化され、諸科学を単に並列的に記述・解説するのではなく、論理的に関連づけながら項目を構成するよう努めた。図版や表などは少なかったが、それまでの伝統的な構成法を超えて、新たな次元の科学の哲学をこのなかで展開しようと考えたのである。

時あたかもフランシス・ベーコン（一五六一～一六二六）の著作『学問の進歩 *De Augumento scientiarum*』や『科学新機関論 *Novum Organum scientiarum*』が一七四〇年に再刊され、これを読んだディドロに人間の認識行為システムについての着想を与えた。啓蒙時代の知識人は技術的知識や専門化された知識の急激な増加が、人々の知的世界を閉鎖化し細分化してしまうことへの鋭敏な危機意識を共有していた。百科全書を早急に造ることが、こうした危険をなくす答えであった。この時代には優れた事典への欲求が、読者の間に大きく高まっていた。科学の各分野が専門化し、細分化する状況のなかで、啓蒙時代の読者はいわば諸科学の「系統樹」をまるごと理解したいという欲求が強く、時間が経《た》てば読者の要求を満足させることができない時代遅れの記述となり、専門用語の点でも役に立たなくなるリスクがあった。

ところで、チェンバーズの『百科全書』に目を留めたパリの出版経営者アンドレ・フランソワ・ル・ブルトンは、これをフランス語に翻訳して出版することを決意し、二〇年間の独占翻訳権を手に入れ、「出版予告」と購入予約の印刷物を配布した。その後、紆余曲折《うよきょくせつ》を経て翻訳事業の監修を二人の科学アカデミーの会員に依頼した。そのひとりがジャン・ル・ロン・ダランベール（一七一七～八三）であった。さらにこの種の翻訳に精通していた文筆家のドニ・ディドロ（一七一三～八四）も加わった。だが、チーム内での方針と意見の食い違いもあって、最終的にはダランベールとディドロの二人が編集長として残り、事業を推進することになった。

方針の転換と成功

ディドロは一七五〇年一〇月の「出版予告」でチェンバーズに言及しているが、それは彼の『百科全書』の不備を批判し、不当なことにチェンバーズの名前をかき消すためであった。つまり目指すのは翻訳ではなく、新規の『百科全書』編纂の宣言であった。諸科学の哲学を刷新し、知識の「理性化」を目指す『科学・芸術・職業の体系百科全書 *Dictionnaire raisonné des sciences, des arts et des métiers*』を指向したのであった。

「出版予告」は八〇〇〇部印刷し、購入申込の動きは上々であった。一七五一年六月には、第一巻の部数は当初考えていた二倍の二〇五〇部に増やした。一七五二年には予約購入者は二〇〇〇人を数え、出版社は三万リーヴルの利益をあげた。だが順風満帆と思えた事業も、第二巻

図8—2　ポンパドール夫人と『百科全書』

に収録した「確実性 certitude」の項目に関して、その執筆者アベ・ド・プラドに唯物論者、無神論者の非難が寄せられ、暗雲が垂れ込めた。だが出版監督長官であったマルゼルブの擁護の姿勢によって、事業を危機に陥れる大事にはいたらなかった。

ヴェルサイユ宮廷はつねづねイエズス会には後に詳しく述べるように敵対的であったが、フィロゾーフたちには好意的であり、『百科全書』の継続のために陰ながら支援を惜しまなかった。有名なポンパドール夫人をモデルにした画家カンタン・ド・ラ・トゥールの一七五五年の肖像画には、彼女の脇にある小テーブルにそれとはっきりと分かるように『百科全書』が何冊かと、モンテスキューの『法の精神』が描かれている。ディドロは『百科全書』の編纂に二五年を費やした。その執筆陣は一八三人にのぼった。苦労は報われたと言うべきであろう。それは人々の日常の思考のなかに「理性」が具体的な形で定着する大きな力となったからである。

2　イエズス会解散の歴史的コンテクスト

ポルトガルの契機

イエズス会の解散命令は一七七三年七月二一日に教皇クレメンス一四世が出した教令『主にしてむしろ贖い人 *Dominus ac Redemptor*』によって確定したが、その契機となったのは、一七五八年にポルトガル王国で国王ジョゼ一世の暗殺が企てられ、失敗に終わった事件であった。このジョゼ一世は啓蒙君主として知られ、イエズス会に対してはかねてから厳しい考えをもっていた。暗殺に失敗して捕らえられた下手人たちは、拷問による取り調べの結果、イエズス会に近いタヴォラ大公一族の教唆があったことを認めた。折しもポルトガルのイエズス会士ガブリエル・マラグリダは、あるパンフレットのなかで一七五五年の有名なリスボンを襲った大地震を「神による罰」であるとして、国王や政治の要路にある人々を暗に批判し、国民からも不興を買っていた。

ジョゼ一世は凶行から八ヶ月後の五九年四月二〇日に、正式にポルトガルのイエズス会の財産を没収し、会士を「謀反人」として全土から追放する決定を行ったのである。

フランスのイエズス会

フランス王国にはこの頃三〇〇五人のイエズス会士が確認され、このうち二〇〇〇人が神父であった。ことに王権への食い込みぶりが著しく、アンリ三世からルイ一五世までの約二〇〇年間に、国王の聴罪師として二〇人のイエズス会士が数えられる。この時期アジアやアメリカ大陸を含め世界全体でのイエズス会士の数が約三万人であるから、フランス王国はその一〇分の一の員数を擁したということになる。一〇五のコレギウムが王国内に分布し、ひとつのネットワークを形成し、またフランス人エリート層の一翼をになっていた。

だが一方で教皇庁に批判的なジャンセニストの機関紙『新聖職者 *Nouvelle Ecclésiastique*』は、前述の一七五八年のポルトガル国王暗殺未遂事件を解説し、イエズス会のポルトガル王国での禁圧と、会士たちの追放を伝えた。これに啓蒙思想家たちの年来の批判的言辞が加わった。

ラヴァレット事件

こうした状況のなかで、「ラヴァレット事件」と称される出来事が起こった。イエズス会士アントワーヌ・ラヴァレット神父は、自らが実践しているカリブ海のマルティニク島の宣教活動の費用を捻出すべく、砂糖黍《さとうきび》のプランテーションとこれを商う商会を経営していた。これは一六世紀に日本宣教のための費用を稼ぐために、ヴァリニャーノらのイエズス会士たちが中国から上質の生糸を輸入して日本で売却したのと同じ手法である。

ところが一七五六年に勃発した七年戦争は、本来プロイセンとオーストリアの戦争であったが、国際関係の輻輳《ふくそう》化のなかで、北アメリカで英仏の対決という局面をつくりだした。イギリス艦隊による封鎖によって、ラヴァレットの取引は停止し、破産の憂き目に遭ってしまった。そこで債権者であったマルセイユのグッフルとリオンシの二人の貿易業者が、債権回収のために商事裁判所に訴えた。この種の訴訟案件は、この時期にはカリブ海域や大西洋域では戦争状態の勃発もあって、少なくはなかった。ラヴァレットへの訴追案件はエクサン・プロヴァンスの高等法院に送られ、ここでラヴァレット敗訴の判決が下された。ここでイエズス会は致命的な誤りを犯した。

たとえ宣教団に金銭的な余裕がないとしても、イエズス会それ自体がフランス王国内で振るっていた威勢からして、債務を支払うだけの財源を蓄えていたと思われるのだが、あろうことか日頃からイエズス会に敵意を抱いていたパリ高等法院に上訴してしまったのである。

パリ高等法院の判決

イエズス会の致命的な誤り、あるいは判断ミスは、パリ高等法院が訴追事項である賠償問題をそっちのけにして、被告であるイエズス会という組織のそもそものありよう、法的妥当性の検討に乗り出す口実を与えてしまったことであった。一七六一年四月に会憲を含む組織全体の検討が必要との結論が出され、同年八月には上訴手続きにより会憲と誓願の文言が違法と判断された。法人としてのイエズス会そのものが直接の嫌疑の対象となり、審理の結果イエズス会はフランス王国の基本法と相容れない組織であるとの結論が下された。

約一年後の六二年八月に、パリ高等法院は最終判決を出し、イエズス会は「文明国家」の本質に照らして容認しえない組織であるとの宣告を受けた。そして一週間以内に、その名称、服装、誓願句、組織態様を永遠に放棄し、神学校、修練所、コレージュ、誓願者宿舎から退去するよう命じた。判決はフランス国内の組織だけでなく、イエズス会総長の権限と教皇への服従を断罪した。

国王の聴罪師として外国の息のかかった者たちが王国の深奥にまで入り込み、教皇庁という王国外の権力へ服属するような集団が威を振るう事態はもはや許容しえないというわけである。そのうえイエズス会の神学はあらゆる原則と誠実さに照らして破壊的であると、その宗教イデオロギーまで否定した。

ヴェルサイユ宮殿ではイエズス会に近い廷臣たちは迫害の危険を感じ、ルイ一五世にイエズス会と会士たちの救済のために政治的干渉をしてくれるように願ったが、啓蒙派であったポンパドール夫人や有力廷臣であったショワズル公が、パリ高等法院との融和的関係を考慮して、干渉に反対した。

こうして一七六四年一一月の王令でイエズス会の廃止が布告され、その三年後の六七年五月にイエズス会士は王国から追放されることになった。この六年後の一七七三年に、すでに述べたように教皇クレメンス一四世は正式にイエズス会の解散に踏み切ったのであった。一八一四年に教皇ピウス七世によって復活するまで、四〇年の雌伏を余儀なくされたのである。

イエズス会の動揺

当初一七六二年のパリ高等法院の判決に対して、イエズス会と会士たちは茫然《ぼうぜん》自失《じしつ》し、なすべきことも分からないありさまであった。そして一週間以内と期限を区切られた様々の施設からの退去命令は、混乱に拍車をかけた。予期しなかったような事態は、教育面や文化面での破局的な損害をもたらすことになった。イエズス会はフランス王国でも有数の書籍、写本を所有していたが、それらは散逸の危機に見舞われた。パリのクレルモン・コレージュが所有していた蔵書が被害を受けた。六四年にマドリードの書籍商コッラディは、四三ケース、つごう九〇〇〇冊の貴重な書籍を購入している。それらはマドリードの王立図書館に納められた。オランダの書籍蒐集家ゲラルド・メエールマンは、同校が所有していたすべての写本を、ルイ一三世が造幣を始めたルイ貨一万五〇〇〇枚で購入した。フランス王立図書館は貴重な写本が、大量に国外に流出するのを食い止めようとしたが、結局写本四〇点を取り戻すことができただけで、国外に積み出されるのを座視するほかはなかった。

イエズス会教育に代えて

短期間でのイエズス会教育施設からの会士の撤退は、教育面で大きな混乱と不安を巻き起こした。すでに見たようにマビヨンやデカルトなど、本書で取り上げた著名な人々の多くが、イエズス会のコレージュで中等教育を授けられている。教育と知的な文化の面で、イエズス会教育機構の欠如はフランス社会にとって、大きな打撃を与えずにはおかない出来事であった。

その欠落を埋めたのがオラトリオ会であった。彼らの教育はラテン語からフランス語教育に大きく傾斜していて、地理学や歴史学に開かれ、数学なども重視した。

だが啓蒙思想家の最後の世代は、皆がみなオラトリオ会の近代的な教育に納得したわけではなかった。イエズス会に厳しい批判を浴びせてきたヴォルテールでさえ、イエズス会教育へのノスタルジーを表白している。少数派ではあるが、イエズス会教育への郷愁を感じ、その復活を望む人々が存在したのは確かである。リヨンでは一七六七年五月のイエズス会追放令が発布された一年後に、もとイエズス会所属で今やオラトリオ会が運営するラ・トリニテ・コレージュがこうした人々により襲撃されたりした。

教育改革のうねりとその限界

こうした混乱のなかで文人や改革思想の支持者の間で、国家は未来の市民の教育を宗教組織に委ねるべきではないという考えが定着してきた。そのひとりジャンセニストでブルターニュ高等法院首席検事であったラ・シャロテは、イエズス会を国家への反逆者として断罪するだけでは不十分であり、教育機関はすべて宗教組織から切り離されなければならないとして、『国民教育試論および若人の教育計画』（一七六三年）を著した。

しかしヴォルテールと同じようにラ・シャロテは人々が自らの身分から脱して、職業教育や限られた教育を超えるところまで進むことを望んではいなかった。

社会の利益は人々の知識が、その職業の範囲を超えることがないように願っている。自らの現実の職業を超えて、勇気と忍耐をもってことを実践することは決してないであろう。庶民にあっては、読み書きは技能によって生活する者、あるいはその技能が生活の助けになる者たちだけに必要とされるのだ。

啓蒙時代の実務者の限界と言うべきであろう。

3　修道制への疑問

ディドロ作『修道女』

『百科全書』の編纂者ドニ・ディドロの著作として、『修道女』（一七九六年）がある。この著作は一七六〇年に書きはじめられたが、『百科全書』の編纂という大事業もあって中断し、一七八〇年に執筆を再開し、一部は生前の八〇年から八二年に断続的に発表された。死後に完全

図8―3　ドニ・ディドロ

原稿が発見され出版された作品である。なおこの作品は映画化もされている。

この小説は実話に基づいてディドロが執筆したとされている。モデルとなったのはパリの西郊、現在競馬場で有名なロンシャンにあった女子修道院の修道女であったマルグリット・ドラマールという名前の女性である。物語はシュザンヌ・シモナンという名前の修道女による一人称形式の回想として展開する。彼女は両親によって半ば強制的に修道誓願をさせられ、修道生活に入るのであるが、それは、彼女の母が、弁護士である父とは別の男性との間にもうけた子供であり、負の記憶を遠ざけたいという母親のエゴのなせる業であった。

修道女としてシュザンヌが蒙《こうむ》る様々の苦難を描くことで、ディドロは閉じられた世界が、人間性を失わせ、無為と社会的有用性の欠落がやがて病的夢想や神秘的憑依《ひょうい》、果ては狂気と自殺にいたる例も見られるような悲劇を描くことで、修道制への批判を意図したのであった。

「大鉈委員会」

フランスにおける王権主導のガリカニスム、イタリアにおける教会を念頭に置いた法治主義、ドイツにおける官房統治、啓蒙主義の功利思想などが、カトリック啓蒙君主たちに国家のなかの修道会のありようを再考するよう仕向けた。

フランスではルイ一五世が、聖職者の不品行を抑え、財源が不足している修道会の財政状態を検査するために、一七六六年五月に五名の高位聖職者と五名の顧問官で構成される「律修士委員会」、批判者からは「大鉈《おおなた》委員会」と恐れられた委員会を発足させ、検討に当たらせた。その結果六八年三月の勅令が準備された。これは修道女になる年齢を一八歳に、修道士は二一歳に引き上げる内容であった。「大鉈委員会」という別称の面目躍如たるところは、体制の見直しを求められたにもかかわらず、男子修道院のすべてが従ったわけではなく、無視を決め込んだ修道会もあったが、委員会はそうした修道会であるグランモン、サント・クロワ、サン・リュフ、サン・タントワーヌの四修道会を解散させる命令を出したことであった。

さらに一七七三年には、修道院の独立性を保証した長い伝統を有する管区司教免属権の廃止が決定され、あまりに少人数の修道院を管区司教が解散させ、その所領を在俗教会財産とすることが認められた。そして独立の修道院は最低の員数が必要とされた。

その結果フランスでは二九六六の修道院のうち、四五八修道院が閉鎖された。ベネディクト派では四一〇修道院中一二二修道院が、アウグスティノ会では四〇の僧院が閉鎖された。修道士身分ではなくなった者は、二万六六七四人にのぼった。それはフランス王国の修道士全体の四七パーセントを占めた。閉鎖あるいは解散させられた修道院のメンバーは在俗教会の所属となり、終身年金を与えられた。そうした離脱者が多かったのはベネディクト派、ドミニコ会、アウグスティノ会などであり、カプチン会、トラピスト会、カルトゥジオ会で比較的少なかった。

ハプスブルク帝国の事情

修道制への対応は、ハプスブルク家が統治する他のヨーロッパ諸国ではさらに厳しかった。啓蒙専制君主として名高い神聖ローマ皇帝ヨーゼフ二世は、一七八一年一一月二九日の法令で、社会扶助、教育、学術活動などを実践していない男女の修道院七〇〇の閉鎖を命じ、引退した修道士、修道女は合計三万八〇〇〇人という巨大な数にのぼった。修道院から没収された財産や帰属収入は、宗教関連財源として教区教会聖職者の維持や学校の運営費、さらに八〇〇にのぼる新小教区の創設、そして慈善施設の維持運営に充てられた。

オーストリア支配下のオランダではこうした措置が、オーストリア支配への人々の反感を醸成した。

ハプスブルク家の修道院改革に関して、ラジカルな改革を最初に経験したのは北イタリアのロンバルディア地方であった。一七六八年六月一五日の秘密指令は、「聖職者の権限と責任は宗教面に限られる」とし、修道院の収入は削減され、その分は在俗聖職者の給与の増額に充当された。修道院の閉鎖が始まり、三〇〇の男子修道院がその対象となり、修道士の数は五分の一に減らされた。それらの帰属財産は小教区に割り当てられた。

トスカーナ地方では、マリア・テレジアの三男であったトスカーナ大公レオポルト二世が一七七八年から修道院や僧院の半数を閉鎖し、二一歳以前の修道誓願を禁止した。一七八六年にピストイア司教シピオーネ・リッチが招集した地方公会議では、修道会律はベネディクト戒律ひとつしか認めない、ひとつの修道院に最高三名までしか司祭職を認めない、一都市に一修道院と数を限る、終身の修道誓願の制度を廃止するなどの計画が提案されたが、実現にはいたらなかった。

修道精神の衰退は見られたか

これまで見てきたのは啓蒙専制君主による、委員会を隠れ蓑《みの》にした上からの改革、むしろ強制措置としての修道院の縮小化であったが、「委員会」がしばしば口実に使った修道生活の衰退、堕落、修道精神の弱体化は現実の事態であったのであろうか。

すでに見た一七六六年五月に発足した「律修士委員会」、別名「大鉈委員会」は、大部分の修道院で見られた律修生活の弛緩《しかん》を、改革の理由に挙げていた。その根拠となった現象は、修道士、修道女の数の減少、修道士団体と院長との円滑な関係の喪失、雑用を担当する助修士と聖務に携わる修道士との間の緊張関係、修道院領の私物化、特有財産の設定、規律の軟弱化、修道会の全体統治の細分化、個別化などが具体的な理由として挙げられた。この委員会の委員長であったトゥルーズ大司教ロメニ・ド・ブリエンヌは、トゥルーズ司教座全体を覆う修道制についての世論を次のようにまとめている。

ここでは修道士たちがなんとかしてその状況から脱したいと模索してはいるものの、現場には完全に失望している。またあちらでは野心的な上長たちがもっぱら権力と富を追いかけている有様である。少数の誠実な者たちはいるが他には無頓着《むとんちゃく》で、情熱に欠けている。さらに少数のものは紛れもない修道士精神をそなえているが、ないがしろにされ人望がない。

新しく修道士に仲間入りする者の数の増減が、ひとつの手がかりとなる。ベルナール・ウールスが引くデータによれば、フランスでは一七六八年に修道士全体で約二万七〇〇〇人を数えた。これはこの年に削減された二万六六七四人を差し引いた員数である。それが約二〇年後の一七九〇年には一万人減少の一万七〇〇〇人まで落ち込んでいるのである。

一八世紀中頃まで、新規に修道士になる者の数は安定していて、修道会あるいは場所によっては増加を見せていた。ところが一七六〇年代から、底が抜けるのである。フランチェスコ会やカルメル会では四〇パーセント減という劇的な落ち込みであった。ベネディクト派は一三パーセント減に収まっている。

この世紀の後半に新たに修道女になる女性の数は、以前と比べ三〇パーセント減となり、年ベースで一八〇〇人から一二〇〇人に落ち込むのである。これにはおそらく先に述べたディドロの小説『修道女』の影響もあったであろう。完全版の出版こそ一七九六年であったが、彼は生前から折に触れて発表していたからである。

だが現実には地方により、また修道会によって事情は一律ではなく、また同じ修道会でも修道院によって状況は異なっていた。漸進的な衰退が顕著ななかに、これとは対照的な趨勢を見せる事例もあった。

イタリアの修道院では

イタリアの修道生活を取り巻く状況は、フランスの全体的趨勢と若干異なる傾向を示している。つまり修道士の数の減少が続いた後で、一七六〇年代までには増加に転じるのである。ローマの状況を数字で示すならば、一七一九年には男子修道士が三六〇〇人を数えた。ところが六〇年代には三九〇〇人まで増加し、九〇年代にはまた三一〇〇人にまで減った。修道女の場合は一貫した減少の傾向を示している。すなわち一九年には一九〇〇人であったのが、九〇年には一五〇〇人に減少している。

修道制の変容

このように見てくると一八世紀後半から、修道制は啓蒙君主らによる統制と、時代の思潮、すなわち功利主義的な理念の社会への浸透により、消滅に向けて坂を下るように一方向に道をたどったかのように思われる。すでに一七世紀の末期から重商主義的、功利主義的思想の芽生えとともに修道誓願を実践し、生涯をいわば祈りという非生産的な活動に勤しむことへの忌避の感情は募っていったのである。人口の一部が生産や再生産から切り離されることへの否定的な雰囲気は抗《あらが》い難く醸成されていった。一八世紀後半には、ベンサムの功利思想の理論化も手伝ってこうした気風はより鮮明になったと言えよう。

だが事態は必ずしもそのようには進行しなかった。修道制が新たなダイナミズムを発揮したり、あるいは変容を見せたりする現象も知覚されるからである。こうしたそれまでの趨勢とは逆の動きを見せている場合に興味深いのは、新たに増加する誓願者の社会的出自が変化を見せていることとである。一七世紀に修道誓願を望む者たちの多数が、中小貴族や役人・官僚層の出自であったのに対して、一八世紀には商人、職人、富裕な農民たちというように、修道制を支える階層に変化が見られた。

さらに興味深いのは救護修道女の修道院会の躍進である。その大部分は活動が地方的、地域的な広がりしかもたない、つまり病者の介護や救貧など住民共同体の救護要請に応えるべく組織された団体であった。成立年代が明瞭なアンシアン・レジーム期の一七七一の修道院の実に三分の二が一八世紀に誕生したのであり、逆にそれ以前に生まれた修道院会の大部分は停滞を示すか、活動をほとんど停止するかしている。

新たな女子修道院会の誕生

一七四九年四月三〇日に教皇ベネディクトゥス一四世が発した教憲『正しい限り *Quamvis justo*』は、女子修道院について定め、複数の女子修道院や司教管区をまたいで分布している女子修道院に対する中央権力の監督を原則で承認しながらも、社会扶助や教育に専心する女子修道院会が上長の意向にかかわらず、独自の活動をすることに好意的であった。

ルイ・マリ・グリニオン・ド・モンフォール——一九四七年教皇ピウス一二世により聖人として列聖された——は、後に福者とされたルイーズ・トリシェとともに、一七〇三年に「智慧《ちえ》の娘 Les Filles de la Sagesse」と名乗る修道女会を創設して、一七五〇年以降多くの入会者を獲得した。ヴァンサン・ド・ポールが一六三三年に設立した「愛徳姉妹会 Les Filles de la Charité」では、一七五〇年と六〇年の間に、年間三〇〇人から四五〇人の入会者があった。またより地方的な性格の女子修道院会も生まれた。いずれも一六世紀に創設されたものだが、ルアンの「プロヴィダンス修道院会」やナンシーの「聖シャルル姉妹会」があり、いずれも一八世紀に大きく躍進した。

霊性の革新か

こうした現象は、女子修道制に内在する霊性の変化と見なければならない。過去の何よりも祈りによって神との霊的な結びつきを希求する霊性から、修道院の囲壁の外に出て、地方住民のなかに入り、病者や社会的弱者を世話し、教育を授けるなどの実践を通じて神への道を探求する霊性に変容を遂げたのである。

そうした現象は男子の修道会でも確認される。一六世紀に誕生したオラトリオ会は一八世紀初めのジャンセニスムの危機を乗り越え、一七五〇年頃から躍進する。一七八〇年代には年間の入会者は五〇〇人以上であった。注目されるのは一七二〇年代には大多数が聖職者身分の者であったのが、大革命直前には半数以上が俗人の会士によって占められたことである。男子の修道院会においても、世俗世界との交流、密接な関係、言い換えれば社会救済事業への傾斜が非常に強まったということである。

その背後にあるのは啓蒙思想の発展による宗教実践の社会化である。むろん古くからの修道院会がすべて消滅したわけではない。「律修士委員会」の指令によって、たとえば伝統的なクリュニー修道院会は解散させられた。だが多くは修道士の数を劇的に減らしつつも、伝統的な戒律と霊性を重んじて活動を続けている修道院会も少なくない。

修道会の分類は単一ではなく、様々なものがあるが、最も古いベネディクト派のような観想とこれを通じての完徳を目指す修道会と、宗教改革以後に前面に出てきたキリスト教の理念に基づく宣教をはじめとする、社会に出て活動する修道会に分けることができる。前者のような修道会は一八世紀に大きな打撃を蒙ったが、宣教を含め様々の社会救済活動を通じてのキリスト教信仰の深化を目的とした修道会が、一七、一八世紀に数多く誕生した。現在、そうした修道会がヨーロッパはもとより日本も含め、アジア、南米、アフリカなどで活発な活動をしている。

他方、啓蒙思想の社会への浸透によって、フランス語で「無神論 athéisme」、「理神論 déisme」、「無信仰 incroyance」、「無宗教 irréligion」、「不信仰 incrédulité」など様々な表現で示される伝統的な宗教のあり方からの離脱の果てに、宗教を取り巻く変動や啓蒙思想の社会化過程のなかで新たな霊性を見出し、そして人々の共感をかちえて成長する修道組織の姿に、修道制という人間の営みの、時代を超えて人を引きつける磁力の強さに、感嘆の思いを新たにするのである。

終章　ヨーロッパ修道制の歴史的意義

我が国西洋史学の目的論的志向

ここで事実上シリーズの形で構想し、刊行を重ねてきた本書を含めた五冊全体について振り返ってみることにしたい。

私個人の学問的歩みに即して、ヨーロッパ修道制への関心を語るならば、それは何よりも専門領域として選んだポスト・ローマ期や中世初期という時代——それはおおむね西暦四世紀から一〇世紀におよぶ——の、とりわけその前半部では、史料の多くが教会や修道院世界において作られたことと深く関係している。

私の学問的関心はローマ帝国が支配した古代世界から、西洋中世社会がどのような歴史的経路をたどって形成されたかを明らかにすることであった。

この点については、一九六〇年代までの日本の西洋史学界の理解は、大まかに言えばマルクス主義的歴史観に沿った見方で、古代奴隷制的社会から中世の荘《しょうえん》園制と農奴的生産様式が支配的な社会への転換として、かなり単純化された理論図式として捉えられていたが、歴史家としてそうした図式的な説明に不満であった。我が国の戦後歴史学は、歴史学を社会科学として捉える傾向が著しく強く、歴史的な様々の事実は、右に述べたような一般図式の具体的表象として、つまり社会科学的な「範疇」としてしか意味をもたないとする、極めてカテゴリカルな色彩が濃厚な学問とみなされていた。むろん一方ではより人文科学的な過去に生起した「事実」に密着した歴史学の流れもあったが、それはどう見ても主流の滔々《とうとう》たる流れに比べてその水勢と流量は明らかに見劣りするものであった。それは思想史的な時代の趨勢によるところが大きかったが、より本質的であったのは、自らの血肉に連なる世界の人々、つまり「民族」の歴史と遠く離れた異邦の人々とその歴史が、それ自体としてどれほどの切実な考察の対象になりうるのかという、人間の素朴な感性に根ざした自然のありようでもあったと言えるかもしれない。他国の歴史は、自らの「民族」の歴史を照らしだすためのサーチライトの役割しかもちえないという、極めて目的論的な思考が歴史家の脳裏に通念として浸《し》み込んでいたことによるのであろう。

こうした考えは私が見るところ、我が国の歴史学にマルクス主義の影響が大きな影を落としはじめた一九三〇年代に始まるのではなく、明治期のいわゆる啓蒙史学においてヨーロッパの歴史の営みを、自国の歴史の糧にしようとする目的論的発想として福沢諭吉の『文明論之概略』(一八七五年)第二章「西洋の文明を目的とする事」に如実に示されている。後のいわゆる

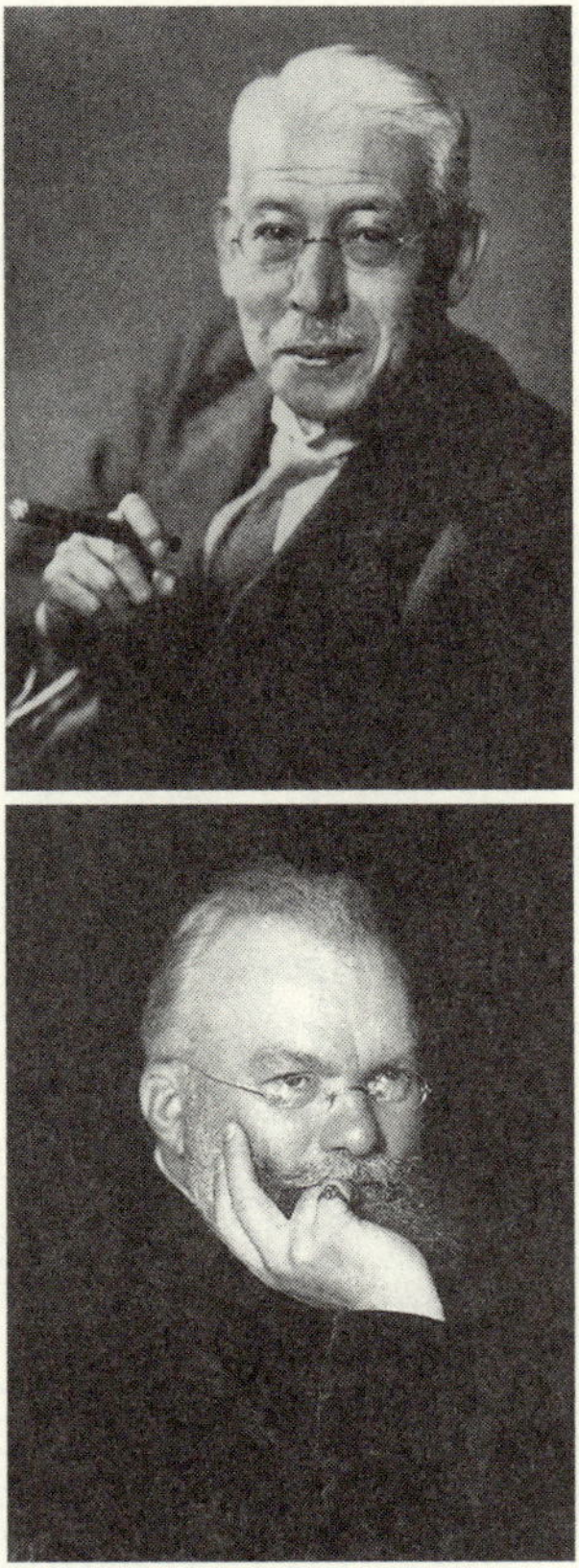

図終—1　三浦新七（上）とカール・ランプレヒト

「近代化論」はその思想的系譜に連なるものであった。「日本人として」西洋の歴史を研究することの意味は、畢竟《ひっきょう》ヨーロッパ人が獲得した「近代」を日本人が獲得するにはいかにすればよいかの秘訣《ひけつ》を探究するところにあるという、極めて目的論的な動機が根本にあったのである。

一橋《ひとつばし》大学の学長を務めた西洋中世史家の上原専禄《うえはらせんろく》や増田四郎《ますだしろう》の師でもあった山形出身の歴史家三浦新七《みうらしんしち》（一八七七〜一九四七）は、若い頃ライプツィヒ大学で碩学カール・ランプレヒトのもとで一〇年におよぶ研鑽《けんさん》を積んだ大家であるが、晩年以下のような感慨を洩《も》らしている。

「自分の学問はそのやり方がプラクティカルで、学問のための学問という理想は初めからもたなかった。また今日でも持って居らぬので、歴史を修める場合に於《お》いても、文明史上の吾人《ごじん》の地位を明らかにする為《ため》に歴史を研究するというように、実用主義を去りえない所以であり、又吾《われ》われが過渡期の学者と悪口を云《い》われる所以であろう」。三浦がここで「実用主義」と表現する内実は目的論的志向のことであるのは明らかであり、「学問のための学問」と称しているのは、「普遍的な学問共同体」のための学問ということであろう。こうした見方に対して違和感をもつ向きもあるかもしれないが、私個人はその鋭い自己批判を孕んだ明察に感銘を受けるとともに、大いに共感を覚える言葉である。そして蛇足ながら付言するならば、現在の我が国の若い世代の西洋中世史の研究者の多くは、三浦の言う「過渡期の学者」の挙措を乗り越えて、「ユニバーサルな学問共同体」に参画しつつある。

西洋中世初期経済史研究にとっての修道院

いささか脱線したが、我が国の西洋中世史研究において修道院という霊的共同体が注目されたのは、修道院という組織そのものというより、この組織が生み出した種々の記録によるところが大きかった。再びマルクス主義的歴史学との関連で言うならば、中世初期の修道院は中世の荘園制・農奴制が本格的に確立する前段階、言い換えるならば、古代奴隷制から中世農奴制が成立する移行段階における経済体制を典型的に示す特徴をそなえているとみなされ、有力大修道院の経済構造を基礎にして「古典荘園制」という理念モデルが経済史家たちによって構築されたのである。

パリのサン・ジェルマン・デ・プレ修道院を筆頭に、ランスのサン・レミ修道院、北フランスのサン・ベルタン修道院、プリュム修道院など、八、九世紀に栄えた大修道院には、所領明細帳（ポリプティック）と呼ばれる所領管理のための台帳系統の記録が伝来している。「古典荘園制」と呼ばれる荘園体制の理念モデルは、この所領明細帳の分析から演繹されたものであった。当時の世俗大所領の構造を具体的に示す記録が、残念なことに修道院ポリプティックのような形では伝来していないものの、研究者たちは世俗所領もまたポリプティックに見られるような構造の所領経営を行っていたにちがいないと想定して、古典荘園を中世初期の荘園モデルとして一般化したのであった。

「所領明細帳」の場合に見られるように、中世初期の記録文書はその圧倒的多数が修道院で作成され、保存されてきたものであった。修道院は所領の経営という経済活動を実践し、種々の権利の保存のために文書による管理が必要であり、また文化活動としての写本作製の必要から、スクリプトリウム（scriptorium）と呼ばれた書写工房が設置されていて、記録作成のための人的資源と物的素材を兼ね備えていたからでもある。

「古典荘園制」の概念の重要性は、労働の主要な担い手が奴隷身分であった奴隷制社会から、身分的により従属度が低い農奴への移行の過程にある生産組織の具体像を提示してみせたことであった。だが、果たしてそれは真実か。実は近年の古代末期史研究では、少なくともローマ帝政末期の西暦四、五世紀にあっては、農業生産の中心的な担い手はもはや奴隷ではなく、身分的に自立した土地保有農民であったという説が有力になってきている。その代表格とも言うべき英国の中世史家クリス・ウィッカムは、二〇〇五年に『中世初期の枠組を作る――ヨーロッパと地中海世界、四〇〇～八〇〇年』と題する一〇〇〇ページ近い浩瀚な著作を著し、このなかで中世の最初期、すなわち五、六世紀は貴族が非力で、農民が最も自立していた時期であったと論じている。マルクス主義者でありながら修正主義を標榜するウィッカムは、ローマ帝国末期に奴隷制的な構造は一度清算され、中世初期の農民支配は八、九世紀以後に力をつけてきた貴族層による農民の従属化の所産であると考えるのである。ウィッカムの主張が正しいとするならば、「古典荘園制」は奴隷制から農奴制への社会の移行過程を映す社会経済的モデルなどではなく、八、九世紀以降に貴族勢力の台頭によって新たに作り出された体制であるということになる。

私は一九八九年に、フランス南西部ジェルス県所在の旧シトー派修道院フラランで一九七九年以来年に一度開かれている中世史専門の学会、第一〇回フララン国際研究集会で「北ガリアにおける修道院建設：七世紀の農業発展の一因子か？」と題する報告を行い、いわゆる「古典荘園」モデルが、七世紀に新規に創出されたケースと考えられる例を報告した。そして一九九七年に博士号取得論文『修道院と農民――会計文書から見た中世形成期ロワール地方』を出版し、トゥールのサン・マルタン修道院に伝来した、農民からの賦課租徴収の実務に使用したと思《おぼ》しき断片的な会計文書を分析して、賦課の内実が元来租税であったものが、メロヴィング王朝の寄進によってサン・マルタン修道院に寄進されたものであり、ここに登場する賦課を負った農民は過去において奴隷的な境遇にあった人々ではなかったことを仮説的ではありながら明らかにした。

こうして古典荘園制は、奴隷制から農奴制への移行段階の所産ではなく、中世初期に流通経済の展開に対応して新たに作り出された組織であることを主張し、旧来の西洋経済史のマルクス主義的理解への批判的一石を投じることができた。

『禁欲のヨーロッパ』へ

ところで先のサン・マルタン修道院に伝来した会計文書は七世紀に作成された実務文書で、用済みとなれば廃棄され永遠に失われる運命にあったものだが、九世紀に最盛期を迎えたサン・マルタン修道院の豪華写本の作製活動のなかで、分厚い表紙扉制作のための材料として再利用され、廃棄されることなく一部が伝来したものであった。そうした性格から、これら断片的な会計文書は一切の歴史的、実務的脈絡から断ち切られた極めて孤立した存在である。私の作業は文書の実体的、歴史的連関、すなわちそれらがいつの時代に、なんの目的で作成され、そこに書き込まれた記録はどのような意味をもつのかを明らかにすることで、文書の具体的連関を再生することであった。そしてそのためには、サン・マルタン修道院そのものの歴史と、修道制の実態と営みについての知識が不可欠であった。

こうして単なる歴史記録の保存機関としての修道院にとどまらない、祈りと霊的希求の場としての修道院への関心の拡大が生まれた。

実を言えば、西ヨーロッパの修道制、というより修道制の根底にある禁欲修行の社会的起源については、これより先にアリーヌ・ルーセルの著書『ポルネイア――身体の統御から感覚の剥奪へ、二～四世紀』(一九八三年)や、ピーター・ブラウン『肉体と社会――初期キリスト教世界での男と女と性の放棄』(一九八八年)を読み、大いに学問的関心を唆《そそ》られていた。とくに前者は、古代ギリシアにまで遡って、身体の統御と節制に収斂《しゅうれん》する古代の市民戦士共同体の規範と思想まで論がおよび、そうした思想と実践が帝政期ローマでどのような変質が生じ、禁欲の挙措が社会に浸透していったかを、この時代のローマ社会の上層に位置する貴族女性の境遇から解き明かし、加えて自らの息子を砂漠の禁欲修道士となるべく送り出す必然性が語られる。

他方ブラウンの著書はテルトゥリアヌス、アレクサンドリアのクレメント、オリゲネス、アンブロシウス、アウグスティヌスなどのテクストの読解を通して、西暦一世紀から五世紀にかけての性行動の放棄、生涯の貞潔と独身を実践するにいたる初期キリスト教徒たちの思想的側面を照射していた。私は一九九一年から翌年にかけての二年間、当時勤務していた名古屋大学での特殊講義をこれらの紹介にあてた。シリーズの第一作となった『禁欲のヨーロッパ――修道院の起源』(二〇一四年)は、この講義ノートを下敷きにした作品である。

『贖罪のヨーロッパ』の世界

禁欲修行を根幹とする修道制の起源とその社会連関が、古代の節制理念にまで遡る長い射程をそなえた社会現象であることが、ルーセルとブラウンによって明らかにされたことにより、今度は変化を遂げた社会環境のなかで、修道制が新たな生命力を得る中世初期の修道制の諸連関が探究されなければならない。

中世初期の修道制は聖ベネディクトによるいわゆる「ベネディクト戒律」の創案と、アイルランド修道制が大陸に持ち込み広めた贖罪思想に根ざした運動とともに開始されたと考えてよいであろう。

この修道制の普及の特徴は、大陸ではことにメロヴィング王朝の支援を受け、王族の厚い帰依の対象となったことであった。贖罪の観念は、日々の実践として自らの内面を精査し、罪の表象を自らが剔出する営為を求める。このような心理的実践は、「個」としての自らの存在を発見する契機にもなりえた。古代的価値観を振り払い、キリスト教的個的存在への歩みの始まりともなる一歩であった。こうした心性は国家の枢要をになう貴族門閥の人々の間にも浸透し、その統治実践の姿をわずかではあるが変えていった。

先のポスト・ローマ期の修道制が古代の都市型修道制であったのと対照的に、この時代以後修道院は田園的環境に立地することが非常に多くなったが、それはひとつに司教管区の拠点である都市から遠く離れることにより、可能な限り司教権力の作用の外に身を置くことと、古代末期の衰退と混乱のなかで放棄された農村部の生産拠点を、修道院の立地場所とすることで再利用し、生産力を回復することにあった。七世紀中頃以降、とくにセーヌ川とライン川に挟まれた北ガリア地方やイタリアのトスカーナ地方に大量に創建された修道院は、こうした歴史的文脈のなかで出現したのであり、先に論じた「古典荘園モデル」の多くが、この時期の創建になる修道院であった。そしてここでは市場目当ての換金作物の生産も行われた。

これらの修道院の創建にあたっては、台頭しつつあった貴族勢力が大きな役割を演じている。創建門閥はこうした修道院の宗教的・霊的救済機能を、周辺農民や修道院領民への影響力行使の手段として、領域支配の基盤を固めていった。

祈りの場としての修道院は、人間の救済のための思想の陶冶《とうや》をたえず心がけ、そのための手段として、古代の教父たちの著した著作を美麗な挿画を付して作成した。崇高な美は人間救済の一手段である。カロリング王朝下の有力大修道院は、中世キリスト教文化の精髄である豪華美麗な写本文化の殿堂でもあった。

『剣と清貧のヨーロッパ』への転換

八世紀中頃から九世紀中頃にかけて最盛期を誇ったアッバース朝イスラームは、当時のユーロ・アフリカ世界システムの中心のひとつであったが、九世紀以後顕著な衰退を見せ、バグダード、コンスタンティノープル、北欧、西ヨーロッパを繋ぐ物流ルートの繁栄から多大な利益を享受していた北欧の諸民族（ヴァイキング）は、西欧の富を目指して軍事・略奪遠征を頻繁に実行し、西ヨーロッパ社会に物的、精神的打撃を与えた。また東方からのマジャール人の侵略も同様の効果を与えた。

こうした混乱は、いわゆる「西暦千年」を世界の終末と考えた人々の心性と行動からも幾ばくかの影響を受けて、異端的思想や運動の頻発が顕著となり、加えて聖地イエルサレムのイスラーム教徒セルジュク・トルコ人による制圧は、ヨーロッパの先進地帯であった西ヨーロッパの人心を深刻に揺さぶらずにはおかなかったのである。

修道制革新の旗手となったのは、ヴァイキングの劫掠《ごうりゃく》で疲弊した世相のなかで祈禱実践の厳守と、修道院相互の組織化、系列化を目指したクリュニー修道院や、労働実践に重きを置くシトー派などの新しい修道団体であった。

だが何と言っても宗教的・霊的組織としては極端でもあり、異色であったのは騎士修道会の出現と、もっぱら信徒の喜捨に依存して生活する托鉢修道会の誕生であった。この両者は一見すると、正反対の性格をそなえているように思われる。騎士修道会は剣をもって異教徒を撃退し、あるいは殺戮《さつりく》する。聖地でテンプル騎士修道会やホスピタル騎士修道会が、イスラーム教徒を相手にした戦いは、そのような戦闘であった。他方でプロイセンでのドイツ騎士修道会やイベリア半島でのカラトラーバ、アルカンタラ、サンチャゴ騎士修道会での戦闘はより殺戮的で「民族浄化」的性格を濃厚に宿していた。だが、それもまた神に奉仕する実践として、さして大きな疑問ももたれていなかった。

一方、同じ時期に生まれた托鉢修道会は、聖フランチェスコや聖ドミニクスが組織した、信徒の喜捨に全面的に依存する意味で、清貧を原理としていたことは間違いないところではあるが、そもそも生きる糧の源を、移ろいやすい人間の慈愛の心、利他心に依存するという点で、過激な決断であり、そのラジカルさは霊的希求の人が、剣を手に取りそれを人に対して振るうのと現象面で遠く離れているものの、その根底において一脈通じるものがある。

一二世紀に出現したこれら二つの姿形と実践様式の点で大いに異質な修道制は、実はそのラジカルさの点で共通の根をもっていて、それがこの時代のいわば心性のありようと見るべきものかもしれないという感を強くするのである。テンプル騎士修道会の騎士と、聖フランチェスコとは一対の存在であったと見てもよい。

『宣教のヨーロッパ』への移行

この巻では宗教改革に始まるキリスト教世界の激変と、地理上の「発見」にともなうヨーロッパ世界を越えた世界宣教の問題を考えた。歴史を遡ればキリスト教の布教は、長く基本的にローマ帝国の空間的な枠組のなかで展開していたが、七世紀初めに教皇大グレゴリウスが旧ローマ帝国の版図を越えて、ゲルマニアやイングランド、アイルランドなどの島嶼《とうしょ》地方も、宣教の対象に加えて、いわば教線を拡大した。

修道制の歴史のなかで重要なのは、厳密には修道組織とは言えないイエズス会の形成と、一方ではプロテスタント勢力との戦い、他方では世界布教でのその目覚ましい活躍ぶりである。それは既存のフランチェスコ会やドミニコ会が、ヨーロッパ人が比較的馴染み深かった黒海沿岸地方や、さらにその遠方にある中央アジア、中国などに目を向けたのに対して、この教皇直属の特異な半修道組織は、大洋を渡ってのインド、東南アジアや、新大陸での布教に勤しんだ。こうした「世界」布教の背景には、イスラーム教徒との戦いを導いた十字軍思想が絶えず根底にあったことを、忘れてはならない。新大陸「発見」の立役者であったコロンブスの遠征もまた、イスラーム教徒を東西から挟撃するという遠大な構想のもとに企てられたことに思いいたるとき、西洋キリスト教徒のもとでの反イスラーム思想の根深さに粛然たる心持ちにならざるをえない。

こうしたヨーロッパ・キリスト教徒の教線拡大運動は、長く西ユーラシア世界から切り離されていた日本にも到達することになった。おそらくそれ以前にもインドから西の諸民族の渡来は事実としてあったのではあろうが、それは明瞭な記憶、あるいは記録として残されてはいない。その意味では一五四九年八月一五日のイエズス会宣教師フランシスコ・ザビエルの鹿児島への入港は、記憶にはっきりと刻印された日本の歴史にとって記念すべき日付である。その後およそ半世紀にわたって、イエズス会を中心に、遅れてやって来たフランチェスコ会、ドミニコ会、アウグスティノ会を含め、日本人をキリスト教徒に改宗するための懸命な努力が続けられた。だが最終的に徳川《とくがわ》幕府の禁教令とバテレン追放令の前に、それは未成の事業として放棄されざるをえなかった。

これとは対照的に、ヨーロッパからみて大西洋を挟んだ新大陸のとりわけメキシコでは、托鉢修道会を中心にしたキリスト教布教は順調に進展し、世界の「キリスト教化」の象徴的な土地、「約束の土地」とされたが、その後のラテン・アメリカ世界の歴史の歩みと、それらの国々の現在の危機的な状況を見るとき、キリスト教がもたらしたはずの魂の陶冶とは何かに思いを凝らさずにはいられない。

『歴史探究のヨーロッパ』への旋回

このシリーズの最後となる本書は、『宣教のヨーロッパ』の書き出しとなった宗教改革以後の歴史について、宣教活動とは別方向での探究を試みたものである。すなわちトレント公会議を通じて、覚醒したカトリック側の宗教意識が、修道院における学術活動、わけても教会史を含めた歴史研究に導き、これを通じてキリスト教の存在理由についての認識をいっそう強固なものにする理路をたどろうとしたものである。

この動きが大きなうねりとなって、ヨーロッパの世俗と教会の知識人の心を動かし、その探究心をともに動員できた背景には、一四世紀イタリアで始まった文献学を中心にしたルネサンス運動があり、文献学の刺激のもとに花開いた聖書テクストの校訂、翻訳やローマの「市民法大全」の解釈学的研究の熱い息吹があった。百年戦争の展開のなかで、国民的覚醒を果たしたフランス王国では、ローマ教皇座に対する独自のスタンスを取り、教皇の権限を国王の意向に従わせる「ガリカニスム」を打ち出した。この時期フランス国王の宮廷は中部フランスのブールジュに置かれていたところから、この措置は「ブールジュの国事詔書」と名付けられた。そして新設のブールジュ大学を拠点にして、ローマ法の批判的研究が展開され、法の内実を確定できるのは、それを生み出した歴史であるとして、法の歴史的研究が盛んに行われるようになった。こうした面からも歴史研究の機運は非常に高まった。

歴史的な知への強い傾斜は、修道院の学僧団体であるサン・モール会の誕生を促した。その代表格がジャン・マビヨンやベルナール・ド・モンフォコンであった。とりわけマビヨンが著した『文書の形式について』(一六八一年)は、考証学的歴史学の金字塔であった。その潮流はイエズス会士であるボランディストたちの「聖人伝」の大規模な編纂事業や、ムラトーリのイタリア国民史史料の編纂などを生み出した。

だが、ルネ・デカルトの著した『方法序説』(一六三七年)で展開された方法的懐疑を軸とする自然哲学の衝撃は、とてつもなく大きく、存在論的真偽の問題系とは異質な考証学的学問を押し潰し、歴史の後景に追いやってしまった。考証学と自然哲学との相剋《そうこく》の問題については、その着想をブランディーヌ・バレ＝クリージェルの著書『考証学の挫折』に多くを負っている。方法的懐疑の思想が知識人の世界を席巻し、それが導きの糸となって、啓蒙思想の君臨が始まる。啓蒙思想は考証学的歴史を駆逐し、考証を欠いた歴史、というより正確には歴史人類学、歴史社会学を前面に押し出すことになった。啓蒙史学と呼ばれる潮流から生まれたモンテスキューの『法の精神』やルソーの『社会契約論』はそうした一例であるし、その延長線上にあるマルクス主義歴史学と称されるものも同じである。

啓蒙主義の影響は、ドイツでは前代の思想や行動様式の否定の面でフランスほど激しくはなかったし、考証学も駆逐されることはなかった。大学において歴史学が最初に講じられたのがドイツであったのは、その意味で偶然ではなかったし、一九世紀にフランスで考証学的歴史学の再生ともいうべき、「方法学派」の実証的歴史学が生まれたとき、範とされたのがドイツの歴史学であったのも当然であった。

一八世紀には功利主義的思想がヨーロッパ全体に波及し、啓蒙君主のイニシアティヴも働いて、非生産人口に属する修道制への批判と、現実の解散も数多く見られた。ヨーロッパの修道制の歴史において、こうした上からの圧力による修道院の解散は前例を見出すのが困難である。だが一方で、この時代に慈善や救済事業など、新たな社会的課題と目的をもって誕生した修道院も少なくなかった事実も忘れてはならない。我々はそこに西洋キリスト教社会における修道志向の強さを見るのである。

＊

古代末期の砂漠の修道士に始まるヨーロッパ修道制の歴史を、五巻にわたって書き継ぎながら感じたことは、その本質上、世俗の外を活動の場とした修道士ではあるものの、彼らはその歴史を通して、決して社会の外に身を置いてはいなかったという事実である。砂漠の禁欲者、贖罪者、托鉢者、戦士、宣教者、学僧と時代によってその特徴的な姿を変えるものの、それはそれぞれの時代相のもとでの、いわば能動的な禁欲実践のありようだったのではなかろうかという思いを禁じえない。

あとがき

二〇一四年二月に『禁欲のヨーロッパ』を上梓《じょうし》し、その後二〇一六年『贖罪のヨーロッパ』、二〇一七年『剣と清貧のヨーロッパ』、二〇一八年『宣教のヨーロッパ』とこの数年にわたり、かならず遠くに年の瀬の声が聞こえる頃に中公新書からヨーロッパの修道院と修道制の歴史をたどる一連の著書を世に問うことができたことは、著者としてこのうえない幸福な経験であった、中央公論新社編集部ならびに校閲担当の皆さんに心からお礼を申し上げる。

初巻の出版に際して、紹介の労を取っていただいたのは、当時第三編集部副部長の山本啓子氏であった。山本さんに打診した折には、このような連作になるとは予定していなかった。私の専門領域であるヨーロッパ中世初期を時代枠とした次作『贖罪のヨーロッパ』への展望は、うっすらと頭の片隅にあったものの、中世を遥かに超えて、まさか啓蒙時代という歴史家としての歩きぶりも覚束ないところまで探索の足を伸ばそうとは想像だにしていなかった。

このように数年にわたり「新書」という出版形態に書き手として馴染み、自分なりに工夫をこらして執筆し、一方で学術書の出版が年々困難になる状況を感じながら、学術本としての新書の可能性について想いを巡らすことも少なくなかった。仕事がらヨーロッパ、ことにフランスの出版状況について知る機会もあり、我が国の新書判とほぼ同じ規格の書物が、学術書の廉価版として、極めて専門的で分厚い学位論文を収めて出版されることが珍しくない彼の国の状況を見るにつけ、このような出版が日本でも実現できないだろうかと思案すること一度ならずであった。

我が国でも文庫形態の学術本は存在するが、新書本はより一般的な読者を対象にするのが普通である。複数の出版社が共同企画として、学術書を新書形態で出版することができないものか。学部学生はおろか、大学院生でさえ自分で書物を購入するのに二の足を踏むほど学術書の価格が高騰し、それが大学において文系世界の知的体力の衰えの一因となっているのではないかとの感を日頃強くしている老生としては、少しでも身銭を切って学問に慣れ親しむ契機をどうすれば作り出せるかとの問いへの、一つの身近な解のように思われるのである。むろん書き手の側も、学術誌に論文を発表するような調子で書くわけにはいかない。相応の文体上の工夫が必要であり、とりわけ学問的水準を維持しながら、読書人を相手に自らの問題を問いかけるには、学問世界の同業者に対する以上にきめの細かい議論の進め方が不可欠である。

こうした思いは、ご本人は気づいておられないであろうが、このシリーズ全五巻の編集の労を取っていただいた、新書編集部の酒井孝博さんとの足掛け六年の親しい交わりから、出版人である氏から私が得た貴重な展望である。編集者というのは書き手に実に様々な刺激を与え、思考を触発する存在であることを実感させられた数年であった。酒井さんに深く感謝するとともに、新書編集部の皆さんにあらためて、厚くお礼を申し上げる。そして毎回本書のシリーズの出版を心待ちにしてくださった読者の皆さんにも、衷心よりお礼を申し述べたい。

本書を数年来夏ごとにお会いして歓談の一刻を過ごす恩恵に浴した

ドナルド・キーン先生の思い出に捧げる。

令和元年長月

秋雨頻りの軽井沢にて　著者

図版出典一覧

Bridgeman Images/アフロ　図5－4下
Glasshouse Images/アフロ　図3－8下
imagebroker/アフロ　口絵裏，図6－6
robertharding/アフロ　図3－9
筆者撮影　図3－4，図3－5，図3－8上，図5－3
三浦新七博士記念会　図終－1
Pierre-Yves Beaurepaire, *La France des Lumières, 1715-1789*（啓蒙時代のフランス），《Histoire de France》, Belin, 2011.　口絵表，図7－6，図8－1，図8－2，図8－3
Bernhard Bischoff, translated by Dáibhí Ó Cróinín and David Ganz, *Latin Palaeography: Antiquity and the Middle Ages,* Cambridge University Press, 1990.　図4－9（メロヴィング草書体，ゴシック書体）
Jean Boutier, *Etienne Baluze, 1630-1718: Erudition et Pouvoirs Dans l'Europe Classique,* Pulim, 2008.　図5－7
Guibert de Nogent, *Autobiographie,* Les Belles Lettres, 1981.　図4－4
Jacques Stiennon, *Paléographie du Moyen-Âge,* Armand Colin, 1973.　図4－9（カロリング小文字書体）
Xavier Prévost, *Jacques Cujas*（*1522-1590*）*, jurisconsulte humaniste,* 《Travaux d'Humanisme et Renaissance, no.DXLI》, Droz, 2015.
Codices Latini Antiquiores III. A Paleographical Guide to Latin Manuscripts prior to the Ninth Century, ed., by E. A. Lowe, part III. Italy Ancona-Novara, O. Zeller Verlag, 1988（1938）.　図2－5
スタン・ナイト著，髙宮利行訳『西洋書体の歴史』慶應義塾大学出版会，2001　図1－4（古代キャピタル書体，アンシアル書体），図1－5（ユマニストキャピタル書体，小文字書体，イタリック草書体，イタリック楷書体，草書体）

地図制作・関根美有

Jacques Prévot (éd). *Libertins du XVIIe siècle* (17世紀の自由思想家), 《Bibliothèque de la Pléiade》, Gallimard, t.1, 2012, t.2, 2004.
Gérard Rippe, *Padoue et son contado (Xe-XIIIe siècle). Société et pouvoir* (パドヴァとその周辺地域〔10-13世紀〕。社会と権力), 《Bibliothèque des Écoles Française d'Athènes et de Rome, vol. 317》, École Française de Rome, 2003.
Shoichi Sato, "Les implantations monastiques dans la Gaule du Nord: un facteur de la croissance agricole au VIIe siècle? Quelques éléments d'hypothèse concernant les régions de Rouen et de Beauvais" (北ガリアにおける修道院建設：7世紀の農業発展の一因子か？　ルアンおよびボーヴェ地方に関する若干の仮説), in *Flaran* 10, 1990, pp.169-177.
Lydwine Scordia, *Louis XI. Mythes et réalités* (ルイ10世。神話と現実), Ellipses, 2015.
James Turner, *Philology. The Forgotten Origins of Modern Humanities* (文献学。近代人文主義の忘れられた起源), Princeton University Press, Princeton / Oxford, 2014.
Lorenzo Valla, *La donation de Constantin* (コンスタンティヌス帝寄進状), Préface de Carlo Ginzburg, Les Belles Lettres, 1993.
Jacques Verger, "La fondation de l'Université de Bourges (1463-1474)" (ブールジュ大学の形成〔1463-1474年〕), *Journal des Savants,* juillet-décembre 2014, pp.235-268.
Françoise Waquet, *Le modèle français et l'Italie savante (1660-1750)* (フランス・モデルとイタリアの学者社会〔1660-1750年〕), 《coll. École Française de Rome 117》, Roma, 1989.
Chris Wickham, *Framing the Early Middle Ages: Europe and the Mediterranean, 400-800* (中世初期の枠組を作る。ヨーロッパと地中海世界〔400-800年〕), Oxford University Press, 2005.
Ronald Witt, "The origins of Italian Humanism: Padua and Florence" (イタリア人文主義の起源：パドヴァとフィレンツェ), *The Centennial Review,* Winter, 1990, vol.34, no.1, pp.92-108.
Ronald Witt, *In the Footsteps of the Ancients: The Origins of Humanism from Lovato to Bruni* (古代人の足跡をたどって。ロヴァトからブルーニにいたる人文主義の起源), Brill, Boston / Leiden, 2003.
Codices Latini Antiquiores III. A Paleographical Guide to Latin Manuscripts prior to the Ninth Century (古ラテン語書冊総覧 第3巻。9世紀以前のラテン語写本への古書体学案内), ed., by E. A. Lowe, part III. Italy Ancona-Novara, O. Zeller Verlag, 1988 (1938).

de culture（修道会と修道院。キリスト教信仰の芸術と文化の2000年）, H. F. Ullmann, 2012.

Ludolf Kuchenbuch, *Einführungskurs in die ältere Geschichte. Schriftlichkeitsgeschichte als methodischer Zugang: Das Prümer Urbar von 893 bis 1983*（前近代史入門。方法的アプローチとしての文字記録史：893年から1983年までのプリュム修道院所領明細帳）, Hagen, 1987.

Pierre Laurens, *Histoire critique de la littérature latine. De Virgile à Huysmans*（批判的ラテン文学史。ウェルギリウスからユイスマンスまで）, Les Belles Lettres, 2016.

Arnaldo Momigliano, "Ancient History and the Antiquarian"（古代史と尚古学者）, *Journal of the Warburg and Courtauld Institutes,* Vol.13 1950, pp.285–315.

Arnaldo Momigliano, "Die Schüler Mabillons in Italien"（イタリアにおけるマビヨンの弟子）, *Ausgewählte Schriften,* Bd. 2, Verlag J. B. Metzler, Stuttgart/ Weimar, 1999, pp. 155–174.

Michel Monheit, "Guillaume Budé, Andréa Alciato, Pierre de l'Estoile: Renaissance Interpreters of Roman Law"（ギヨーム・ビュデ，アンドレ・アルチアト，ピエール・ド・レトワル：ルネサンス期のローマ法解釈者たち）, *Journal of the History of Ideas,* vol.58, no.1, 1997, pp.21–40.

Roland Mousnier, *Les XVIe et XVIIe siècles. La grande mutation intellectuelle de l'humanité*（16世紀と17世紀。人間精神の知的大変動）, PUF, 1993（1953）.

Roland Mousnier, *L'homme rouge ou la vie du cardinal de Richelieu*（*1585–1642*）（緋衣の男またはリシュリュー枢機卿の生涯〔1585–1642年〕）, Robert Laffont, 1992.

R. Mousnier / E. Labrousse, *Le XVIIIe siècle. L'époque des《Lumières》*（*1715–1815*）（18世紀。啓蒙の時代〔1715–1815年〕）, PUF, 1953.

Elisabeth Pellegrin（éd）, *Les manuscrits classiques latins de la Bibliothèque Vaticane*（ヴァチカン図書館所蔵ラテン古典写本）, t.II, 1ère partie, CNRS, 1978.

Bernard Plongeron（éd）., *Les défis de la modernité*（*1750–1840*）（近代性の挑戦〔1750–1840年〕）,《Histoire du christianisme des origines à nos jours, t.10》, Desclée, 1997.

Xavier Prévost, *Jacques Cujas*（*1522–1590*）*, jurisconsulte humaniste*（ジャック・キュジャス〔1522–1590年〕。人文主義法曹家）,《Travaux d'Humanisme et Renaissance, no.DXLI》, Droz, 2015.

クリスティーナ，司書たちと写本。ヨーロッパ図書館史への寄与），《Acta Bibliothecae Regiae Stockholmiensis XXX》, Stockholm, 1977.

Eric Cochrane, "Muratori: the vocation of a historian"（ムラトーリ：歴史家の使命）, *The Catholic Historical Review,* vol. LI, July, 1965, no.2, pp.153-172.

Philippe Contamine, *Charles VII. Une vie, une politique*（シャルル7世：生涯と政治）, Perrin, 2017.

Alphonse Dain, "Paléographie grecque"（ギリシア語古書体学）, *L'Histoire et ses méthodes,* direct. Ch. Samaran, 《Encyclopédie de la Pléiade》, Gallimard, 1961, pp. 532-552.

Jean Delumeau et alii, *Naissance et affirmation de la Réforme*（宗教改革の誕生と確立）,《Nouvelle Clio》, PUF, 2012.

René Descartes, *Oeuvres et lettres*（著作と書簡）, textes presentés par André Bridoux,《Bibliothèque de la Pléiade》, Gallimard, 2012（1937）.

David Ganz, *Corbie in the Carolingian Renaissance*（カロリング・ルネサンス時代のコルビー修道院）,《Beihefte der Francia, Bd. 20》, Jan Thorbecke Verlag, 1990.

A. -G. Hamann, *L'épopée du livre. Du scribe à l'imprimerie*（書物の冒険。書記から印刷術へ）, Perrin, 1985.

Dom Henri Leclercq, *Mabillon*（マビヨン）, 2 vols. Letouzey & Ané, 1953.

Bernard Hours, *Histoire des ordres religieux*（修道会派の歴史）,《Que sais-je?》, PUF, 2012.

Jean Jacquart, *François 1er*（フランソワ1世）, Fayard, 1981.

Donald Kelley, "Fançois Baudouin and his Conception of History"（フランソワ・ボードワンとその歴史概念）, *Journal of the History of Ideas,* vol.25, no.1, 1964, pp.35-57.

Donald Kelley, "Guillaume Budé and the first historical School of Law"（ギヨーム・ビュデと最初の歴史学派）, *The American Historical Review,* vol.72, no.3, 1967, pp.808-834.

Donald Kelley, *Foundations of Modern Historical Scholarship: Language, Law, and History in the French Renaissance*（近代歴史学研究の建設。フランス・ルネサンス期の言語と法と歴史）, Columbia University Press, 1970.

M. D. Knowles,"Great Historical Enterprises. 1. The Bollandists"（大歴史編纂計画，1. ボランディスト）, *Transactions of Royal Historical Society,* Fifth series, vol. VIII, 1958, pp.147-166.

Kristina Krüger, *Ordres et monastères. Christianisme. 2000 ans d'art et*

アイザイア・バーリン著，河合秀和訳『ハリネズミと狐——『戦争と平和』の歴史哲学』《岩波文庫》岩波書店，1997年.
ベルンハルト・ビショッフ著，佐藤彰一／瀬戸直彦訳『西洋写本学』岩波書店，2015年.
福沢諭吉『文明論之概略』《岩波文庫》岩波書店，1995年.
ミシェル・フーコー著，渡辺一民／佐々木明訳『言葉と物——人文科学の考古学』新潮社，1974年.
ペトラルカ著，近藤恒一編訳『ルネサンス書簡集』《岩波文庫》岩波書店，1989年.
ペトラルカ／ボッカッチョ著，近藤恒一編訳『ペトラルカ＝ボッカッチョ往復書簡』《岩波文庫》岩波書店，2006年.
松本仁助／岡道男／中務哲郎（編）『ラテン文学を学ぶ人のために』世界思想社，1992年.
ジャン・マビヨン著，宮松浩憲訳『ヨーロッパ中世古文書学』九州大学出版会，2000年.
森本芳樹『中世農民の世界——甦るプリュム修道院所領明細帳』《世界歴史選書》岩波書店，2003年.
レイノルズ／ウィルソン著，西村賀子／吉武純夫訳『古典の継承者たち——ギリシア・ラテン語テクストの伝承にみる文化史』国文社，1996年.

［外国語文献］
Blandine Barret-Kriegel, *Jean Mabillon*（ジャン・マビヨン），《Les historiens et la monarchie, t.1》, PUF, 1988.
Blandine Barret-Kriegel, *La défaite de l'érudition*（考証学の挫折），《Les historiens et la monarchie, t.2》, PUF, 1988.
Blandine Barret-Kriegel, *Les Académies de l'histoire*（歴史学のアカデミー），《Les historiens et la monarchie, t.3》, PUF, 1988.
Blandine Barret-Kriegel, *La républic incertaine*（不確かな共和国），《Les historiens et la monarchie, t.4》, PUF, 1988.
Pierre-Yves Beaurepaire, *La France des Lumières, 1715-1789*（啓蒙時代のフランス，1715-1789年），《Histoire de France》, Belin, 2011.
Yvon Belaval, *Leibnitz critique de Descartes*（デカルトの批判者ライプニッツ），Gallimard, 1960.
Guy Bourdé et Hervé Martin, *Les écoles historiques*（歴史学の諸派），Édition du Seuil, 1983.
Christian Callmer, *Königin Christina, ihre Bibliothekare und ihre Handschriften. Beiträge zur europäischen Bibliotheksgeschichte*（女王

参考文献

［日本語文献］
青柳正規『トリマルキオの饗宴——逸楽と飽食のローマ文化』《中公新書》中央公論社，1997年.
ポール・アザール著，野沢協訳『ヨーロッパ精神の危機 1680-1715』法政大学出版局，1973年.
ロレンツォ・ヴァッラ著，高橋薫訳『「コンスタンティヌスの寄進状」を論ず』水声社，2014年.
P. ヴィノグラドフ著，矢田一男他訳『中世ヨーロッパにおけるローマ法』中央大学出版部，1967年.
小林道夫『デカルト入門』《ちくま新書》筑摩書房，2006年.
近藤和彦『イギリス史10講』《岩波新書》岩波書店，2013年.
佐藤彰一『修道院と農民——会計文書から見た中世形成期ロワール地方』名古屋大学出版会，1997年.
佐藤真一『ヨーロッパ史学史——探究の軌跡』知泉書館，2009年.
佐藤猛『百年戦争期フランス国制史研究——王権・諸侯国・高等法院』北海道大学出版会，2012年.
塩川徹也「不謬性と寛容——ジャンセニスムをめぐって」2018年12月12日日本学士院論文報告草稿.
シュジェール著，森洋編訳『サン・ドニ修道院長シュジェール——ルイ六世伝、ルイ七世伝、定め書、献堂記、統治記』中央公論美術出版，2002年.
スピノザ著，吉田量彦訳『神学・政治論（上・下）』《光文社古典新訳文庫》光文社，2014年.
スピノザ／ライプニッツ著，下村寅太郎／清水富雄他訳『エティカ他』《世界の名著》25，中央公論社，1969年.
谷川多佳子『デカルト『方法序説』を読む』《岩波現代文庫》岩波書店，2014年.
デカルト著，谷川多佳子訳『方法序説』《岩波文庫》岩波書店，1997年.
トレヴァ＝ローパー他著，今井宏編訳『十七世紀危機論争』《創文社歴史学叢書》創文社，1975年.
長谷川まゆ帆『近世フランスの法と身体——教区の女たちが産婆を選ぶ』東京大学出版会，2018年.
林田伸一「近世のフランス」新版世界各国史12，福井憲彦編『フランス史』山川出版社，2001年，144-238頁.

リモージュ　55, 56
リュクスーユ修道院　115
リヨン　32, 114, 193, 214
リンダウ（修道院）　102, 115
ルアン　189, 223
『ルイ14世の世紀』　187
『ルイ大王の世紀』　186, 187
ルーヴェン大学　25, 128
ルーヴル（宮）
91, 151, 152, 185, 198
ルネサンス
i, 17, 29, 99, 131, 150, 184, 240
『歴史』（アンミアヌス・マルケリヌスの）　15
『歴史』（アガティアスの）　139
『歴代王統記』　139
レーゲンスブルク（修道院）
71, 115
レンヌ　60
ロッテルダム　19, 159
ローマ（教会、教皇庁）
ii, 1, 3-5, 9-11, 14, 16-18, 22, 23, 27, 30, 35, 36, 40-42, 44-52, 103, 105, 118, 119, 124-127, 135, 143, 144, 151, 184, 185, 199, 221, 227, 231, 232, 234, 235, 238, 240, 241
『ローマ建国以来の歴史』　9
『ローマ帝国盛衰原因論』　199
『ローマ帝国衰亡論』　199
『ローマ帝国の崩壊からフランス革命にいたるヨーロッパ文明の普遍史』　199
ロマニスト　142, 144
ローマ法　iii, iv, 8, 29, 40-45, 47-52, 106, 141, 241
ローマ法大全　40
ロマン主義　47, 193
ロレーヌ　55, 56, 84
ロンバルディア　106, 218

ヘブライ語 19-22, 115
『ヘブライ語初歩』 21
ベリー 37, 56
『法学を学び教授する新しい方法』 169
封建法 43, 50, 52
『法大全の修復法』 169
『法の実例集』 169
『法の精神』 142, 195, 208, 242
『方法序説』 107, 159, 160, 163, 241
ボーケーヌ 99
ホスピタル騎士修道会 237
ボランディスト v, vii, 100, 123, 126, 128-130, 141, 165, 179-182, 197, 241
『ボランディスト研究拾遺』 130
ボルドー 30
ポルトガル 148, 209, 210
ボローニャ（大学） 8, 40, 41
ポワティエ（大学） 32, 36, 158
ポンポーサ修道院 5

【マ　行】

マインツ選帝侯 167
マドリード 75, 213
マールムティエ（修道院） 60
ミュンヒェン 117
ミラノ 4, 39, 43, 135, 137-139
ムーラン 112
メルク修道院 71, 72, 76
メロヴィング（朝） 61, 65, 89, 100, 103, 112, 113, 115, 125, 140, 144, 182, 192, 232, 235
モス・ガリクス → フランス学派 iii, 46, 52
モデナ 134-138, 170
モナド vi, 171, 172
モーリスト → サン・モール会士 64-66, 68, 86, 144
モルーユ 89
モンテ・オリヴェート・マッジョーレ修道院 54
モンテカッシーノ修道院 i, 76
モントーバン大学 24
モンプリエ大学 8, 24

【ヤ　行】

『有史年代記』 24
『ユスティニアヌスまたは新法に関する註釈四書』 44
ユトレヒト 122, 159
『欧羅巴文明史』 200

【ラ　行】

ライデン（大学） 159, 161
ライプツィヒ（大学） 166, 169, 229
ラヴァレット事件 210
ラヴェンナ 41
『ラヴェンナ史拾遺』 139
ラテン語 ii, 6, 7, 9, 18, 20, 23, 29, 35, 40, 45, 46, 82, 99, 101, 109, 111, 115, 140, 141, 160, 162, 166, 175, 214
ラン 85, 117
ランカスター家 30, 33, 34
ラングル 15, 36
ランゴバルド人 41
『ランゴバルド人の歴史』 139
『ランゴバルド部族法典』 139
ランス 80, 83, 85, 101, 117, 179, 230
『ランフラン著作集』 94
リエージュ 9, 122
律修士委員会 217, 219, 224
律修聖堂参事会 53
「リベッルス嘆願書」 49

ファルツ略奪 70
フィレンツェ
4, 8, 11, 14, 41, 117, 118
フィロゾーフ（啓蒙思想家）
192, 194, 200, 208
ブザンソン 115
フュルステンフェルト（修道院）
76
フライブルク・イム・ブライスガウ
117
フラヴィニィ 112
ブラウンシュヴァイク家 vii, 169
プラエトール（法務官） 49
プラグマティック・サンクシオン
→ 国事詔書 35, 36
フランク（人） 68, 88, 105, 143, 144
『フランク人著述家歴史集成』 141
『フランク人の著作家が書いた年代記および歴史叙述』 141
フランシュ・コンテ 55, 115
フランス学派 → モス・ガリクス
iii, 46, 47
フランス革命
52, 58, 63-65, 76, 128, 224
『フランス史』 192
『フランス史についての手紙』 193
フランチェスコ会
ix, 26, 54, 127, 220, 239
フランドル 97, 111, 122, 129
フリーメーソン 206
ブリュッセル 128
プリュム（修道院） 170, 231
『プリュム修道院所領明細帳』 vii
ブルゴーニュ
15, 30, 32, 56, 106, 112, 114
『ブルゴーニュ巡歴』 111
ブールジュ
iii, 30, 32, 33, 37-39, 44, 46, 52, 241
ブールジュ王国 30, 32, 36
ブールジュ学派 iv, 50
ブールジュ大学
iii, 38-40, 43, 44, 48, 51, 241
フルダ修道院 15
ブルターニュ 56, 158, 159, 205, 214
ブルボン（家、朝） ix, 112, 127
フレットヴァルの事件 197
ブレティニー・カレー条約 4
フレデガリウス年代記 113
プレモントレ会 128
プロイセン ix, 211, 237
プロヴィダンス修道院会 223
プロテスタント
22-25, 27, 44, 66, 118, 239
フロンドの乱 148
文献学（者）
6-8, 16-18, 21, 24, 29, 39, 43-45, 47-50, 99, 122, 130, 131, 185, 240
文書形式学 vii, 97, 103, 108, 177, 198
——論争 178, 192
『文書形式学への異論の歴史』 182
『文書の形式について』 64, 67, 101, 103, 105, 108, 110, 112, 118, 131, 142, 175, 176, 182, 241
『文書の形式についての補論』 105
『文明論之概略』 200, 228
ベーダの聖人祝日暦 113
ベック修道院 94
ベネディクト（会、派） v, 26, 53, 57, 65, 66, 72-74, 89, 90, 93, 98, 110, 133, 197, 217, 218, 220, 224
ベネディクト戒律
iv, 55-57, 62, 92, 219, 235
ベネディクトボイエルン修道院
115

トラップ 178, 179
トラピスト会 95, 218
トリーア 54
トリノ 71, 132
「トリマルキオの饗宴」 16
トレヴィゾ 5
トレント 124
トレント公会議 24, 25, 50, 54, 55, 59, 95, 240
『トレント公会議検証』 24
トロワ条約 33, 34
『ドン・カルロス――新歴史像』 193
トングロー 128

【ナ　行】

ナイメーヘン条約 114
ナポリ 3, 23, 124, 148, 164
『ナポリ司教教会年代記』 139
ナポレオン法典 52
ナンシー 223
『日本開化小史』 200
ニュルンベルク 167
『人間救済の鏡』 19
『認知の書』 112
ネレスハイム（修道院） 76
『年代記』 i
ノジャン 85, 86
ノートル＝ダム修道院 85
『ノナントゥラ修道院創建記』 139
ノルマンディ 56, 205
ノワイヨン 89
ノワールムティエ（修道院） 74

【ハ　行】

バイエルン 1, 25, 71, 72, 102, 115, 158
ハイデルベルク大学 iii, 24
パヴィーア 132
『パウロ書簡』 19
『パウロ書簡講解』 64
バーゼル（大学） 23, 24, 115
バーゼル公会議 59
バーデン・バーデン 115
パドヴァ 4-6, 9, 10, 54, 55, 131
ハノーファー 135, 168, 181
パピルス 69, 100
ハプスブルク（朝） ix, 128, 138, 218
破門 36
『薔薇の名前』 71
パリ v, 9, 20, 30, 32, 35, 38, 39, 51, 56, 57, 60, 61, 63, 65, 66, 72, 88-91, 100, 112, 114, 115, 117, 119, 125, 151, 167, 168, 176, 182, 193, 194, 203, 207, 211-213, 216, 230
パリ大学 38, 39, 51, 60, 99
『ハリネズミと狐』 156
バリャドリード 54, 72
バルトルスト → 註解学派 43
パルマ 133
バロック 75-77, 150-153
反考証学派 182
『反トリボニアヌス論』 51
ヒエロニュムス会 75
ピカルディ 99
『悲劇集』 5
ピサ 41
碑文（学） 10, 14, 39, 69
碑文・美文アカデミー 68, 190, 199
（英仏）百年戦争 4, 30, 34, 241
『百科全書』 46, 185, 202, 206-208, 215
『貧者の聖書』 19

新約聖書 18, 19
『新約聖書付註』 18
スヴィニィ 114
スウェーデン 118, 205
スコラ学 25, 40, 111
『図で見る古代』 70
ストラスブール（大学） 23, 24, 114, 117
スビアコ修道院 54
スペイン（語） ix, 20, 54, 64, 72, 73, 106, 126, 127, 135, 148, 151, 152, 178, 193
『スペイン教会史』 73
『スペイン教会の古記録』 73
『聖アナスタシオス著作集』 70
『省察』 160
聖シャルル姉妹会 223
聖書主義 25
『精神指導の規則』 159
『聖人祝日暦』 v, 113, 180
聖人伝 v, 66, 95, 100, 122-125, 129, 165, 241
『聖性と修道生活の諸義務』 179
聖堂参事会 5, 36, 83
『聖ベネディクト会年代記』 110
『聖ベネディクト教団聖人伝』 67
『聖ベネディクト教団通史』 72
『聖ベネディクト教団年代記』 67
聖ベネデット修道院 133
『聖ベルナール全集』 96
『世界史の本性とそれが法学と一体であることについて』 iii
『世界の複数性についての対話』 190
セダン 117
『占星術』 15
『俗話集』 15
ソミュール大学 24
ソワソン 85, 86, 117

【タ　行】

托鉢修道会 58, 237, 238, 240
多元会議制 203
『正しい限り』 223
智慧の娘 223
註解学派 40, 43
註釈学派 40
『中世・近世ラテン語辞典』 99
チロル 115, 124
ツヴァイファルデン（修道院） 76
『テアイテトス』 17
ディゲスタ → 『学説彙纂』 41, 42, 45, 46, 49
ディジョン 112
テオドシウス法典 41
『デカメロン』 i
デカルト主義 vii, 172, 173
デカルト哲学 108, 164, 172
デクララシオン 62
『哲学の原理』 160, 162
テッラヌオヴァ 11
テンプル騎士修道会 237, 238
『ドイツの道』 111
ドイツ・ロマン主義 iv
『同時代史』 i
トゥール 60, 232
トゥルーズ 32, 220
トゥール地方（トゥレーヌ） 32, 157
読誦集 115
ドグマ → 教義 25-27, 149, 177
『都市ミラノ見聞記』 139
トスカーナ 219, 236
ドミニコ会 26, 54, 73, 218, 239

に携わる者への意見』 67
サン・モール会士（モーリスト） vii, 64, 65, 71, 72, 74, 93, 94, 96, 98, 103, 118, 121, 131, 133, 139, 141, 142, 168, 179, 180
サン・ラザール教会 113
サン・リキエ（修道院） 60
サン・リュフ（修道会） 217
サン・レミ（修道院） 74, 83-85, 230
ジァンティリィ 38
シエナ 54
ジェノヴァ 118
司教空座権 118
『自然の光による真理の探究』 164
七年戦争 211
シチリア（王国） 3, 4, 18
実証神学 94, 95, 132
——論争 97
『自伝』 85
シトー派 53, 232, 237
『事物の本性について』 15
詩篇 19
『詩篇五折』 19, 64
『市民法大全』 41, 42
『社会契約論』 242
写本 i, ii, 5, 7, 9, 10, 14-17, 19, 41-43, 64-66, 69, 71, 74, 88, 90, 112, 113, 115, 117, 119, 122, 124, 125, 168, 170, 181, 213, 231, 233, 236
シャロン・シュル・ソーヌ 113
ジャンセニスト 97, 179, 210, 214
ジャンセニスム 97, 244
——論争 97
シャンパーニュ 55, 69, 79, 96
宗教改革 22, 23, 50, 115, 224, 238, 240
『宗教分野における批判の逸脱』 182
自由思想家（リベルタン） 175
『重臣貴族の歴史』 143
修族 → コングレガシオン ii, 54
修道院会 → コングレガシオン ii, iv, 54-58, 63, 85, 101, 223, 224
『修道院研究要項』 66
『修道女』 215, 221
17世紀危機論争 147
『首都創建以来の略史』 139
『主にしてむしろ贖い人』 ix, 127, 209
ジュネーヴ大学 24
『贖罪についての教会法規定集』 113
『諸国民の習俗と精神についての試論』 195, 197
女子修道院会 223
所領明細帳（ポリプティック） 170, 231
『神学研究方法論』 183
『神学・政治論』 175-177
『神学総覧』 22
新旧論争 185, 187, 189, 192, 196
『新聖職者』 210
神聖ローマ（皇帝、帝国） ix, 1, 14, 56, 74, 138, 218
神秘主義者 98
新ピュタゴラス思想 167
新ピュタゴラス派 169
人文学者 i, 7, 21
人文主義（者） i-iii, 4, 5, 8, 10, 11, 14, 16, 17, 19, 21-23, 29, 34, 35, 39, 40, 44, 46, 48, 49, 51, 64, 99, 131, 185
イタリア—— 6, 7, 18

コーデクス・ピサヌス 43
古典主義 51, 150-152, 154, 160, 184, 185
『ゴート史（ゲティカ）』 139
『ゴート戦記』 139
『言葉と物』 108
コマッキオ 138
コマンダテール → 空位聖職禄管理者 59-61, 75
コムーネ（都市国家） 4
コルビィ（修道院） 64, 65, 86-89
コレギウム 99, 129, 153, 210
コレージュ 56, 99, 153, 185, 212, 214
コレージュ・ド・フランス 99, 183
コングレガシオン（修道院会。修族） iv, 54, 55, 57-59
コンスタンツ（公会議） 14, 15
「コンスタンティヌス帝寄進状」 18
『コンスタンティヌス帝寄進状を論ず』 23

【サ　行】

最原始会則派 54
サヴォワ 193
ザクセン（朝） 1, 166
サクラ・ディ・サン・ミケーレ修道院 71
『サテュリコン』 16
サラゴサ 20
ザール 114
ザルツブルク 115
サン・ヴァンサン修道院 62
サン・ヴァンヌ（修道院） 55, 56, 59, 84
ザンクト・エンメラム（修道院） 71, 72, 115
ザンクト・ガレン（修道院） i, ii, 15, 76, 115
ザンクト・ブラジエン（修道院） 76
ザンクト・マティアス修道院 54
サン・ジェルマン・デ・プレ（教会、修道院） v, 57, 61, 63, 64, 66, 70, 72-74, 90, 91, 112, 140, 230
——修道院協会 98
サンス 112
サンタ・ジュスティーナ（修道院） 54, 55
サン・タントワーヌ（修道会） 217
サンチャゴ騎士修道会 237
サン・テロワ修道院 89
サン・トゥアン 38
サン・トーギュスタン修道院 55
サント・クロワ（修道会） 217
サン・ドニ（修道院） 74, 80, 88, 89, 91, 95, 100, 125
『サン・ドニ修道院長シュジェール』 89
サン・ドニ門 91
サン・ナゼール教会 113
サン・ピエトロ大聖堂 151
サン・ピエールモン（村） 79, 82
サン・ブノワ・シュル・ロワール（修道院） 60
サン・ベニト修道院 54, 72
サン・ベニーニュ修道院 112
サン・マルタン修道院 113, 232, 233
サン・モール会 ii, iv, v, 55-57, 59, 61-63, 66, 68, 72, 73, 84, 85, 94, 95, 99, 100, 117, 123, 128, 165, 183, 241
『サン・モール会傘下修道院の歴史

カルパントラ 8
カルメル会 126, 165, 180, 220
カレー 30
カロリング朝 vii, 17, 41, 89, 236
『カンディード』 vii, 172
『ギベール・ド・ノジャン著作集』 95
教会史 24, 25, 27, 66, 68, 94, 181-183, 240
『教会史提要』 24
教会大分裂 3, 14, 53
教義（ドグマ） 26
教皇（権、庁） viii, ix, 1, 3, 4, 8, 9, 14, 15, 18, 22, 23, 25, 27, 35-38, 53, 58, 59, 81, 97, 103, 105, 112, 118, 124-128, 138, 180, 209, 210, 212, 213, 223, 238, 239, 241
教皇勅書 37, 97, 127
教皇派（ゲルフ） 1, 3
教条主義（者） 25, 26, 181
協調主義（イレニスト） 25
教父学 25, 94, 98
ギリシア（語） v, viii, 4, 16-18, 20-22, 35, 40, 69, 70, 115, 119, 135, 140, 156, 166, 171, 184, 185, 188, 189, 234
『ギリシア古書体学』 68, 70
『ギリシア古典拾遺』 70
『ギリシア語の使用と利点について』 135
『キリスト教ガリア』 68, 73
『キリスト教綱要』 22
『キリストに倣いて』 19, 98
空位聖職禄管理者（コマンダテール） 59, 73
『組み合わせ論について』 167
グランモン（修道会） 217
クリュニー（修道院） iv, 15, 56, 57, 61, 76, 113, 224, 237
グルノーブル 32, 179
クレルモン・コレージュ 213
『君主論』 48
啓蒙史学 192, 194, 198-200, 228, 242
ゲルマニスト 50, 51, 142-144
ゲルマン人 41, 47, 50, 51, 143, 144
ケルン 15, 16
『ケンピス論争調査』 98
ケンプテン（修道院） 115
ケンペン 97
厳律シトー会 95, 97
考証学 vii, 96, 164, 165, 170, 172, 173, 175, 177, 178, 181, 182, 185-187, 191-193, 195-199, 241, 242
『考証学研究』 169
『後世への書簡』 8
皇帝派（ギベリン） 3
高等法院 32, 36, 38, 39, 51, 57, 99, 142, 143, 158, 203, 211-213, 215
コギト 164, 165, 171
『古記録拾遺』 67
国王弑逆論 127
国事詔書 35
　ブールジュの―― 241
国璽尚書（シャンスリエ） 39, 49
『国民教育試論および若人の教育計画』 215
『語源集成』 170
ゴシック 11, 99, 103
古銭（学） 10, 98, 99
『古代貨幣について』 49
『古代人と近代人についての余談』 190
『古代人と近代人の並行現象』 185, 187

126-129, 131, 133, 153, 158, 181, 182, 193, 194, 208-215, 239, 241
イエナ大学 166, 169
『イタリア叙述史料集』 134, 138
『イタリアの博物館』 111
『イタリアの道』 111
異端審問所 126, 180
『イリアス』 189
イル・ド・フランス 56
イレニスト → 協調主義者 25, 44
イングランド 15, 16, 33, 34, 148, 238
インゴルシュタット大学 25
印刷術 19, 20, 186
ヴァインガルテン（修道院） 76, 115
ヴァロワ（家、朝） 4, 30, 32, 38
ヴィチェンツァ 5
ヴィッテンベルク 24
ウィーン会議 128
ヴェネツィア 4, 5, 11, 118
『ウェルギリウス三作品講解』 9
ヴェルダン 55, 56
ヴェルフェン家 135
ヴェローナ 5
ウルガタ聖書（ウルガタ本） 18-21
『英国文明史』 200
エクサン・プロヴァンス 211
『エケリニス』 6
エステ家 136, 138
「エズラ記」 21
エル・エスコリアル修道院 75
『往生術』 19
『王立サアグン修道院史』 72
大鉈委員会 → 律修士委員会 217, 219
オーストリア vii, 71, 76, 124, 169, 211, 218
オーセール 112
オータン 113
オネットム 152-154
オーバーマルクタル（修道院） 76
オラトリオ会 179, 214, 224
オルレアン（大学） 30, 38, 39, 48, 51, 60, 99, 114, 202

【カ　行】

改革修道院 54, 56
懐疑主義 181, 192
科学アカデミー 172, 190, 207
『科学新機関論』 206
『学説彙纂』 41
『学問の進歩』 206
ガスコーニュ 56
カトリック v, ix, 18, 24-27, 35, 44, 118, 176, 217, 240
カプチン会 218
『神の唯一の子（ウニゲニトゥス）』 97
カラトラーバ騎士修道会 237
ガリア（人） iv, 30, 35, 41, 61, 68, 74, 90, 140, 232, 236
『ガリア古文書・古写本拾遺』 90
ガリア典礼 115
『ガリア図書館収蔵古記集成ならびに拾遺（スピキレギウム）』 67, 95
『ガリア風修道院』 74, 84
『ガリア・フランス歴史家集成』 68, 140, 144
ガリカニスム 37, 97, 100, 118, 127, 216, 241
カルヴァン派 24, 115, 159
カルトゥジオ会 179, 218

86, 88, 96, 182
ルイ11世 iii, 30, 37-39
ルイ13世
56, 59, 60, 85, 188, 202, 213
ルイ14世 91, 96, 110, 114, 117,
152, 153, 155, 184, 186, 202, 203
ルイ15世 202, 204, 210, 212, 217
ルイーズ・トリシェ 223
ルーヴェ，ジャン 32
ルクレティウス 15
ルクレール，アンリ 80, 89
ルスティチ，チェンチオ i
ルスラン，ジェルソン 82
ルソー 242
ルター，マルティン
20, 21, 23, 24, 30
ル・テリエ，ミシェル 110
ル・テリエ，モーリス 117
ル・ドゥアラン 50
ルートヴィヒ（バイエルン大公）
1
ルネリ，ヘンリクス 161
ルノード，エウゼブ 98
ル・ページュ 143
ル・ラブルール 143
レオポルト２世 219
レジス 172
レッシング 196
ロー，ジョン 204
ロイヒリン，ヨハンネス 21, 22
ロヴァト・ロヴァティ
5-8, 11, 17, 46
ロスウィド（ロスウィ），ヘリベルト v, 100, 122, 123
ロメニ・ド・ブリエンヌ 220

事項索引

【ア　行】

愛徳姉妹会 223
アインジーデルン（修道院） 76
アヴィニョン（教皇庁） 3, 8, 9, 59
『アウグスティヌス』 97
アウグスティノ会 217, 218, 239
アウクスブルク 19, 115
アカデミー・フランセーズ
184, 185, 188, 190
『アクタ・サンクトールム（聖人伝）』
v, 100, 121, 123, 126, 128, 130, 180
アミアン 60, 64, 65, 88, 99
アムステルダム 159
アラゴン 4, 23
アルカンタラ騎士修道会 237
『アルキアス弁護』 9
『アルゴナウティカ』 ii
アルトドルフ（大学） 167
アレッツォ 8, 11
アンシアン・レジーム ix, 178, 222
アンジュー 3, 4, 32, 205
アンジュー書式集 115
アントウェルペン
v, 100, 123-125, 128
イエス・オラトリオ会 54
イエズス会
v, viii, ix, 95, 97, 99, 100, 121-124,

マリアベッキ，アントニオ　117, 132
マルグリット（アンリ４世妹）　39
マルグリット・ダングレーム　39
マルグリット・ドラマール　216
マルシアル・ドーヴェルニュ　36
マルゼルブ　208
マルソル，ヴァンサン　84, 85, 101
マルタン，エルヴェ　105
マルテーヌ　68, 141
マルブランシュ　vii, 160, 167, 172, 191
マンフレート　18
三浦新七　229, 230
ミシェル・ドピタル　39
ミシュレ，ジュール　193
ムッサート，アルベルティノ　6
ムラトーリ，ルドヴィコ・アントニオ　134-140, 170, 178, 241
メエールマン，ゲラルド　213
メズレ，フランソワ・ウード・ド　192, 193
メランヒトン　22, 24
モーゼ　52
モリエール　154
モーリッツ　158
モロー，ヤコブ・ニコラ　144
モンテスキュー　142, 194, 195, 197, 199, 208, 242
モンテーニュ　157
モンフォコン，ベルナール・ド　v, 66, 68-70, 127, 241
モンフォール，ルイ・マリ・グリニオン・ド　223

【ヤ　行】

ヤコブス・ラトムス　25
ユーグ・カペー　112, 114
ユスティニアヌス大帝　41, 42, 45, 46
ヨーゼフ１世　138
ヨーゼフ２世　ix, 218
(聖) ヨハネ　87
ヨハネス・クリュソストモス　26
ヨハンネス23世　14
ヨハンネス・エック　25
ヨハンネス・パップス　24
ヨルダーネス　139

【ラ　行】

ライプニッツ，ゴトフリート・ヴィルヘルム　vi-viii, 44, 136-138, 150, 165-173, 176, 181
ラヴァレット，アントワーヌ　210, 211
ラシーヌ　154
ラ・シャロテ　215
ラ・トゥール，カンタン・ド　208
ラ・ファイエット夫人　193
ラ・フォンテーヌ，ジャン・ド　160
ラ・ブリュイエール，ジャン・ド　188
ラミー　172
ラ・モット，ウダール・ド　189
ランセ，アルマン・ジャン・ル・ブティリエ・ド　178, 179
ランフラン　94
ランプレヒト，カール　229
リウィウス　9
リヴェ　68
リシュリュー　60, 61, 94
リチャード（獅子心王）　198
リッチ，シピオーネ　219
リナルド（モデナ大公）　138
リュイナール，ティエリ

ブルボン，ルイ・オーギュスト・ド 203
ブルボン枢機卿 64, 73
ブルボン大公 204
フルーリィ 204
ブルンヒルデ 113
プロコピウス（カエサレアの） 139
ブロック，マルク 101, 105
プロペルティウス 9
フロレス，エンリケ 73
ヘーゲル 157
ベーコン，フランシス 206
ベーダ 115
ペッツ，ベルンハルト 71
ペトラルカ，フランチェスコ 8-11, 17, 46
ペトロニウス 15, 16
（聖）ベネディクト iv, 235
ベネディクトゥス12世 53
ベネディクトゥス14世 223
ベリュル 54
（聖）ベルトルド 126, 180
（聖）ベルナール 26, 90, 96
ベルナール，ギィ 36
ベルナール，ロラン 56
ベルニーニ 151, 152
ベルノン 113
ペレス，ジョゼフ 178
ペロー，クロード 185
ペロー，シャルル 184-188, 190, 191
ヘロドトス 157
ベンサム 222
ヘンスケンス，ゴトフリート 124, 125, 181
ヘンリー5世 33, 34
ヘンリー6世 33
ボイネブルク，ヨハン・クリスティアン・フォン 167
ホイヘンス 161
ボウフォート，ヘンリー 15
ボシュエ 149, 160, 179
ボダン，ジャン viii, 173
ボッカチオ，ジョヴァンニ i
ポッジオ，ブラッチョリーニ i, ii, 11, 14-17
ホッブズ，トマス 173
ボードロック，ジャン・ルイ 205
ボードワン，フランソワ iii, iv, 24, 44-47, 50
ボニファティウス9世 14
ホメロス 189
ボランド，ジャン v, 100, 123-125
ポリツィアーノ 48
ボワロー，ニコラ 154, 184, 185, 188
ポンス 114
ポンパドール夫人 208, 212

【マ 行】

マイユール 113
（聖）マウルス iv
マキアヴェッリ 48, 61
マクシミリアン（バイエルン公） 158
マスカルディ，アゴスティーノ 131
マッフェイ，シピオーネ 178
マドックス 178
マニリウス 15
マビヨン，ジャン v, vii, 64, 66-69, 72, 79-98, 101-103, 105, 107-115, 117-119, 125-127, 131-133, 141, 142, 173, 175-183, 214, 241
マブリィ 194
マリア・テレジア 219

トリボニアヌス 42, 45
トルストイ 156
ドレイエ，イポリット 130
ド・ロブリュッセル 182
ドン・カルロス 193

【ナ 行】

ナポレオン 128
ニコラウス5世 36
ニーチェ 157
ニッコロ・ニッコリ 11, 43
ニュートン 206

【ハ 行】

ハインリヒ7世 1
パウサニアス 140
パウルス2世 37
パウルス・ディアコヌス 139
パウルス・フリギオ 24
(聖) バシレイオス 26
パスカル 97, 157, 191
バッキーニ，ベネデット 132, 133, 135-138
バックル，トーマス 200
パトリツィ，フランチェスコ 131
パーペブローク，ダニエル・ファン vii, 100, 102, 109, 110, 124-127, 173, 180, 181
バリューズ，エティエンヌ 98, 105, 141
バーリン，アイザイア 156, 157
(聖) バルティルド 88
バルトルス 40, 43
バルトロメオ・ダ・モンテプルチアーノ i, 15
ピウス7世 128, 213
ピウス12世 223
(聖) ヒエロニュムス 18, 21
ビオンド，フラヴィオ 43, 48
ピコ・デラ・ミランドラ，ジョヴァンニ 21
ヒックス 178
ピトゥ，フランソワ 141
ピピン短軀王 89, 142
ビュデ，ギヨーム 47-50
ビラヌエバ，ハイメ 73
ピンダロス 188
ファラモン 193
フィシャー，ジョン 25
フィリップ (オルレアン大公) 202-204
フィリップ2世オーギュスト 198
フェヌロン 142
フェリペ2世 75, 193
フォール，フランソワ 88
フォントネル，ベルナール vii, 172, 189-191
福沢諭吉 200, 228
ブーケ，マルタン 140, 141, 144
フーコー，ミシェル 108
ブシェ，クレマン 83
ブックスドルフ 115
フッテン，ウルリヒ・フォン 23
ブラウンシュヴァイク，ヨハン・フリードリヒ・フォン 168
フラックス，ウァレリウス ii
プラトン 17, 157
ブーランヴィリエ 143, 194
フランソワ1世 39, 48
(聖) フランチェスコ 7, 238
ブリソネ，ギヨーム 64
フリードリヒ2世 ix
ブルトン，アンドレ・フランソワ・ル 207

ジギスムント（神聖ローマ皇帝） 14
シャトーブリアン 193
シャルル（ルイ11世弟） 37
シャルル禿頭王（2世） 89, 113
シャルル4世 144
シャルル5世 91
シャルル6世 30, 33, 48
シャルル7世 30, 32-34, 36
シャルル8世 20
シャルル9世 51
ジャンセニウス，コルネリウス 97
シャントルー，クロード 95, 96
ジャンヌ・ダルク 34
シュジェール 89
(聖女）ジュヌヴィエーヴ 89
シュペングラー，オズワルト 199
ジョゼ1世 209
シリウス・イタリクス 15
スピノザ，バルーフ・デ 160, 175-178, 192
スペローニ，スペローネ 131
セネカ 5
セルウィウス 9
ゾミノ・ダ・ピストイア i

【タ　行】

タイヤンディエ 68
タキトゥス i, 61
ダゴベルト1世 89
ダシエ夫人 189
ダシュリ，リュック 66, 67, 90, 94, 95
タシュロー 68
ダランベール，ジャン・ル・ロン 207
タリス，グレゴワール v, 63, 94
ダンテ 157
チェンバーズ，エフレイム 206, 207
ティエリ，オーギュスタン 193
ディオクレティアヌス帝 10
ディオニシウス 89
ディディエ・ド・ラ・クール 55
ディドロ，ドニ 185, 202, 206-208, 215, 216, 221
デカルト，ルネ vi-viii, 107, 108, 150, 157-165, 169, 171, 173, 183, 190-192, 214, 241
デジュルサン，ジャン・ジュヴネル 32
デタープル，ルフェーヴル 19, 64
デュ・カンジュ，シャルル（シャルル・デュフレーヌ） 98, 99, 103, 127, 142, 181
デュ・クードレ夫人 205
デュシェーヌ，アンドレ 141
デュ・パン，エリス 182-184
デュボス，ジャン・バティスト 144, 194
テュルゴ 196
デ・ラム 128
デルヴァル，ヴィオン 181
テルトゥリアヌス 26, 234
トインビー，アーノルド 199
ドクシー，ジャン 36
ドストエフスキー 157
ドニ・ド・サント・マルト 68
ド・バイ 128
ド・ブック，ヴィクトール 129
ドブロウスキー，ピョートル 65
トマジウス，ヤコブ 166, 167
トマス・ア・ケンピス 19, 20, 97, 98
(聖）ドミニクス 238

オードベール，ベルナール 94
オトマン，フランソワ 51
オドラン，モール 66, 68
オリゲネス 234

【カ 行】

ガガン，ロベール 35
ガスパール・メディオ 24
ガブリエル・マラグリダ 209
ガリレオ 158
カルヴァン 22
カール大帝 88, 142
カール・マルテル 89
カールマン 89, 113
カルロス・ド・シュメッツ 129
キケロ viii, 9, 15, 166
ギゾー，フランソワ 199, 200
ギベール・ド・ノジャン 85, 86
ギボン，エドワード 199
キャトルメール，ロベール 98
キュジャス，ジャック iii, iv, 141
（聖）キュプリアヌス 26
ギヨーム・ル・ブルトン 198
クインティリアヌス ii
グスタフ・アドルフ 118
クスタン 182
クラウス，ヨハン・バプティスト 72
クリスティーナ女王 118, 119
グレゴリウス1世（大グレゴリウス） 238
グレゴリオス（ナジアンゾスの） 26, 115
グレゴリオス（ニュッサの） 26
クレマンス 68
クレメンス1世 112
クレメンス11世 97
クレメンス14世 ix, 127, 209, 213
クレメント（アレクサンドリアの） 234
クロタール3世 88
グントラム 113
ケムニッツ，マルティン 24, 25
（聖）ゲラルドゥス 88
コゼレック，ラインハルト 196
コッラディ 213
コルベール 110, 112, 114, 117, 151, 152
（聖）コルンバヌス 88, 115
コロンナ，ジョヴァンニ 10
コロンブス 239
コンスタンティヌス帝 18
コンスタンティン・ガエタン 98
コンドルセ 196
コンリング，ヘルマン 102

【サ 行】

サヴィニー，フリードリヒ・フォン iii, 47
ザビエル，フランシスコ 239
サルヴィアティ，リオナルド 131
サルターティ，コルッチョ 11, 14
サン・ジェルマン 62
サン・シモン 142
サント・ブーヴ 193
サン・レアル，セザール・ヴィシャール・ド 193
シェークスピア 157
ジェルソン，ジャン 98
シェルツァー，アダム 166
ジェルマン，ミシェル 74, 96, 103, 112, 114, 115, 118, 119, 133
シェーンボルン，ヨハン・フィリップ・フォン 167, 168

人名索引

【ア　行】

(聖) アウグスティヌス　26, 132, 234
アウグストゥス帝　184
アガティアス　139
アクアビバ　122, 123
アダラルドゥス　88
アダルベルガ　139
アックルシウス　40, 43
アドルフ・オッコ　19
アベ・ド・プラド　208
アリストテレス　48, 157, 159, 160, 186
アルキロコス　viii, 156
アルジャンソン　144
アルチアト，アンドレア　39, 40, 43, 44, 49
アルド・マヌチオ　11
アルドワン　182
アルナルド・ダ・ブレシア　18
アルノー，アントワーヌ　vii, 168, 172, 188
アルフォンソ５世　23
(聖) アルベルト　126, 180
アレクサンデル７世　124
アレクサンドロス大王　48
(聖) アンブロシウス　113, 234
アンブロワーズ・ド・カンブレー　36
アンミアヌス・マルケリヌス　15
アンリ２世　39
アンリ３世　210
アンリ４世　56
イエペス，アントニオ・デ　72
イザボー・ド・バヴィエール　33
イシドルス（セビーリャの）　115
インノケンティウス12世　126
ヴァイゲル，エアハルト　167, 169
ヴァッラ，ロレンツォ　18, 21, 23, 46
ヴァリニャーノ　210
ヴァレラン・ド・ヴァレランヌ　35
ヴァンサン・ド・ポール　223
ヴィーコ，ジャンバッティスタ　131, 164
ヴィスコンティ　43
ウィット，ロン　7
ヴォルテール（フランソワ・マリー・アルエ）　vii, 149, 172, 187, 194-199, 214, 215
ウード　113
ウールス，ベルナール　220
ウルピアヌス　45
エウトロピウス　139
エカテリーナ２世　ix, 65
エーコ，ウンベルト　71
エスカロナ，ロムアルド　72
エスティエノ，クロード　118
エストレ　118, 119
エックハルト，Ｊ・Ｇ・フォン　170
エッツェリーノ３世　6
エマール　113
エラスムス　19, 21, 26, 48, 115, 157
(聖) エリギウス　89, 113
エルンスト・アウグスト　168, 181
オーギュスタン・カルメ　56
オットー３世　18
オド　113, 114

佐藤彰一（さとう・しょういち）

1945年山形県生まれ．1968年，中央大学法学部卒，1976年，早稲田大学大学院博士課程満期退学．名古屋大学教授等を経て，同大学名誉教授．日本学士院会員．『修道院と農民――会計文書から見た中世形成期ロワール地方』により日本学士院賞受賞．2018年，瑞宝重光章受章．専攻・西洋中世史．博士（文学）．

著書『禁欲のヨーロッパ』『贖罪のヨーロッパ』『剣と清貧のヨーロッパ』『宣教のヨーロッパ』（中公新書，2014，2016，2017，2018），『世界の歴史（10）西ヨーロッパ世界の形成』（中央公論社，1997／中公文庫，2008），『カール大帝――ヨーロッパの父』（世界史リブレット　人，山川出版社，2013），『中世世界とは何か　ヨーロッパの中世 1』（岩波書店，2008），『歴史書を読む――「歴史十書」のテクスト科学』（山川出版社，2004），『中世初期フランス地域史の研究』（岩波書店，2004），『ポスト・ローマ期フランク史の研究』（岩波書店，2000），『修道院と農民――会計文書から見た中世形成期ロワール地方』（名古屋大学出版会，1997），『地域からの世界史（13）西ヨーロッパ（上）』（朝日新聞社，1992）

訳書『西洋写本学』（ベルンハルト・ビショッフ著，瀬戸直彦と共訳，岩波書店，2015）ほか

歴史《れきし》探究《たんきゅう》のヨーロッパ

中公新書 *2567*

2019年11月25日発行

著　者　佐藤彰一
発行者　松田陽三

本文印刷　三晃印刷
カバー印刷　大熊整美堂
製　　本　小泉製本

発行所　中央公論新社
〒100-8152
東京都千代田区大手町 1-7-1
電話　販売 03-5299-1730
　　　編集 03-5299-1830
URL http://www.chuko.co.jp/

Published by CHUOKORON-SHINSHA, INC.
Printed in Japan　ISBN978-4-12-102567-8 C1222

中公新書

世界史

2050 新・現代歴史学の名著 樺山紘一編著
2223 世界史の叡智 本村凌二
2253 禁欲のヨーロッパ 佐藤彰一
2409 贖罪のヨーロッパ 佐藤彰一
2467 剣と清貧のヨーロッパ 佐藤彰一
2516 宣教のヨーロッパ 佐藤彰一
1045 物語 イタリアの歴史 藤沢道郎
1771 物語 イタリアの歴史 II 藤沢道郎
2508 貨幣が語る ローマ帝国史 比佐篤
2413 ガリバルディ 藤澤房俊
2152 物語 近現代ギリシャの歴史 村田奈々子
2440 バルカン—「ヨーロッパの火薬庫」の歴史 M・マゾワー 井上廣美訳
1635 物語 スペインの歴史 岩根圀和
1750 物語 スペインの歴史 人物篇 岩根圀和
1564 物語 カタルーニャの歴史 田澤耕

1963 物語 フランス革命 安達正勝
2286 マリー・アントワネット 安達正勝
2466 ナポレオン時代 A・ホーン 大久保庸子訳
2529 ナポレオン四代 野村啓介
2027 物語 ストラスブールの歴史 内田日出海
2318 2319 物語 イギリスの歴史(上下) 君塚直隆
2167 イギリス帝国の歴史 秋田茂
1916 ヴィクトリア女王 君塚直隆
1215 物語 アイルランドの歴史 波多野裕造
1420 物語 ドイツの歴史 阿部謹也
2304 ビスマルク 飯田洋介
2490 ヴィルヘルム2世 竹中亨
2546 物語 オーストリアの歴史 山之内克子
2434 物語 オランダの歴史 桜田美津夫
2279 物語 ベルギーの歴史 松尾秀哉
1838 物語 チェコの歴史 薩摩秀登
2445 物語 ポーランドの歴史 渡辺克義

1131 物語 北欧の歴史 武田龍夫
2456 物語 フィンランドの歴史 石野裕子
1758 物語 バルト三国の歴史 志摩園子
1655 物語 ウクライナの歴史 黒川祐次
1042 物語 アメリカの歴史 猿谷要
2209 アメリカ黒人の歴史 上杉忍
1437 物語 ラテン・アメリカの歴史 増田義郎
1935 物語 メキシコの歴史 大垣貴志郎
1547 物語 オーストラリアの歴史 竹田いさみ
2545 物語 ナイジェリアの歴史 島田周平
1644 ハワイの歴史と文化 矢口祐人
2561 キリスト教と死 指昭博
2442 海賊の世界史 桃井治郎
518 刑吏の社会史 阿部謹也
2451 トラクターの世界史 藤原辰史
2368 第一次世界大戦史 飯倉章
2567 歴史探究のヨーロッパ 佐藤彰一